周易

주 역

일러두기

1. 본서의 원문과 해설은 1984년 한국협동출판공사에서 간행한『周易』을 표준으로 하여 인용하되, 일부 잘못 표기된 원문과 해석은 다시 수정 번역하여 수록하였다.
2. 본서에 쓰인 황제내경소문의 내용은 1998년 여강출판사에서 간행한『편주역해 황제내경소문(編注譯解 黃帝內經素問)』의 역해를 발췌하였다.

周易

주역

이재홍 編譯

어문학사

天地者, 萬物之上下也; 陰陽者, 血氣之男女也; 左右者, 陰陽之
道路也; 水火者, 陰陽之徵兆也; 陰陽者, 萬物之能始也.

—황제내경소문(黃帝內經素問) 음양응상대론편(陰陽應象大論篇) 第五—

천지(天地)라는 것은 만물(萬物)의 상하(上下)이고, 음양(陰陽)이라는 것
은 혈기(血氣)의 (血氣 있는, 血氣로 이루어진) 남녀(男女)이며, 좌우(左右)라
는 것은 음양(陰陽)의 (陰陽이 循環하는) 도로(道路, 通路)이고, 수화(水火)라
는 것은 음양(陰陽)의 징조(徵兆, 陰陽이 겉으로 徵驗하여 나타나는 조짐)이며,
음양(陰陽)이라는 것은 만물(萬物)의 능시(能始)이다.

帝曰 : 法陰陽奈何?

岐伯曰 : 陽勝則身熱, 腠理閉, 喘麤爲之俛仰, 汗不出而熱, 齒乾
以煩冤腹滿, 死, 能冬不能夏. 陰勝則身寒汗出, 身常淸, 數慄而寒,
寒則厥, 厥則服滿, 死, 能夏不能冬. 此陰陽更勝之變, 病之形能也.

황제(黃帝)께서 말씀하시길, "음양(陰陽)을 법(法)받음(본받음)에 어떻게 해야 하는지요?"

기백(岐伯)께서 말씀하시길, "양(陽)이 (陰보다) 성(盛)하면 몸이 열(熱)나고 주리(腠理)가 닫히며, 호흡(呼吸)이 헐떡거리면서 거칠어져 부앙(俛仰, 몸을 앞뒤로 숙였다 폈다)하고, 땀을 배출시키지 못하여 열(熱)나며, 이빨이 마르면서 번원(煩冤, 煩悶이 極해져 견디기 어려워짐)하고, 배(腹)가 창만(脹滿)해져 죽으며, 겨울은 견뎌내지만 여름을 견뎌내지 못하며, 음(陰)이 (陽보다) 성(盛)하면 몸이 차가워지고 땀이 나며, 몸이 항상 청랭(淸冷)하고 자주 전율(戰慄)하면서 악한(惡寒)하며, 악한(惡寒)하면 사지(四肢)가 궐랭(厥冷)해지고 사지(四肢)가 궐랭(厥冷)하면 배(腹)가 창만(脹滿)해져서 죽으며, 여름은 견뎌내지만 겨울을 견뎌내지 못합니다. 이것이 음양(陰陽)이 번갈아 승(勝)했을 때에 나타나는 변화(變化)이며 병(病)의 형태(形態)입니다."

帝曰：調此二者, 奈何?

岐伯曰：能知七損八益, 則二者可調, 不知用此, 則早衰之節也. 年四十, 而陰氣自半也, 起居衰矣. 年五十, 體重, 耳目不聰明矣. 年六十, 陰痿, 氣大衰, 九竅不利, 下虛上實, 涕泣俱出矣. 故曰：知之則强, 不知則老, 故同出而名異耳. 智者察同, 愚者察異, 愚者不足, 智者有餘. 有餘則耳目聰明, 身體輕强, 老者復壯, 壯者益治. 是以聖人爲無爲之事, 樂恬憺之能, 從欲快志於虛無之守. 故壽命無窮, 與天地終, 此聖人之治身也.

황제(黃帝)께서 말씀하시길, "이 둘(陰陽)을 조절(調節, 調和)함을 어떻게 하는지요?"

기백(岐伯)께서 말씀하시길, "능히 칠손팔익(七損八益) 할 줄 알면 둘(陰陽)을 가히 조절(調節)할 수 있으려니와 이(七損八益法)를 운용(運用)할 줄 모르면 일찍 노쇠(老衰)해지는 절차(節次)가 되나니, (보통 일반 남녀에 있어서) 나이 사십(四十)이 되어 음기(陰氣, 腎氣, 精氣)가 저절로 반(半)으로 줄어들어 기거(起居)함이 쇠퇴(衰頹)해지고, 나이 오십(五十)에는 (精液과 血液이 모두 虛해져) 몸이 무겁고, 귀와 눈이 밝지 못하며, 나이 육십(六十)에는 음경(陰莖)이 시들어 위축(陽痿, 發起不能)되고, (精)기(氣)가 크게 쇠(衰)하여 구규(九竅)가 불리(不利)해지며, 아래로 (陽氣가) 허(虛)하고 위로 (陰血이) 실(實)해져 체읍(涕泣, 눈물콧물)이 모두 나옵니다. 그러므로 이르길 '이(七損八益의 道, 즉 精氣를 持滿하는 道)를 알면 강건(强健)해지고 이를 알지 못하면 쇠(衰)해진다' 고 하는 것이니, 같은 데에서 나왔으되 이름이 다를 따름입니다. 지혜로운 자는 같음을 살피고, 어리석은 자는 다름을 살피니, 우매(愚昧)한 자(者)는 (精氣가) 부족(不足)한 반면 지혜(智慧)로운 자(者)는 (精氣가) 남아돎이 있게 되고, (精氣가) 남아돌면 귀와 눈이 총명(聰明)하고 신체가 가볍고 강건(强健)해져, 늙은 사람이 다시 건장(健壯)해지고 건장(健壯)했던 사람은 더욱 건강(健康)해집니다. 이 때문에 성인(聖人)은 무위(無爲)의 일을 행하고, 염담(恬惔)의 능(能, 恬惔한 情態, 態度를)을 즐기며(便安히 기뻐하며 살아가며), 허무(虛無)를 지키는 데에 종욕(從欲)하여(마음을 두어) 뜻을 유쾌(愉快)히 여기므로, 수명(壽命)이 무궁(無窮)하고 천지(天地)와 더불어 함께 미치나니 이것이 성인(聖人)이 몸을 다스리는 것입니다."

天不足西北, 故西北方陰也, 而人右耳目不知左明也. 地不滿東南, 故東南方陽也, 而人左手足不如右强也.[1]

帝曰 : 何以然?

岐伯曰 : 東方陽也, 陽者其精幷於上, 幷於上則上明而下虛, 故使耳目聰明, 而手足不便也. 西方陰也, 陰者其精幷於下, 幷於下, 則下盛而上虛, 故其耳目不聰明而手足便也. 故俱感於邪, 其在上則右甚, 在下則左甚, 此天地陰陽所不能全也, 故邪居之.

(岐伯께서 말씀하시길) "(陽인) 하늘은 (올라 發散함을 주로 하는데, 氣가 左升右降하는지라 右側인) 서북방(西北方)에서 부족(不足)하므로 서북방(西北方)은 음(陰)이며, (하늘의 象에 應하여 耳目에 있어서도 左側의 陽氣가 勝하므로) 오른쪽 눈귀가 왼쪽 눈귀의 밝음만 같지 못하고, (陰인) 땅은 (내려 收斂함을 주로 하는데, 氣가 左升右降하는지라 左側인) 동남방(東南方)에서 채우지 못하므로 동남방(東南方)이 양(陽)이며, (땅의 體에 應하여, 手足도 右側에서 陰氣가 勝하므로) 왼쪽 수족(手足)이 오른쪽 수족(手足)의 강(强)함만 같지 못합니다."

황제(黃帝)께서 말씀하시길, "어째서 그러한지요?"

기백(岐伯)께서 말씀하시길, "동방(東方)은 양(陽)이며, 양(陽)이라는 것은 그 정(精)이 위로 올라가 모이고, 위로 모이면 위가 밝아지고 아래는 허(虛)해집니다. 그러므로 (精이 모이는) 이목(耳目)으로 하여금 총명(聰明)하게 하고, 수족(手足)을 불편(不便)하게 하는 것입니다. 서방(西方)은 음(陰)

---

1) 이 문장의 동서남북(東西南北)은 해가 떠오르는 이 평평한 동쪽 끝 땅과 해가 지는 서쪽 끝 땅을 일컫는 방위의 범위를 말한다.

이며, 음(陰)이라는 것은 그 정(精)이 아래로 내려서 모이고, 아래로 모이면 아래가 성(盛)해지고 위가 허(虛)해집니다. 그러므로 이목(耳目)이 총명(聰明)하지 못하고 수족(手足)이 편(便)한 것입니다. 그러므로 (위아래가) 모두 사기(邪氣)에 감염(感染)됨에 그 위에 있어서는 즉 오른쪽이 심(甚)하고 아래에 있어서는 왼쪽이 심(甚)하니, 이는 천지음양(天地陰陽)이 온전(穩全)할 수 없는 바이기 때문이므로 사기(邪氣)가 거기에 머무는 것입니다.”

故天有精, 地有形, 天有八紀, 地有五里, 故能爲萬物之父母. 淸陽上天, 濁陰歸地, 是故天地之動靜, 神明爲之綱紀, 故能以生長收藏, 終而復始. 惟賢人上配天以養頭, 下象地以養足, 中傍人事以養五臟. 天氣通於肺, 地氣通於嗌, 風氣通於肝, 雷氣通於心, 谷氣通於脾, 雨氣通於腎. 六經爲川, 腸胃爲海, 九竅爲水注之氣, 以天地爲之陰陽, 陽之汗, 以天地之雨名之, 陽之氣, 以天地之疾風名之. 暴氣象雷, 逆氣象陽. 故治不法天之紀, 不用地之理, 則災害至矣.

(岐伯께서 계속 말씀하시길) “그러므로 하늘에는 정(精, 지극히 精微하고 淸淨한 氣)이 있고 땅에는 형(形)이 있으며, 하늘에는 팔기(八紀)가 있고 땅에는 (東南西北中 五方 五行의 道理인) 오리(五里, 五理)가 있으므로, 만물(萬物)의 부모(父母)가 될 수 있는 것입니다. 청(淸)한 양(陽)은 하늘로 올라가고 탁(濁)한 음(陰)은 땅으로 돌아가나니, 이런 까닭에 천지(天地)가 동정(動靜)함은 (헤아릴 수 없는 陰陽의 變化를 주관하는) 신명(神明)이 그 강기(綱紀)가 됩니다. 그러므로 능히 생장수장(生長收藏)하고, 끝남에 다시 시작할

수 있는 것입니다. 오직 성인(聖人)만이 위(上半部)로는 (清淨한) 하늘의 기(氣)를 짝하여(본떠서) 머리의 기(氣)를 (清淨하게 하여 耳目을 聰明하게) 기르고, 아래(下半部)로는 (靜한) 땅의 기(氣)를 본떠서 다리의 기(氣)를 (망령되이 수고하지 않고 靜하게 하여 가볍고 굳세게) 기르며, 가운데로 (協調, 合作해 가는) 인사(人事)에 의지(依支)하여 오장(五臟)(의 和함)을 기릅니다. 천기(天氣)는 (호흡작용을 통해) 폐(肺)에 통(通)하고, 지기(地氣)는 (음식물에 포함되어) 익(嗌, 목구멍 익, 食道)에 통(通)하고, 풍기(風氣, 木氣)는 (木臟인) 간(肝)에 통(通)하고, (火가 鬱結하여 發하는) 뇌기(雷氣)는 (火臟인) 심(心)에 통하고, 곡기(谷氣, 山谷의 土氣)는 (土臟인) 비(脾)에 통(通)하고, 우기(雨氣, 水氣)는 (水臟인) 신(腎)에 통하며, (쉬지 않고 온몸을 그물망처럼 적시며 흐르는) 육경(六經)은 (陸地에 비유하자면) 천(川)이 되고, (水穀을 받아 저장하는) 장위(腸胃)는 바다가 되고, 구규(九竅)는 수주지기(水注之氣)가 되며, 천지(天地)를 (사람의) 음양(陰陽)으로 (견주어) 이름함에 양(陽)(氣)의 (宣發해줌으로 인해 배출되는) 땀(汗)은 천지(天地)의 비(雨)라고 이름하고, (빠르게 흐르는) 양(陽)의 기(氣)는 천지(天地)의 질풍(疾風)이라고 이름합니다. 폭기(暴氣, 사나운 氣)는 우뢰(雨雷)와 비슷하고, (올라가서 내려오지 않는) 역기(逆氣)는 양(陽=暘)과 비슷합니다. 그러므로 치(治, 養生 또는 病을 治療)함에 하늘의 기(氣)를 법(法)받지(본받지) 않고 땅의 이치(理致)를 응용(應用)하지 않는다면 재해(災害)가 이르게 됩니다."

黃帝問曰 : 余聞天爲陽, 地爲陰, 日爲陽, 月爲陰, 大小月三百六十日成一歲, 人亦應之. 今三陰三陽, 不應陰陽, 其故何也?

岐伯對曰：陰陽者, 數之可十, 推之可百, 數之可千, 推之可萬, 萬之大不可勝數, 然其要一也. 天覆地載, 萬物方生, 未出地者, 命曰陰處, 命曰陰中之陰; 則出地者, 命曰陰中之陽.

陽予之正, 陰爲之主. 故生因春, 長因夏, 收因秋, 藏因冬, 失常則天地四塞. 陰陽之變, 其在人者, 亦數之可數.

—황제내경소문(黃帝內經素問) 음양잡합론편(陰陽雜合論篇) 第六—

황제(黃帝)께서 물어 말씀하시길, "제가 듣건대 하늘은 양(陽)이 되고 땅은 음(陰)이 되며, 일(日)은 양(陽)이 되고 월(月)은 음(陰)이 되며, 크고 작은 달 360(365)日이 일 년(一年)을 이룸에 사람도 역시 이에 응(應)해 간다고 들었습니다. 그런데 지금 (사람에게 있어서의) 삼음삼양(三陰三陽)이 (각기 셋씩이어서, 천지일월[天地日月] 두 개의) 음양(陰陽)에 응(應)하지 않으니, 그 까닭은 어째서인지요?"

기백(岐伯)께서 대답하여 말씀하시길, "음양(陰陽)이라는 것은 헤아림에 열을 헤아릴 수 있고 (이를) 미루어 나가면 백(百)이 될 수 있으며, 헤아림에 천(千)을 헤아릴 수 있고 (이를) 미루어 나가면 만(萬)이 될 수도 있으니, 만(萬)의 크기만 되어도 이루 다 헤아릴 수가 없습니다(즉 음양[陰陽]이라는 것은 미루어 나가자면 이루 헤아릴 수 없을 정도로 무한대[無限大]로 확대[擴大]해 나갈 수 있는 것입니다). 그러나 그 요점(要點)은 하나(一陰一陽; 太一)입니다. 하늘이 덮고 땅이 실음에, 만물(萬物)이 (그 사이에서 天地의 氣를 받아) 바야흐로 생(生)하나니, 아직 땅에서 나오지 않은 것을 명명(命名)하기를 '음처(陰處)'라고 하고 이름하여 '음(陰) 중(中)의 음(陰)'이라고 한다면, 땅에서 나오는 것은 명명(命名)하기를 '음(陰) 중(中)의 양(陽)'이라고 합니다. 양(陽)은 정기(正氣, 生氣)를 시여(施與)해주고 (陽은 正氣를 베풀어 주어 萬物을 化生하고), 陰(음)은 그를 주지(主持)해 나갑니다(陰은 陽의 化生作用을 이어받아 萬物을 지탱하여 이루어 갑니다). 그러므로 생(生)함은 봄의 시생(始生)하는 기(氣)로 인(因)하여 이루어지고, 자라남은 여름의 왕성(旺盛)한 기(氣)로 인하여 이루어지며, 거두어 들임은 가을의 숙쇄(肅殺)하는 기(氣)로 인(因)하여 이루어지고, 저장(貯藏)함은 겨울의 폐장(閉藏)하는 기(氣)로 인(因)하여 이루어지는데, 만일 이 상도(常道)를 그르치면 천지(天地)(의 氣가) 사색(四塞)됩니다. 음양(陰陽)의 변화(變化)가 사람에게 일어나는 것도 역시 수목(數目)을 헤아릴 수 있습니다."

帝曰 : 願聞三陰三陽之離合也.

岐伯曰 : 聖人南面而立, 前曰廣明, 後曰太衝, 太衝之地, 名曰少陰, 少陰之上, 名曰太陽, 太陽根起於至陰, 結於命門, 名曰陰中之陽. 中身而上, 名曰廣明, 廣明之下, 名曰太陰, 太陰之前, 名曰陽明, 陽明根起於厲兌, 名曰陰中之陽. 厥陰之表, 名曰少陽, 少陽根起於竅陰, 名曰陰中之少陽. 是故三陽之離合也, 太陽爲開, 陽明爲闔, 少陽爲樞. 三經者不得相失也, 搏而勿浮, 命曰一陽.

황제(黃帝)께서 말씀하시길, "원컨대 삼음(三陰)과 삼양(三陽)이 분리(分離)됨과 합(合)해짐을 듣고 싶습니다."

기백(岐伯)께서 말씀하시길, "성인(聖人)께서 남면(南面)을 하고 서 계심에, 앞(전면부[前面部] 및 전면[前面]을 흐르는 경맥[經脈])을 일러 (양기[陽氣]가 성명[盛明]하므로) 광명(廣明)이라고 하고, 뒤(후면부[後面部] 및 후면[後面]을 행하는 경맥[經脈])를 일러 태충(太衝)이라고 하는데, 태충(太衝)의 지(地, 태충맥이 일어나는 곳, 태충맥이 행하는 곳)는 (족소음신경맥[足少陰腎經脈]과 함께 하므로) 이름하여 소음(少陰)이라고 하며, 소음(少陰)의 위(表)는 이름하여 태양(太陽, 족태양방광경[足太陽膀胱經])이라고 하는데 족태양경(足太陽經)은 (새끼발가락 외측[外側]에 있는) 지음혈(至陰穴)에서 근기(根起)하여 명문(命門, 눈, 정명혈[睛明穴])에서 맺으니, (태양[太陽]은 소음[少陰]과 표리[表裏]로 합[合]하는지라) 이름하여 '음(陰) 중(中)의 양(陽)'이라고 합니다. (몸의 아래위로 음양[陰陽]을 나누어 보았을 때) 몸의 중반(中半)으로부터 해서 위는 이름하여 광명(廣明)이라고 하고, 광명(廣明)의 아래는 이름하여 태음(太陰)이라고 하며, 태음(太陰, 족태음비경[足太陰脾經])의 앞(表)은 이름하여 양명(陽明, 족양명위경[足陽明胃經])이라고 하는데, 양명경(陽明經)은 (검지발가락 끝) 려태혈(厲兌穴)에서 근기(根起)하니, (양명[陽明]은 태음[太陰]과 표리[表裏]로 합[合]하는지라) 이름하여 음(陰) 중(中)의 양(陽)이라고 합니다. 궐음(厥陰, 족궐음간경[足厥陰肝經])의 표(表)는 이름하여 소양(少陽, 족소양담경[足少陽膽經])이라고 하는데, 소양(少陽)은 (약지발가락 끝) 규음혈(竅陰穴)에서 근기(根起)하니, (소양[少陽]이 궐음[厥陰]과 표리[表裏]가 되어 합[合]하는지라) 이름하여 음(陰) 중(中)의 소양(少陽)이라고 합니다. 이러한 까닭에 삼양(三陽)이 분리(分離)하고 합(合)해짐에 태양(太陽)은 (표[表]에 있으면서 기[氣]가 발산[發散]하는 것을 열어 주므로) 열음(開)이 되고, 양명(陽明)은 (리[裏]에 있으면서 폐장[閉藏]하려는 기[氣]를 수렴[收斂]하여 단속[團束]하므로) 닫음(합[闔])이 되고, 소양(少陽)은 (가운데에서 개합[開闔]을 관장하여 전수[傳輸]해 주므로) 추(樞)가 됩니다. 삼양경(三陽經)이라는 것은 (서로 밀접하게 관계를 유지해 나가야지 그렇지 않고) 서로 실

(失, 괴리[乖離])해서는 안 되나니, (삼양맥[三陽脈]이 손에 응해오는 것이) 박격(搏擊, 힘있게 박동[搏動])하되 (박동[搏動]함이 지나쳐 부(浮)해서는 안 되나니, (이처럼 삼양경[三陽經]이 서로 협조[協助]하여 합일[合一]된 것을) 이름하여 일양(一陽)이라고 합니다."

帝曰：願聞三陰.

岐伯曰：外者爲陽, 內者爲陰, 然則中爲陰. 其衝在下, 名曰太陰, 太陰根起於隱白, 名曰陰中之陰. 太陰之後, 名曰少陰, 少陰根起於通泉, 名曰陰中之少陰. 少陰之前, 名曰厥陰, 厥陰根起於大敦, 陰之絶陽, 名曰陰之絶陰. 是故三陰之離合也, 太陰爲開, 厥陰爲闔, 少陰爲樞. 三經者不得相失也. 搏而勿沈, 名曰一陰. 陰陽靁靁, 積傳爲一周, 氣裏形表而爲相成也.

황제(黃帝)께서 말씀하시길, "원컨대 삼음(三陰)(이 離合함)에 대해서 듣고 싶습니다."

기백(岐伯)께서 말씀하시길, "(경맥[經脈] 중[中]) 밖에 있는 것은 양(陽)이 되고 안에 있는 것은 음(陰)이 되니, 그런즉 중(中)은 음(陰)이 됩니다. 그 충맥(衝脈)은 아래에 있으며, (충맥[衝脈]의 위에 있는 것이 비[脾]이니) 이름하여 태음(太陰, 족태음비경[足太陰脾經])이라고 하는데, 태음경(太陰經)은 (엄지발가락 끝) 은백혈(隱白穴)에서 일어나니, (태음[太陰]으로서 음[陰]에 거[居]하므로) 이름하여 '음(陰) 중(中)의 음(陰)'이라고 합니다. 태음경(太陰經)의 뒤는 이름하여 소음(少陰, 족소음신경[足少陰腎經])이라고 하는데, 소음경맥(少

陰經脈)은 (발바닥 가운데) 용천혈(湧泉穴)에서 일어나니, (소음[少陰]으로서 음[陰]에 거[居]하므로) 이름하여 '음(陰) 중(中)의 소음(少陰)' 이라고 합니다. 소음(少陰)의 앞(태음[太陰]과 소음[少陰]의 중간[中間])은 이름하여 궐음(厥陰, 족궐음간경[足厥陰肝經])이라고 하며, 궐음경(厥陰經)은 아래로 (엄지발가락 끝) 대돈혈(大敦穴)에서 일어나니, 음(陰)이 양(陽)을 끊은 것(순음[純陰])으로 이름하여 '음(陰) 중(中)의 절음(絶陰)' 이라고 합니다. 이런 까닭에 삼음(三陰)이 이합(離合)함에 있어서, (이들을 분리[分離]하여 보면) 태음(太陰)은 (삼음[三陰]의 표[表]에 위치하여 발산[發散]하여 나가는 것을 주관하므로) 개(開)(關)함이 되고, 궐음(厥陰)은 (삼음[三陰]의 리[裏]에 위치하여 단속[團束]하므로) 합(闔)함이 되며, 소음(少陰)은 (표리[表裏]의 중간[中間]에 위치하여 개합[開闔]을 관장하며 전수[傳輸]해 주므로) 추(樞)함이 됩니다. 삼음경(三陰經)이라는 것은 (서로 밀접하게 관계를 유지해 나가야지 그렇지 않고) 서로 실(失, 괴리[乖離])해서는 안 되나니, (삼음맥[三陰脈]이 손에 응해오는 것이) 박(搏, 깊이 잠겨 박동[搏動]해 옴)하되 (너무 깊이) 침(沈)해서는 안 되나니, (이처럼 삼음경[三陰經]이 서로 협조[協助]하여 합일[合一]된 것을) 이름하여 일음(一陰)이라고 합니다. 음경(陰經)과 양경(陽經)은 罼罼(중중 : 서로 왕래함)하는 가운데, 유전(流傳)함이 쌓여 (누적[累積]되어, 모여) (주야[晝夜]로 50번을 영위운행[營爲運行]하고서야) 일주(一周)하나니, 기(氣)는 리(裏)에서 운행(運行)하고 형(形)은 표(表)에서 형체(形體)를 유지해 가는 가운데, (각기 서로 협조[協助]하고 쓰여지면서) 상성(相成)해 나갑니다."

六十四卦 卦爻辭

육십사괘 괘효사

乾은 元亨하니 利貞하나니라

初九 潛龍이니 勿用[1]이니라

---

1) 백주(柏舟)

> 잣나무 배 저만치서 / 두둥실 물에 흐르네.
> 잠 못 이루는 이 한밤 / 깊은 시름 떠나지 않아.
> 술이나 마시면서 / 마음이나 달래 볼까.
> 내 마음 거울 아니니 / 남의 생각 비칠 길 없어
> 형제도 있기야 있네만 / 어디 내 맘 같을까.
> 찾아가 하소연한대도 / 노여움만 살 텐데.
>
> 내 마음 돌이 아니니 / 굴리지도 못하네.
> 내 마음 멍석 아니니 / 말지도 못하네.
> 내 몸에 갖춘 위엄 / 굽힐 수는 더욱 없네.
> 시름은 마음을 덮고 / 하찮은 무리는 원망하네.
> 쓰라림도 많이 겪고 / 수모도 적지 않았네.
> 잠 깨어 가만히 생각하다 / 손을 들어 가슴만 치네.
>
> 저 하늘의 해와 달은 / 어째서 서로 이지러지는가.
> 마음은 시름으로 빨지 않은 옷 입은 듯. / 가만히 애타는 마음,
> 새 아닌 몸 날지도 못하네.

九二 見龍이 在田이니 利見大人이라

九三 君子終日乾乾하여 夕惕若하면 厲无하나 咎리라

九四 或躍在淵하면 无咎리라

九五 飛龍在天이니 利見大人이니라

上九 亢龍이니 有悔리라

用九 見羣龍하며 无首하면 吉하리라

건(乾)은 크게 형통하니, 곧고 발라야 이롭다.

〔초구(初九)〕 물속에 잠복하여 있는 용이니 움직이지 않고 때를 기다리는
　　　　　　것이다.

〔구이(九二)〕 땅 위에 나타난 용이 밭에 있으니, 대인(大人)을 보아야 이롭다.

〔구삼(九三)〕 군자가 종일토록 쉬지 않고 저녁까지 노력하고 반성하면 위
　　　　　　험스러우나 허물이 없을 것이다.

汎彼柏舟 亦汎其流	범피백주 역범기류
耿耿不寐 如有隱憂	경경불매 여유은우
微我無酒 以敖以遊	미아무주 이오이유
我心匪鑒 不可以茹	아심비감 불가이여
亦有兄弟 不可以據	역유형제 불가이거
薄言往愬 逢彼之怒	박언왕소 봉피지노
我心匪石 不可轉也	아심비석 불가전야
我心匪席 不可卷也	아심비석 불가권야
威儀棣棣 不可選也	위의체체 불가선야
憂心悄悄 慍于群小	우심초초 온우군소
覯閔旣多 受侮不少	구민기다 수모불소
靜言思之 寤辟有摽	정언사지 오피유표
日居月諸 胡迭而微	일거월제 호질이미
心之憂矣 如匪澣衣	심지우의 여비한의
靜言思之 不能奮飛	정언사지 부능분비

(출처: 『詩經』)

〔구사(九四)〕 못에서 뛰놀기도 하니, 허물이 없을 것이다.

〔구오(九五)〕 나는 용이 하늘에 있으니 대인(大人)을 만나보는 것이 이롭다.

〔상구(上九)〕 강강(强剛)한 용이니 뉘우침이 있으리라.

〔용구(用九)〕 여러 용을 보되, 우두머리 노릇을 하지 않으면 길(吉)하리라.

| 彖辭 |

大哉라 乾元이여 萬物資始하나니 乃統天이로다 雲行雨施하여 品物이 流形하나니라 大明終始하면 大位時成하나니 時乘六龍[2]하여 以御天하나니라 乾道變化에 各正性命하나니 保合大和하여 乃利貞하니라 首出庶物에 萬國이 咸寧하나니라

건원(乾元)의 양기(陽氣)는 크기도 크구나! 만물이 그것에 의하여 힘을 입어서 시작되니, 건(乾)은 하늘의 법칙을 맡아 다스린다. 그리하여 구름이 하늘을 날고 비가 내리어 대지(大地)를 적시게 하므로 그 힘을 힘입어 온갖 물건의 형상이 유전하여 형성된다. 건(乾)의 법칙은 태초에서부터 영원히 끝이 없는 먼 후세에 이르기까지 언제나 크게 밝아서 육효(六爻)의 위치가 제때에 이루어지니, 때때로 여섯 용을 타고서 하늘을 올라간다. 건(乾)의 법칙은 변화함으로써 각각 물건을 타고난 생명을 바르게 발휘하게 되어 큰 화기(和氣)를 보존하고 또한 합치어 바로 이롭고 곧아진다. 만물을 창조

---

2) 용이란 상상의 동물로, 천지자연의 변화의 부모인 삼양삼음(궐음[厥陰], 소음[小陰], 태음[太陰], 소양[小陽], 양명[陽明], 태양[太陽])을 상징한 것이다. 즉 자연계 변화의 부모인 삼음삼양을 비유한 것이다.

하는 건(乾)의 법칙을 본뜨면 성인(聖人)이 만물 위에 서서 천하의 온갖 나라가 다 편안하다.

| 象辭 |

天行이 健하니 君子以하여 自彊不息하나니라 潛龍勿用은 陽在下也요 見龍在田은 德施普也요 終日乾乾은 反復道也요 或躍在淵은 進无咎也요 飛龍在天은 大人造也요 亢龍有悔는 盈不可久也요 用九는 天德은 不可爲首也라

천체의 운행은 건실하여 한순간도 쉬는 일이 없다. 군자는 이리하여 스스로 쉬지 않고 힘을 쓴다. '잠복해 있는 용(龍)을 쓰지 말라' 함은 바로 양기(陽氣)가 밑에 있다는 것이다. '나타난 용이 밭에 있다' 함은 곧 덕(德)을 널리 베푼다는 것이다. '종일토록 건실하다' 함은 곧 도(道)를 반복한다는 것이다. '못에서 뛰놀기도 한다' 함은 허물없이 나아간다는 것이다. '나는 용이 하늘에 있다' 함은 이에 대인(大人)이 일어난다는 것이다. '굳센 용이 뉘우침이 있다' 함은 오래 찰(영〔盈〕) 수 없다는 것이다. '구(九)를 사용하라' 함은 하늘의 덕은 우두머리가 될 수 없다는 것이다.

| 文言傳原文 |

文言曰 元者善之長也 亨者嘉之會也 利者義之和也 貞者事之幹也 君子體仁 足以長人 嘉會足以合體 利物足以和義 貞 固足以幹事

君子行此四德者 故曰 乾元亨利貞

初九曰 潛龍勿用 何謂也 子曰 龍德而隱者也 不易乎世 不成乎名 遯世无悶 不見是而无悶 樂則行之 憂則違之 確乎其不可拔 潛龍也

九二曰 見龍在田 利見大人 何謂也 子曰 龍德而正中者也庸言之信 庸行之謹 閑邪存其誠 善世而不伐 德博而化易曰見龍在田 利見大人 君德也

九三曰 君子終日乾乾 夕惕若厲无咎 何謂也 子曰 君子進德修業 忠信所以進德也 修辭立其誠 所以居業也 知至至之可與幾也 知終終之 可與存義也 是故居上位而不驕在不位而不憂 故乾乾 因其時而惕 雖危无咎矣

九四曰 或躍在淵 无咎 何謂也 子曰 上下无常 非爲邪也 進退无恒 非離群也 君子進德修業 欲及時也 故无咎

九五曰 飛龍在天 利見大人 何謂也 子曰 同聲相應 同氣相求 水流濕 火就燥 雲從龍 風從虎 聖人作而萬物覩本乎天者親上 本乎地者親下 則各從其類也

上九曰 亢龍有悔 何謂也 子曰 貴而無位 高而无民 賢人在下位而无輔 是以動而有悔也

潛龍勿用 下也 見龍在田 時舍也 終日乾乾 行事也 或躍在淵 自試也 飛龍在天 上治也 亢龍有悔 窮之災也 乾元用九 天下治也

潛龍勿用 陽氣潛藏 見龍在田 天下文明 終日乾乾 與時偕行 或躍在淵 乾道乃革 飛龍在天 乃位乎天德 亢龍有悔 與時偕極 乾元用

九 乃見天則

乾元者 始而亨者也 利貞者性情也 乾始能以美利利天下不言所
利 大矣哉 大哉乾乎 剛健中正 純粹情也 六爻發揮 旁通情也 時乘
六龍 以御天也 雲行雨施 天下平也

君子以成德爲行 日可見之行也 潛之爲言也 隱而未見行而未成
是以君子弗用也 君子學以聚之問以辨之 寬以居之 仁以行之 易曰
見龍在田 利見大人 君德也 九三重剛而 不中上不在天 下不在田 故
乾乾 因其時而惕 雖危无咎矣 九四重剛而不中 上不在天 下不在田
中不在人 故或之 或之者疑之也 故无咎

夫大人者 與天地合其德 與日月合其明 與四時合其序 與鬼神合
其吉凶 先天而天弗違 後天而奉天時 天且弗違 而況於人乎 況於鬼
神乎 亢之爲言也 知進而不知退 知存而不知亡 知得而不知喪 其唯
聖人乎 知進退存亡 而不失其正者 其唯聖人乎

원(元)은 잘 자라게 한다는 것이다. 건(乾)의 법칙은 위대하여 만물이
나고 자란다. 그러므로 선(善)의 성장(成長)이다.

형(亨)은 발전을 의미한다. 건(乾)의 법칙은 만물이 점점 번영한다. 그
러므로 아름답게 모인다는 것이다.

이롭다(利)는 것은 옳게 조화한다는 것이다. 만물이 마땅한 바를 얻는
것이니 의(義)의 조화를 이룬다는 것이다.

정(貞)은 굳세고 마음대로 동요하지 아니함을 의미한다. 만물이 언제

나 지켜야 할 영원한 도(道)이므로 사물(事物)의 줄거리란 것이다.

군자(君子)는 인(仁)의 덕(德)을 체득(體得)함으로써 모든 사람을 교육시킬 수 있고, 아름답게 할 예(禮)를 모두 갖춤으로써 예(禮)에 합(合)할 수 있고, 모든 사물이 온화하고 마땅한 바를 얻게 함으로써 의(義)를 조화시킬 수 있고, 성인(聖人)의 도(道)를 굳게 지켜 흔들리지 아니함으로써 사물을 주재(主宰)할 수 있는 것이다.

군자(君子)는 이 네 가지 덕(德)을 실행할 수 있는 사람이다. 그러므로 원(元, 으뜸이 되고) 형(亨, 형통하고) 이(利, 이롭고) 정(貞, 곧다)한 것이다.

초양(初陽)의 효사(爻辭)에 잠룡(潛龍)은 쓰지 말라(潛用勿用)고 하였는데 여기에 대하여 공자(孔子)는 다음과 같이 설명하였다.

잠룡(潛龍)이라 함은 용덕(龍德)을 갖추었으면서 아직 세상에 나타내지 않고 은둔해 사는 사람을 말함이다. 세상이 아무리 변혁하여도 세상의 뜻을 따라 마음을 바꾸지 아니하고, 자기의 명성(名聲)을 구(求)하지도 아니한다. 은둔 생활 속에서도 불평하지 아니하고 자기가 옳은 사람이라 알려지지 않고 세상이 몰라 주어도 고민하지 아니한다. 평온한 세상이 되면 조정에 벼슬하여 천하(天下)에 도(道)를 행하고, 어지러운 세상이 오면 물러나와 스스로의 자기 자신(自己自身)을 지킨다. 확고 불변하여 도(道)를 고수하는 이것이 잠룡(潛龍)인 것이다.

이양(二陽)의 효사(爻辭)에 드러난 용(龍)이 밭에 있으니 대인(大人)을 보기에 좋다(見龍在田 利見大人)고 한 것을 공자(孔子)는 다음과 같이 설명하였다.

견룡(見龍)이라 함은 용(龍)의 덕(德)을 갖춘 사람으로서 이미 때와 곳을 얻어 정당한 지위에 있는 자를 말한다. 중용(中庸)을 지킨 말은 신실하고, 중용을 지킨 행동은 근신하며, 사악(邪惡)한 것을 물리치고, 정성스런 마음을 간직하여 선(善)한 일을 실행하고도 자랑하지 아니하며, 은덕을 널리 베풀어 사람들을 감화시킨다. 이 효사(爻辭)는 왕자(王者)의 덕(德)을 말한 것이다.

삼양(三陽)의 효사(爻辭)에 군자가 아침부터 저녁까지 건실하고 씩씩한 태도로 어떻게 하면 도덕규율(道德規律)에서 어긋나지 않는 윤리생활을 할까 하고 근심 걱정을 하면 위태하나 허물은 없다고 하였다. 여기에 대하여 공자(孔子)는 다음과 같이 설명하였다.

군자(君子)는 덕(德)을 기르고 업(業)을 닦기 위하여 노력한다. 군자(君子)가 충(忠)과 신(信)에 노력하는 것은 덕(德)을 기르기 위함이요, 말을 바르게 하고 마음을 정성되게 가짐은 업(業)을 닦기 위함이다.

시기가 닥쳐왔음을 알면 곧 일어선다. 그러므로 함께 기미(機微)를 이야기할 수 있고, 끝마쳐야 할 때가 되었음을 알면 곧 물러선다. 그러므로 함께 의(義)를 지켜갈 수 있다. 그런 까닭에 높은 벼슬자리에 있어도 교만하지 아니하고 낮은 자리에 있어도 근심 걱정하지 아니한다.

그러기에 일할 때는 게으르지 않으며 때때로 자신을 반성하여 주의한다. 그래야만 비록 위태로운 일이 있을지라도 허물이 없을 것이다.

사양(四陽)의 효사(爻辭)에 못 속에서 솟아 올랐다간 다시 못 속에 내려와 잠기기도 하나 허물은 없다고 하였다.

공자(孔子)가 설명하기를 솟아 오르기도 하고 내려가 잠기기도 하며, 나아가기도 하고, 물러서기도 하여 그 행동이 아래위가 없이 혼잡하기는 하나 이것은 간사한 짓을 하기 위한 것이 아니며, 나아가고 물러오는 것이 항구성(恒久性)이 없음은 군중(群衆)에서 떠나 방자(放恣)한 행동을 하려는 것도 아니다. 군자(君子)는 덕(德)을 기르고 업(業)을 성취함에 있어서 시의(時宜)에 맞는 행동을 하고자 하기 때문이다. 그러므로 허물이 없는 것이다.

오양(五陽)의 효사(爻辭)에 하늘에 용(龍)이 날고 있으니 대인(大人)을 만나봄이 이롭다고 하였다. 여기에 대하여 공자(孔子)는 다음과 같이 설명하였다.

무릇 동류(同類)는 동류(同類)끼리 서로 모이는 것이니 같은 소리와 같은 기운은 서로 호응한다. 물은 축축한 땅에 흐르고 건조한 곳에 불은 붙는다. 구름은 용(龍)을 따르고 범 가는 곳에 바람이 난다. 성인(聖人)이 출현하면 온 천하 사람들이 우러러 본다. 근본을 하늘에 둔 자는 위를 친애하고 땅에 근본을 둔 자는 아래를 친애한다. 그리하여 각각 그 같은 종류(種類)에 따르는 것이다.

상양(上陽)의 효사(爻辭)에 절정까지 올라간 용(龍)은 뉘우침이 있다고 하였다. 여기에 대하여 공자(孔子)는 다음과 같이 설명하였다.

너무 높이 올라갔기 때문에 존귀하나 벼슬자리가 없고, 너무 높아 교만하기 때문에 민심을 잃고, 스스로 높다고 생각하기 때문에 착한 인사(人士)들을 낮은 지위에 두게 되므로 그의 보필(輔弼)을 받을 수 없다. 이렇게 되면 항상 후회를 남기는 결과가 되는 것이다.

다음에 다시 이 괘(卦)의 육효(六爻)와 용양(用陽)에 대하여도 개관(概觀)을 설명하고 있다.

잠겨 있는 용(龍)을 함부로 사용하지 아니한다 함은 아래 위치에 있기 때문이요, 밭에 용(龍)이 있다 함은 아직 때가 성숙하지 아니하기 때문이다. 온종일 놀지 않고 부지런하다 함은 일을 수행하기 때문이요, 용(龍)이 솟았다가 또다시 못 속에 들어가 있다 함은 스스로 시험하고 있는 것이다. 하늘에 나는 용(龍)이 있다 함은 위에서 아래를 다스리는 것이요, 절정까지 오른 용(龍)이 후회함이 있다 함은 궁극에 도달한 곤궁한 재앙이란 것이 있기 때문이다. 건위천괘(乾爲天卦)의 용양(用陽)을 쓴다 함은 천하(天下)가 다스리는 도리를 설명한 것이다.

잠복해 있는 용(龍)이니 함부로 사용하지 아니한다 함은 양(陽)의 기운이 잠기어 간직되어 있기 때문이요, 모습을 나타낸 용(龍)이 밭에 있다 함은 천하가 문명(文明)이 되어 용덕(龍德)의 존재를 인정하기 때문이요, 온종일 일하여 부지런하다 함은 때가 왔으므로 시의(時宜)에 따라 일을 수행하는 것이다. 솟아 오른 용(龍)이 이따금 다시 못 속에 내려와 있음은 건(乾)의 도리가 고정되지 않고 연하기 때문에 이에 대비하기 위함이요, 하늘에 나는 용(龍)이 있다 함은 하늘의 덕(德)을 본받아 천하를 다스릴 지위에 올라 자리를 잡았다는 것이요, 절정에 오른 용(龍)이 뉘우침이 있다 함은 때와 더불어 극한의 위치에 도달하였기 때문이다. 건위천괘(乾爲天卦)의 용양(用陽)에서는 하늘의 법칙을 볼 수 있는 것이다.

건원(乾元)이라고 하는 것은 처음으로 시작하여, 끊임없이 발전하는 것이다. 이(利)와 정(貞)은 건도(乾道)의 본성과 움직임이다. 만물이 순조로워 마땅한 바를 얻는 것이 이(利)요, 함부로 동요하지 아니하여 끊임없이 도(道)를 지키는 것이 정(貞)이다. 하늘은 그 훌륭한 이(利)의 성질로써 천하(天下)를 이롭게 하되 묵묵히 말이 없어 그가 이(利)하게 한 바를 자랑하지 아니한다. 위대하다, 위대하다, 건(乾)의 법칙이여. 강건(剛健)하고, 중정(中正)하고, 순수하여 정미(精美)하다. 하늘의 법칙이 이 건위천괘(乾爲天卦)의 육효(六爻)에 드러나 있어서 하늘의 움직임을 누구나 알 수 있도록 하였다.

건괘(乾卦)는 점진하는 때의 진전(進展)을 육효(六爻)의 양효(陽爻)로 표시하고 있다. 이와 같이 때를 따라 발전하여 가서 완성에 도달하는 상태는 육룡(六龍)을 타고 하늘을 달리는 모습이다. 그리하여 구름이 일고 비가 내리는 것은 천하가 화평하게 된다는 것이다.

군자(君子)는 덕(德)을 성취하는 것을 행동으로 삼으므로 날마다 그 실행하는 것을 볼 수 있다. 잠룡(潛龍)의 '잠(潛)' 이란 말은 숨어 있어서 아직 보이지 않은 것이요, 행동하여 아직 성취하지 아니한 것을 가리킨 것이다. 그러므로 군자(君子)는 이러한 상태에서는 함부로 움직이지 아니한다.

군자(君子)는 배워서 학문의 힘을 쌓으며, 물어서 옳고 그름을 분별하고, 관대한 도량을 가지고 인(仁)으로써 행동한다. 잠복했다가 드디어 형체를 드러낸 용(龍)이 밭에 있으니 대인(大人)을 보기에 좋다고 한 것은 군왕(君王)의 덕(德)이 있음을 말한 것이다.

삼양(三陽)의 효(爻)는 강장(剛壯)한 힘이 충일하면서 중앙(中央)의 지위를 얻지 못하여 위로 하늘에 있는 용(龍)도 아니요, 아래로 밭에 있는 용(龍)도 아니다. 그러므로 부지런히 일하여 게으르지 않고 때에 따라서 스스로 반성하여 두려워한다. 그러니 비록 위태하나 허물이 없는 것이다.

사양(四陽)의 효(爻)는 강장(剛壯)한 기운이 충일하면서 중앙(中央)의 지위를 얻지 못하여 위로 하늘에 있지도 못하고 아래로 들에 있지도 못하고 중간에서 인심(人心)을 얻고 있지도 못한다. 그러므로 혹은 뛰어 못 속에 있다고 하여 '혹은' 을 붙이고 있다. '혹은' 이라는 말은 의심하는 것이다.

스스로 자신의 힘을 의심하여 다시 힘을 기르는 것이다. 그러므로 허물이 없는 것이다.

　무릇 대인(大人)이라고 하는 자는 하늘과 땅으로 더불어 그 덕(德)이 합치하고, 해와 달로 더불어 그 밝음이 일치하고 사계절(四季節)과 더불어 그 질서를 같이하고, 귀신과 더불어 그 길흉(吉凶)을 합일(合一)한다. 하늘의 이치를 깨달아 하늘에 선행(先行)하여 행동하여도 하늘이 이에 어긋남이 없고, 하늘의 운행이 수행된 뒤에는 하늘에 때를 준봉(遵奉)하여 행동하여도, 하늘이 또한 어긋남이 없다. 하물며 사람이, 하물며 귀신이 이에 어긋남이 있을 수 있겠는가. 높고 강하다는 말은 나아갈 줄만 알고 물러설 줄 모르며, 생존하는 것만을 알고 멸망하는 것을 모르며, 얻는 것만 알고 잃는 것은 알지 못하는 것을 의미한다. 오직 성인(聖人)만이 나아가고 물러가는 일과 존재(存在)하고 멸망하는 일을 안다. 그리하여 그 바른 것을 잃지 않는 자는 오직 성인(聖人)뿐인 것이다.

坤은 元亨하고 利牝馬之貞이니 君子有攸往이니라 先迷後得하리니 主利하니라 西南은 得朋이요 東北은 喪朋이니 安貞하여 吉하니라

初六 履霜하면 堅氷이 至하니라

六二 直方大라 不習이라도 无不利하니라

六三 含章可貞이니 或從王事하여 无成有終이니라

六四 括囊이면 無咎며 無譽리라

六五 黃裳이면 元吉하리라

上六 龍戰于野하니 其血이 玄黃이로다

用六 利永貞하니라

곤괘(坤卦)는 크게 발전함으로 통하니 암말은 굳게 절조를 지키고 발라야 이롭다. 군자가 갈 곳이 있을 때에 선두를 달리면 길을 잃는 것이 일쑤이지만 남의 뒤를 따르면 순조롭게 목적지에 도달할 것이므로 리(利)를 주로

한다. 서남의 방향으로 가면 협력자를 얻어 함께 갈 수 있으나 동북의 방향
으로 가면 친구를 잃을 것이니, 마음을 편안케 하고 곧은 마음을 가져야 길
하리라.

〔초육(初六)〕 서리가 내리므로 장차 굳은 얼음이 얼 것을 안다.

〔육이(六二)〕 대지는 평편(平便)하여 끝없이 광대하다. 학습하지 않아도 순
조롭지 않음이 없다.

〔육삼(六三)〕 광명을 내포(內包)하여 마음이 곧고 바르려 한다. 때로 왕업
(王業)에 종사할지라도 유종의 미를 거두지는 않을 것이다.

〔육사(六四)〕 주머니의 주둥이를 졸라 매라. 허물도 없고 칭찬도 없으리라.

〔육오(六五)〕 황색 치마를 입으면 크게 길(吉)하리라.

〔상육(上六)〕 두 마리의 용(龍)이 들에서 싸우니, 그 피는 검고 누르다.

〔용육(用六)〕 길이길이 한결같이 곧고 바르면 유종의 미를 거둘 수 있을 것
이다.

| 彖辭 |

至哉라 坤元이여 萬物이 資生하나니 乃順承天이니 坤厚載物
이 德合无疆하며 含弘光大하여 品物이 咸亨하나니라 牝馬는 地類
니 行地无疆하며 柔順利貞이 君子攸行이라 先하면 迷하며 失道하
고 後하면 順하여 得常하리니 西南得朋은 乃與類行이요 東北喪朋
은 乃終有慶하리니 安貞之吉이 應地无疆이니라

곤(坤)은 대지(大地), 대지(大地)는 가장 위대한 생성력의 근원이다. 대

지(大地)의 이 무한한 근원적인 힘을 받아 만물이 그것에 의하여 생성하고 또 자라니, 바로 순순히 하늘의 창조(創造)를 이어받는 것이다. 땅은 두텁고 넓어서 물건을 싣고 있는 덕(德)이 한정 없이 합치(合致)되고 넓게 포함하고 크게 빛나서 물물(物物)은 저마다 성장하고 번영한다. 암말은 땅에 속하는 것, 한정 없이 땅을 걷는다. 유순하여 이롭고 곧음은 군자가 행하는 것이다. 먼저 하면 아득하여 도(道)를 잃으며 나중에 하면 상도(常道)를 얻는다. 서남쪽에서 벗을 얻는 것은 바로 동류(同類)와 함께 하기 때문이요, 동북쪽에서 벗을 잃는 것은 바로 경사가 있기 때문이다. 몸이 편하고 마음이 곧은 것은 한계 없는 대지(大地)에 순응하기 때문이다.

地勢坤이니 君子以하여 厚德으로 載物하나니라 履霜堅冰은 陰始凝也니 馴致其道하여 至堅冰也하나니라 六二之動이 直以方也니 不習无不利는 地道光也라 含章可貞이나 以時發也요 或從王事는 知光大也라 括囊无咎는 愼不害也라 黃裳元吉은 文在中也라 龍戰于野는 其道窮也라 用六氷貞은 以大終也라

지세(地勢)는 곤(坤)이다. 군자는 후한 덕으로 만물을 포용한다. '서리를 밟으면 굳은 얼음이라' 함은 음기가 처음으로 응결(凝結)한다는 것이다. 그 도에 익숙하고 극진히 하여 굳은 얼음에 이른다. 육이(六二)의 움직임이 곧게 모난다. '숙달되지 않아도 이롭지 않음이 없다' 함은 지도(地道)가 빛남이다. '빛남을 내포(內包)하여 곧고 바를 수 있다' 함은 때로 발(發)

한다는 것이다. '왕사(王事)에 좇기도 한다'는 것은 지혜가 빛나고 크다는 것이다. '주머니를 여미면 허물이 없다' 함은 삼가면 해롭지 않다는 것이다. '황색 치마가 크게 좋다' 함은 무늬가 속에 있다는 것이다. '용이 들에서 싸운다' 함은 그 도가 곤궁하다는 것이다. '육(六)을 사용하는 데는 영원히 곧고 발라야 한다' 함은 큰 것으로 끝마친다는 것이다.

| 文言傳原文 |

文言曰 坤至柔而動也剛 至靜而德方 後得主而有常 含萬物而化光 坤道其順乎 承天而時行 積善之家 必有餘慶 積不善之家 必有餘殃 臣弑其君 子弑其父 非一朝一夕之故 其所由來者漸矣 由辨之不早辨也 易曰 履霜堅冰至 蓋言順也 直其正也 方其義也 君子敬以直內 義以方外 敬義立而德不孤 直方大不習无不利 則不疑其所行也 陰雖有矣含之以從王事 弗敢成也 地道也 妻道也 臣道也 地道無成而代有終也 天地變化 草木蕃 天地閉 賢人隱 易曰 括囊无咎无譽 蓋言 謹也 君子黃中通理 正位居體 美在其中而暢於四支 發於事業 美之至也 陰疑於陽必戰 爲其嫌於无陽也 故稱龍焉 猶未離其類也 故稱血焉 夫玄黃者天之雜也天玄而地黃

곤괘(坤卦)는 대지(大地)의 본성(本性)을 상미(象徵)한 것이며 곤(坤)은 유순함의 극치이다. 항상 부드럽고 순하여 성내지도 반항하지도 않으나 움직이면 강강(强剛)하다. 곤(坤)은 또 정(靜)의 극치이다. 대지(大地)는 항상 고요하며 따라서 부르짖음도 없다. 그러나 그 이치는 한결같아서 바르고 혼란함이 없다. 사람에 비기면 한걸음 물러서서 남의 뒤를 좇으므로 지도자를 얻어 길이 신명(身命)을 보전한다. 곤(坤)은 만물을 포용하여 크게 성장, 발전시키며 빛이 난다. 곤(坤)의 이치는 유순하게 하늘의 명(命)을 이어받아 때로 그 힘을 운행시킨다.

신하가 임금을 살해하고 자식이 아비를 살해하는 끔찍한 일도 일조일석의 변고(變故)가 아니다. 오랜 세월을 거쳐 점차로 모이고 쌓여 온 것이다. 점차로 자라나는 악의 징조를 알아차리고서도 이것을 조기(早期)에 끊어 버리지 않았기 때문이다. '서리를 밟으면 얼음의 계절이 온다' 는 것은 무슨 일이라도 순차(順次)로 성장하는 것을 일러주는 것이며, 대개 근신할 것을 말한 것이다.

정직한 것은 바른 것이요, 방정하다 함은 의(義)에 맞는 것이다. 군자(君子)는 공경함으로써 그 내면(內面)을 바르게 하며 의(義)로써 남에게 대한 외면(外面)의 행동을 방정(方正)하게 한다. 공경하는 마음과 의(義)로운 행동이 확립하면 '덕(德)은 외롭지 않다. 반드시 이웃이 있다' 는 논어(論語)의 말과 같이 그 덕행(德行)은 널리 퍼져 나갈 것이다. '평직(平直)하고 방정(方正)하고 광대(廣大)한 덕(德)을 갖춘 자는 배우지 아니하여도 모든 일이 순조롭지 않음이 없다' 는 것은 확고한 신념(信念)을 가지고 자신이 행하는 행동을 의심하지 않는 자를 말한 것이다.

음(陰--)은 비록 아름다운 재능이 있으나 속에 간직한 채 윗사람의 사업을 도와 묵묵히 일할 따름이요, 감히 스스로 주도권(主導權)을 잡아 제 공적을 세우려 하지 않는다. 이것이 자연계에서는 땅이 지켜야 할 도리요, 인간에 있어서는 아내가 지켜야 할 도리요, 군신간(君臣間)에 있어서는 신하가 지켜야 할 도리이다. 땅의 도리는 스스로 선두에 나서는 일이 없이 오직 하늘의 명(命)을 받아 하늘에 대신하여 유종의 미를 성취한다.

천지가 변화하면 초목이 무성하고, 천지(天地)가 폐쇄되면 어진 선비는 물러가 버린다. 이르기를 '주머니의 주둥이를 여미면, 허물도 없고 영예도 없다' 함은 근신하라는 뜻이다.

군자(君子)의 도리는 '황색(黃色)의 치마'로 상징(象徵)한 바와 같이 윗사람을 도와 화순하고 바르게 일하는 가운데 곤도(坤道)의 훌륭한 이치를 깨닫고 자신이 서야 할 위치를 지켜 방자하지 아니하니 미덕(美德)이 마음에 차고 다시 넘쳐서 온몸에 퍼져 몸을 윤기(潤氣) 있게 하여 주고 행동을 통하여 사업(事業)에 나타난다. 이것이야말로 아름다움이 지극한 것이다.

음(陰)이 극성하여 양(陽)인가 의심하게 되면 반드시 양(陽)과 싸우게 된다.

곤(坤)은 원래 암말에 비하였으나 음(陰)이 지나치게 강성하여 마치 양(陽)인 것처럼 보이기 때문에 용(龍)이라고 일컫는다. 그러나 음(陰)이 양(陽)이 될 수는 없고 양(陽)이 아주 없어질 수도 없는 것이다. 그러니 음(陰)과 양(陽), 즉 두 용(龍)이 서로 싸우게 된다는 것이다. 두 용(龍)이 서로 싸움으로써 모두 상처를 입고 피를 흘리게 된다.

그러나 양(陽)과 음(陰)의 그 본질(本質)을 바꿀 수는 없기 때문에 그 피는 검은 빛과 누른 빛으로 나타난다. 검은 빛은 하늘의 빛, 곧 양(陽)을 말함이고, 누른 빛은 땅의 빛, 곧 음(陰)을 말하는 것이다.

屯은 元亨하고 利貞하니 勿用有攸往이요 利建侯하니라

初九 盤桓이니 利居貞하며 利建侯하니라

六二 屯如邅如하여 乘馬班如하니 匪寇면 婚媾리니 女子貞하여 不
字라가 十年에야 乃字로다

六三 即鹿无虞라 惟入于林中이니 君子幾하여 不如舍니 往하면 吝
하리라

六四 乘馬班如니 求婚媾하여 往하면 吉하여 无不利하리라

九五 屯其膏니 小貞이면 吉하고 大貞이면 凶하리라

上六 乘馬班如하여 泣血漣如로다

둔(屯)은 크게 통하니, 곧고 발라야만(또는 아이를 배야) 이롭다. 갈 곳이 있어도 가지 말 것이니, 제후를 세워야 이로울 것이다.

〔초구(初九)〕 나아가려 하나 나아갈 수 없는 머뭇거리는 모습이니, 곧고 바르게 있어야 이롭고 제후를 세워야 이로움이 있다.

〔육이(六二)〕임을 따라 걸어 나아가려다 이웃집 남자에게 끌리어 뒤로 돌
　　　　아오는 듯하고, 말을 타고 가다가는 다시 되돌아올 듯하다.
　　　　도둑이 아니요, 구혼(求婚)하는 사람이다. 여자는 정조를 지
　　　　키려 이웃집 남자에게 결혼을 허락하지 않고, 십 년(十年) 후
　　　　에 사랑하는 상대자〔오양(五陽)〕에게 허락한다.

〔육삼(六三)〕사냥꾼이 사냥을 하러 산기슭으로 갔으나 길을 안내하는 사
　　　　람조차 없이 홀로 숲 속으로 들어간다. 군자는 기회를 보아
　　　　일을 하나니, 사냥을 그만두는 것만 못하다. 사냥을 가면 막
　　　　다른 골목에서 헤어나지 못하리라.

〔육사(六四)〕말을 타고 내달았다간 되돌아와 구혼(求婚)을 하러 간다. 길
　　　　(吉)하여 순조롭지 않음이 없을 것이다.

〔구오(九五)〕임금의 혜택을 백성에게 널리 베푸는 경지에는 아직 도달하
　　　　지 못하였다. 작게 혜택을 베풀면 길(吉)하고 크게 혜택을 베
　　　　풀면 흉(凶)하리라.

〔상육(上六)〕말을 타고 떠났으나 갈 곳이 막연하다. 눈물과 피를 흘리는
　　　　듯하다.

| 彖辭 |

屯은 剛柔始交 而難生하며 動乎險中하니 大亨貞은 雷雨之動
이 滿盈일세라 天造草昧에는 宜建侯요 而不寧이니라

　둔괘(屯卦)라 하는 것은 강한 양기와 유순한 음기가 처음으로 교감(交

感)하여 새로운 것을 낳는 때의 고난(苦難)을 보여준 것이다. 험난한 가운데서도 꾸준히 활발하게 움직이니, 크게 통하고 곧다. 우뢰와 비가 천지 사이에 가득 찼다. 하늘이 우매한 백성을 창조(創造)하는 데는 마땅히 후왕(侯王)을 세워야 할 것이지만 편안치 않다.

| 象辭 |

雲雷屯이니 君子以하여 經綸하나니라 雖磐桓하나 志行正也며 以貴下賤하니 大得民也로다 六二之難은 乘剛也요 十年乃字는 反常也라 即鹿无虞는 以終禽也요 君子舍之는 往吝窮也라 求而往은 明也라 屯其膏는 施未光也라 泣血漣如어니 何可長也리요

구름과 우뢰는 고난(苦難)한 것이다. 군자는 그것으로 경륜(經綸)한다. 비록 머뭇거리더라도 뜻을 바르게 행한다. 귀한 것으로 아랫사람을 대접하니 크게 백성을 얻는다. 육이(六二)의 어려움은 강한 것을 탄 것이요, '십(十) 년 만에 바로 잉태한다' 함은 상정(常情)에 위반한다는 것이다. '사슴을 사냥하러 나아가도 근심이 없다' 함은 새〔금(禽)〕에 증사한다는 것이요, '군자가 이것을 버린다' 함은 부끄러워 곤궁하다는 것이다. '구하러 간다' 함은 밝다는 것이다. '그 혜택이 어렵다' 함은 베푸는 것이 아직 빛나지 않는다는 것이다. '눈물과 피가 흐른다' 함은 어찌 오래 갈 수 있겠느냐 하는 것이다.

蒙은 亨하니 非我求童蒙이라 童蒙이 求我니 初筮어든 告하고 再三이면 瀆이라 瀆則不告이니 利貞하니라

初六 發蒙하되 利用刑人하여 用說桎梏이니 以往이면 吝하리라

九二 包蒙이면 吉하고 納婦면 吉하리니 子克家로다

六三 勿用取女니 見金夫하고 不有躬하니 无攸利하니라

六四 困蒙이니 吝하도다

六五 童蒙이니 吉하니라

上九 擊蒙이니 不利爲寇요 利禦寇하니라

몽(蒙)은 몽매(蒙昧)하다는 뜻이며 몽매(蒙昧)한 상태에서는 오직 형통하기를 바라는 것이다. 내가 몽매한 사람에게 가르침을 구하는 것이 아니요, 몽매한 사람이 나에게 가르침을 구하는 것이다. 처음 점을 칠 때에는 좋고 나쁜 것을 일러 주지만, 여러 번 점을 치면 어지러워진다. 어지러워지면 좋고 나쁜 것을 일러주지 않으니 곧고 바르면 이롭다.

〔초육(初六)〕 백성들의 몽매함을 일깨워주는 데 있어서 처음에는 형벌을 엄하게 하는 것이 좋다. 규율을 바르게 하기 위함이다. 그 다음에 형벌을 적극적으로 길이 지속하는 방법은 좋지 못하다.

〔구이(九二)〕 몽매(蒙昧)한 백성들을 포함하여 일깨워주어도 좋고 며느리를 맞아도 좋으니 아들이 어머니를 도와 집안을 잘 다스릴 것이다.

〔육삼(六三)〕 행실이 좋지 못한 여자에게 장가들지 말라. 돈 많은 사나이를 보고 따라가니, 네 몸을 지니고 있지 못할 것이다. 이로울 것이 없으리라.

〔육사(六四)〕 무지(無知), 몽매(蒙昧)한 속에서 괴로워한다.

〔육오(六五)〕 어린아이의 몽매함이니 좋다.

〔상구(上九)〕 어린아이의 몽매함을 일깨워주는 데는 그 몽매함을 원수나 도둑같이 여기면 이로움이 없고 그 원수나 도둑을 막는 것이 이롭다.

| 彖辭 |

蒙은 山下有險하고 險而止蒙이라 蒙亨은 以亨行이니 時中也요 匪我求童蒙 童蒙求我는 志應也요 初筮告는 以剛中也요 再三瀆 瀆 則不告는 瀆蒙也일세니 蒙以養正이 聖功也라

몽괘(蒙卦)의 괘상(卦象)은 산 아래에 험난한 물이 있는 상태이다. 그리고 험난하여 갈 바를 모르고 멈춰 있는 상태가 몽괘(蒙卦)의 상징이다. 교

육하여 마음이 트이게 되는 것은 마음이 트이는 것으로 시행하는 것이니 때에 맞추는 것이다. 내가 몽매한 사람에게 가르침을 구하는 것이 아니요, 몽매한 사람이 나에게 가르침을 구하는 것은 뜻이 응하기 때문이다. 첫 번 점친 것을 일러준 것은 강한 중용(中庸)이요, 여러 번 점을 쳐서 흐리멍텅한 말이면 일러주지 않는 것은 교육을 흐리게 하기 때문이다. '몽(蒙)'의 도(道)로써 바른 덕성(德性)을 기르는 것은 곧 성인(聖人)의 길에 들어가게 하는 공(功)이 되는 것이다.

| 象辭 |

山下出泉이 蒙이니 君子以하여 果行하며 育德하나니라 利用刑人은 以正法也라 子克家는 剛柔接也라 勿用取女는 行不順也라 困蒙之吝은 獨遠實也라 童蒙之吉은 順以巽也라 利用禦寇는 上下順也라

산 아래 솟아나오는 샘물, 이것이 몽(蒙)의 괘(卦)이다. 군자는 이 괘상을 보고 바른 일을 과감하게 실천하면서 덕을 육성한다. '사람에 형벌을 쓰는 것이 이롭다' 함은 그것으로 규율을 바로 잡는다는 것이다. '아들이 집을 다스린다' 함은 강한 것과 유한 것이 접한다는 것이다. '여자를 취하지 말라' 함은 그의 행동이 남녀간의 예절의 순서에 어긋난다는 것이다. '몽매함으로 괴로움 받으니 괴로우리라' 함은 홀로 양효(陽爻, 實)와 멀어져 있는 고독한 형태라는 것이다. '몽매한 것이 좋다' 함은 유순하다는 뜻이다. '도둑을 막는 것이 이롭다' 함은 상(上), 하(下)가 순종한다는 것이다.

需는 有孚하면 光亨하고 貞吉하니 利涉大川하니라

初九 需于郊라 利用恒이니 无咎리라

九二 需于沙라 小有言하나 終吉하리라

九三 需于泥致라 寇至하리라

六四 需于血이니 出自穴이로다

九五 需于酒食이니 貞하고 吉하리라

上六 入于穴이니 有不遠之客 三人이 來하리니 敬之면 終吉하리라

성실하게 믿고 기다리면 크게 형통할 것이니 마음이 곧고 발라야 길(吉)하고 큰 냇물을 건너면 이로움이 있다.

〔초구(初九)〕 들에서 기다린다. 항구(恒久)한 태도를 가지는 것이 이로우니, 허물이 없으리라.

〔구이(九二)〕 모래밭에서 기다리고 있다. 조금은 말썽이 있지만 마침내는 길(吉)하게 될 것이다.

〔구삼(九三)〕 진흙밭에서 기다리니, 도둑들을 오게 하리라.

〔육사(六四)〕 피밭에서 기다리다가 스스로 구멍에서 나온다.

〔구오(九五)〕 술과 음식을 차려 놓고 기다리니 마음을 곧고 바르게 가져야 좋으리라.

〔상육(上六)〕 움집으로 들어간다. 청하지도 않은 손님 셋이 찾아 오리니, 그를 존경하면 마침내 좋으리라.

| 彖辭 |

需는 須也니 險이 在前也니 剛健而不陷하니 其義不困窮矣라 需有孚光享貞吉은 位乎天位하여 以正中也요 利涉大川은 往有功 也라

수(需)는 유(柔)하고 유약(柔弱)한 물이 때를 기다리는 것이다. 왜냐하면 험(險)한 것이 전진(前進)을 막고 있기 때문이다. 강하고 건전하여 함락(陷落)하지 않는 것은 그 의의가 곤궁하지 않기 때문이다. 수괘(需卦)의 괘상(卦象)은 포로가 있으면 크게 형통하니, 마음을 곧고 바르게 가지면 대길(大吉)하다. 하늘같이 높은 자리에 자리잡고 있는 것은 바르고 가운데 중정(中正)의 자리를 차지하고 있기 때문이다. 큰 냇물을 건너는 데 이로우니, 가면 공덕(功德)이 있을 것이다.

雲上於天이 需니 君子以하여 飮食宴樂하나니라 需于郊는 不犯難行也요 利用恒无咎는 未失常也라 需于沙는 衍在中也니 雖小有言하나 以吉로 終也리라 需于泥는 災在外也라 自我致寇하니 敬愼不이면 敗也리라 需于血은 順以聽也라 酒食貞吉은 以中正也라 不速之客來敬之終吉은 雖不當位나 未大失也라

구름이 하늘로 올라가는 것이 수괘(需卦)이니, 군자는 그것으로 마시고 먹고 잔치를 베풀어 즐거워한다. '들에서 기다린다' 함은 위험을 멀리 피하고 함부로 어려움을 범하여 행하지 않는다는 것이요, '항구(恒久)한 것이 이로우니 허물이 없다' 함은 아직 상도(常道)를 잃지 않는다는 것을 말한다. '모래밭에서 기다리고 있다' 함은 여유 있게 가운데 있는 것이니, 비록 좀 말썽이 있으나 좋게 마친다는 것이다. '진흙 밭에서 기다린다' 함은 재앙이 밖에 있는 것이다. 내가 도둑을 오게 했으니, 공경하고 근신하면 패하지 않는다는 것이다. '피 밭에서 기다린다' 함은 순종하여 듣는다는 것이다. '술과 밥을 차려 놓고 기다린다. 마음을 곧고 바르게 가져야 한다' 함은 중정(中正)하기 때문이다. '청하지 않은 손님이 오리니, 그를 존경하면 마침내 좋다' 함은 비록 정당치 못한 자리이나 아직 크게 잃지 않는다는 것이다.

訟은 有孚나 窒하여 惕하니 中은 吉하고 終은 凶하니 利見大人이
요 不利涉大川하나니라

初六 不永所事면 小有言하나 終吉이리라

九二 不克訟이니 歸而逋하여 其邑人이 三百戶면 无眚하리라

六三 食舊德하여 貞하면 厲하나 終吉이리니 或從王事하여 无成이
　　　로다

九四 不克訟이라 復即命하며 渝하여 安貞하면 吉하리라

九五 訟에 元吉이라

上九 或錫之鞶帶라도 終朝三褫之리라

소송(訴訟)에는 부(孚)함도 있으나 막히는 일도 있다. 두려워하여 중도(中
道)를 얻으면 좋으나, 결국은 나쁘다. 대인(大人)을 봄에는 이로움이 있고
큰 냇물의 도하(渡河)하는 것은 이롭지 못하다.

〔초육(初六)〕 오래도록 송사(訟事)를 매듭짓지 못할 때는 좀 말썽이 있으

나, 마침내는 좋게 되리라.

〔구이(九二)〕 소송(訴訟)하여 이길 수 없으므로 돌아와 숨으니, 그 고을의 삼(三)백 호도 허물이 없이 무사했다.

〔육삼(六三)〕 옛날의 덕록(德祿)을 그대로 먹어 마음을 곧고 바르게 가지더라도 위태로울 때가 있으나, 마침내는 좋으리라. 임금의 사업에 종사해도 이룩함이 없을지도 모른다.

〔구사(九四)〕 제 자신으로 돌아와서 그것을 다만 천명에 맡기어 변심(變心)을 버리고 마음을 편안하고 곧고 바르게 가지면 좋으리라.

〔구오(九五)〕 송사(訟事)함에 대길(大吉)하리라.

〔상구(上九)〕 송사(訟事)에 승리(勝利)하므로 임금으로부터 큰 띠를 하사(下賜)받는 영예를 얻을지도 모르나 하루 아침에 세 번씩 그것을 빼앗길 것이다.

| 彖辭 |

訟은 上剛下險하여 險而健이 訟이라 訟有孚窒 惕中吉은 剛來而得中也요 終凶은 訟不可成也요 利見大人은 尙中正也요 不利涉大川은 入于淵也라

송괘(訟卦)의 괘상(卦象)은 건(乾)은 강강(剛强)을 나타내는 것이요, 감(坎)은 음괘(陰卦)로서 음험(陰險)함을 나타내는 괘(卦)이다. 위험하고도 건실한 것은 소송하는 일이다. 소송에는 포로(捕虜)가 있어 말길이 막히고 두려워하여 중용(中庸)의 태도를 취하면 좋다고 하는 것은 강한 기운이 와서

가운데 자리를 차지하기 때문이다. 마침내 나쁘다는 것은 소송이 이루어질 수 없기 때문이요, 대인(大人)을 보는 것이 이롭다는 것은 가운데와 바른 자리를 차지하기 때문이요, 큰 냇물을 건너는 것이 이롭지 못하다는 것은 연못에 빠지기 때문이다.

| 象辭 |

天與水違行이 訟이니 君子以하여 作事謀始하나니라 不永所事는 訟不可長也니 雖小有言이나 其辯이 明也라 不克訟하여 歸逋竄也니 自下訟上이 患至掇也리라 食舊德하니 從上이라도 吉也리라 復即命 渝安貞은 不失也라 訟元吉은 以中正也라 以訟受服이 赤不足敬也라

송괘(訟卦)는 하늘과 물이 어긋나게 운행되는 것이다. 군자는 그것으로 일을 하는데, 처음에 도모한다. '오랫동안 송사를 끝내지 못한다' 함은 소송을 오래 할 수 없으니, 비록 말썽이 있으나 그 변명이 명확하다는 것이다. 또한 소송에 이기지 못하여 돌아가서 숨는 것이다. 아래에서 윗사람을 소송하니 우환이 있어도 수습된다. 옛 은덕을 입으니, 윗사람을 좇으면 좋다. '돌아와서 천명에 맡기어, 나아가 마음을 편안히, 그리고 곧고 바르다' 함은 잃어버리지 않는다는 것이다. '소송에 크게 좋다' 함은 중정(中正)이기 때문이다. 소송으로 복종의 총애(寵愛)를 받는 것은 역시 존경할 것이 못 된다.

7·地水師 지수사 坤坎 上下

師는 貞이니 丈人이라도 吉하고 无咎하리라

初六 師出以律이니 否면 臧이라도 凶하니라

九二 在師하여 中할새 吉하고 无咎하니 王三錫命이로다

六三 師或輿尸면 凶하리라

六四 師左次니 无咎로다

六五 田有禽이어든 利執言하니 无咎리라 長子師師니 弟子輿尸하
　　면 貞이라도 凶하리라

上六 大君이 有命이니 開國承家에 小人勿用이니라

병사(兵師)를 일으키는 명분은 올발라야 하므로 덕이 있는 어른이라야 좋
고 허물이 없으리라.

〔초육(初六)〕 군자는 규율 밑에서 일으켜야 한다. 그렇지 않으면 착한 일도
　　　　　나쁘게 된다.

〔구이(九二)〕 병사(兵師)를 일으키는 데 있어서 중도를 지키면 좋게 되어

허물이 없어진다. 그러므로 임금이 세 번씩 명령을 내리시
리라.

〔육삼(六三)〕 전쟁에 나가면 크게 패하여 시체를 수레에 싣고 돌아올지도
모른다.

〔육사(六四)〕 군사들이 물러나와 병사(兵舍)에서 머문다. 그래야 허물이 없
으리라.

〔육오(六五)〕 들에 새가 있으니, 말을 하여 잡아도 허물이 없다. 장자(長子)
에게 군사를 거느리게 할 것이다. 작은 아들에게 시키면 군
사의 시체를 싣고 돌아오게 된다. 마음이 곧고 발라도 나쁘
리라.

〔상육(上六)〕 천자(天子)의 명령이 있다. 제후를 봉하고 경대부(卿大夫) 벼
슬을 주는 데 소인(小人)을 임용(任用)하여서는 안 된다.

| 彖辭 |

師는 衆也요 貞은 正也니 能以衆正하며 可以王矣리라 剛中而
應하고 行險而順하니 以此毒天下 而民이 從之하니 吉하고 又何咎
矣리요

병사(兵師)는 군상(群象)이요, 정(貞)함은 올바른 것이다. 능히 대중을
정(正)하게 할 수 있으면 왕 노릇이 가능(可能)하다. 강하고 응하고 위험한
일을 행하여 순종한다. 이것으로 천하를 해롭게 해도 백성들이 복종하면
길(吉)할 것이니, 또 무엇을 탓하겠느냐?

| **象辭** |

地中有水師니 君子以하여 容民畜衆하나니라 師出以律이니 失律凶也리라 在師中吉은 承天寵也요 王三錫命은 懷萬邦也라 師或輿尸면 大无功也리라 左次无咎는 未失常也라 長子師師는 以中行也요 弟子輿尸는 使不當也라 大君有命은 以正功也요 小人勿用은 必亂邦也라

물이 땅 가운데 있는 것이 사괘(師卦)이다. 그것으로 군자(君子)는 백성을 용납하고, 대중(大衆)을 육성시킨다. 군사를 기강(紀綱) 있게 출동시킬 것이니, 기강(紀綱)이 흐트러지면 나쁘리라. '군사를 출동시키는 데에 있어서는 중도를 지키면 좋다' 함은 하늘의 은총을 계승하여 받는 것이요, '임금이 세 번씩 명령을 내린다' 함은 여러 나라를 회유(懷柔)한다는 것이다. '군사가 혹 시체를 싣고 돌아올지도 모른다' 함은 커다란 전공(戰功)이 없다는 것이다. '군사가 물러와서 병사(兵舍)에서 잠자는 것이니 허물이 없다' 함은 아직 상도(常道)를 잃지 않았다는 것이다. '장자(長子)가 군사를 거느린다' 함은 가운데 위치에서 행진(行陣)하기 때문이라는 것이요, '작은 아들이 군사의 시체를 싣고 돌아온다' 함은 하는 일이 마땅하지 못하다는 것이다. '천자(天子)의 명령이 있다' 함은 공을 정당하게 하기 때문이라는 것이요, '소인을 절대로 쓰지 말라' 함은 반드시 나라를 어지럽힌다는 것을 말함이다.

比는 吉하니 原筮하되 元永貞이면 无咎리라 不寧이어야 方來니 後면 夫라도 凶이리라

初六 有孚比之라야 无咎리니 有孚盈缶면 終에 來有他吉하리라

六二 比之自內니 貞하여 吉하도다

六三 比之匪人이라

六四 外比之하니 貞하여 吉하도다

九五 顯比니 王用三驅에 失前禽하며 邑人不誡니 吉하도다

上六 比之无首니 凶하니라

상친(相親)하게 지내는 것이 좋은 일이다. 다시 점(占)을 쳐서 곧은 징조이면 허물이 없으리라. 편안치 않아야 비로소 찾아온다. 늦으면 굳세더라도 흉(凶)하리라.

〔초육(初六)〕 성실한 마음으로 남과 친근히 지내면 허물이 없으리라. 항아리에 물이 넘치듯이 성실성을 가지면 뜻밖의 사람이 찾아와

길(吉)한 일이 있으리라.

〔육이(六二)〕 친근함은 스스로 마음속으로부터 우러나와야 하며, 마음을
곧고 바르게 가지면 좋을 것이다.

〔육삼(六三)〕 사람을 친근히 하고자 하나, 주변의 사람은 자기가 뜻하는 사
람이 아니다.

〔육사(六四)〕 밖에서 사람과 친근히 지내고자 하니, 마음을 정(貞)하게 가
지면 길(吉)하리라.

〔구오(九五)〕 친근함을 나타내니 임금께서 새 사냥을 할 때에 삼면(三面)에
서 몰아 일면(一面)을 터놓으시니, 앞으로 날아가는 새를 다
놓치게 된다. 그 나라 서울 사람도 새를 잡으리라. 또한 기대
하지 않으므로 길(吉)하리라.

〔상육(上六)〕 사람들을 친근히 하나 수령(首領) 노릇을 할 수 없으니 흉(凶)
하리라.

| 彖辭 |

比는 吉也며 比는 輔也니 下順從也라 原筮元永貞无咎는 以剛
中也요 不寧方來는 上下應也요 後夫凶은 其道窮也라

비(比)는 길(吉)하다는 괘(卦)이다. 인자하고 덕망 높은 군자(君子)가 위
에 있고, 어진 신하들이 이를 보필하여 정성된 마음으로 서로 협력하면 모
든 사람들도 흠모(欽慕)하고 모여들어 순종하리라. 이같이 하여 크게 발전
하면서 길이 바르게 하여 변함이 없으면 허물이 있을 수 없다.

중정(中正)의 도(道)를 행하므로 상하(上下)가 모두 호응하는 것이다. 천하의 모든 불안정한 무리들이 찾아와 순종한다. 이러한 귀순의 대열에 늦어지는 자는 마침내는 나아가지도 물러서지도 못하게 되어 화를 받게 되리라.

| 象辭 |

地上有水比니 先王이 以建萬國하고 親諸侯하니라 比之初六은 有他吉也니라 比之自內는 不自失也라 比之匪人이 不亦傷乎아 外比於賢은 以從上也라 顯比之吉은 位正中也요 舍逆取順은 失前禽也요 邑人不誠는 上使中也일세라 比之无首 无所終也니라

물이 땅 위에 있는 것이 비괘(比卦)이니, 선왕(先王)은 그것으로 여러 나라를 건설하고 제후(諸侯)를 친근하게 하니라. '비괘(比卦)의 초육(初六)은 다른 좋은 일이 있다' '비괘가 스스로 안에서 한다' 함은 스스로 잃지 않는다는 것이다. 비괘에서 사람이 아니라 하였으니, 또한 마음이 상하지 않겠느냐? '현자(賢者)와 밖에서 친근히 한다' 함은 그것으로 윗사람을 따른다는 것이다. '친근성을 나타내어 길(吉)하다' 함은 위치가 중정(中正)이다는 것이요, '거슬리는 것을 버리고 순종하는 것을 취한다' 함은 앞의 날아가는 새를 잃어버린다는 것이요, '고을 사람들이 경계하지 않는다' 함은 윗사람으로 하여금 가운데 자리에 있게 한다는 것이다. '비괘는 우두머리가 없다' 함은 끝마쳐지는 것이 없다는 것이다.

9 · 風天小畜 풍천소축

巽乾
上下

小畜은 亨하니 密雲不雨는 自我西郊로다

初九 復이 自道이니 何其咎리요 吉하니라

九二 牽復이니 吉하니라

九三 輿說輻이며 夫妻反目이로다

六四 有孚면 血去하고 惕出하여 无咎리라

九五 有孚라 攣如하며 富以其隣이로다

上九 旣雨旣處는 尙德하여 載하니 婦貞이면 厲하리라 月幾望이니
君子征이면 凶하리라

일부만 축적하여 놓으면 형통(亨通)하니 짙은 구름이 일지만 비가 내리지
않는다. 우리의 서쪽 들에서부터 일어날 것이다.

〔초구(初九)〕 자신의 정당한 길로 돌아가려 한다. 무슨 잘못이 있겠는가.
길(吉)할 것이다.

〔구이(九二)〕 지도자와 손을 잡고 바른 길로 돌아간다. 길(吉)할 것이다.

〔구삼(九三)〕 수레바퀴 살이 벗겨졌다. 부부가 서로 눈을 흘길 것이다.

〔육사(六四)〕 성실성이 있으면 상처가 아물고 위험한 곳에서 탈출한다. 허물이 없을 것이다.

〔구오(九五)〕 사람을 성실성 있게 끄는 듯하다. 그 이웃집과 함께 부유할 것이다.

〔상구(上九)〕 비가 이미 내리어 땅에 축축히 괴어 있다. 덕(德)을 숭상하여 몸에 차 있다. 부인의 마음이 정(貞)하지만 위험할 것이다. 달이 보름에 가까웠으니, 군자(君子)가 정벌(征伐)하러 나가면 흉(凶)한 일이 있을 것이다.

| 彖辭 |

小畜은 柔得位而上下應之할새 曰小畜이라 健而巽하며 剛中而志行하여 乃亨하니라 密雲不雨는 尙往也요 自我西郊는 施未行也라

소축괘(小畜卦)는 유(柔)하여 자리를 획득하고 상하(上下)가 응(應)하니 이것을 소축이라 한다. 건실하면서 유순하고, 강하고 중도(中道)를 지키면서 행하는 데 뜻을 두니, 바로 형통한다. 밀운(密雲)에 비가 오지 않는 것은 오히려 아직도 가는 것이다. 나의 서쪽 들에서 일어나기 시작한 것은 베푸는 것이 아직 행해지지 않는 것이다.

| **象辭** |

風行天上이 小畜이니 君子以하여 懿文德하나니라 復이 自道
는 其義吉也라 牽復은 在中이라 亦不自失也라 夫妻反目은 不能正
室也라 有孚惕出은 上合志也라 有孚攣如는 不獨富也라 旣雨旣處
는 德이 積載也요 君子征凶은 有所疑也니다

하늘에서 바람이 부는 것이 소축괘(小畜卦)다. 군자는 그것으로 문예
(文藝)와 덕(德)을 아름답게 한다. '법칙에 따라 돌아온다' 함은 그 의의가
좋다는 것이다. '이끌고 돌아온다' 함은 가운데 자리에 있다는 것이다. 역
시 스스로 잃지 않는다. '부부(夫婦)가 서로 반목한다' 함은 집안을 바로
세울 수 없다는 것이다. '성실성이 있으면 위험한 데서 탈출하여 나온다'
함은 윗사람과 뜻이 맞다는 것이다. '사람을 성실성 있게 끈다' 함은 혼자
부자 노릇을 못한다는 것이다. '이미 비가 내리어 땅에 고인다' 함은 덕
(德)이 가득 찼다는 것이요, '군자가 전쟁터에 나가면 흉(凶)하다' 함은 의
심스러운 소자가 있다는 것이다.

履虎尾라도 不咥人이라 亨하니라

初九 素履로 往하면 无咎리라

九二 履道坦坦하니 幽人이라야 貞하고 吉하리라

六三 眇能視며 跛能履라 履虎尾하여 咥人이니 凶하고 武人이 爲
于大君이로다

九四 履虎尾니 愬愬이면 終吉이리라

九五 夬履니 貞이라도 厲하리라

上九 視履하여 考祥하되 其旋이면 元吉이리라

범의 꼬리를 밟아도 물리지 않으니, 모든 일이 다 형통할 것이다.

〔초구(初九)〕 신을 신고 바른 길로 가면 잘못된 일이 없을 것이다.

〔구이(九二)〕 탄탄한 큰 길을 홀로 성의 있게 걸어간다. 마음을 곧고 바르
게 흔들리지 않으면 길(吉)한 일이 있을 것이다.

〔육삼(六三)〕 애꾸눈도 볼 수 있고, 절름발이도 잘 걸을 수 있다 한다. 그러

나 산 범의 꼬리를 밟는 격이니, 사람을 물기 때문에 흉(凶)할
것이다. 무인(武人)으로서 제왕이 되려는 것과 같다.

〔구사(九四)〕 범의 꼬리를 밟더라도 두려워하는 마음을 가지면 마침내 길
(吉)할 것이다.

〔구오(九五)〕 주저함이 없이 결단을 내려 이행한다. 비록 바른 일일지라도
위태하다.

〔상구(上九)〕 이행(履行)한 것을 보아 길상(吉祥)과 흉상(凶祥)을 고찰해 본
다. 그것이 허술한 점이 없이 세밀하면 크게 좋을 것이다.

| 彖辭 |

履는 柔履剛也니 說而應乎乾이라 是以履虎尾 不咥人亨이라
剛中正으로 履帝位하여 而不疚光明也라

이 괘(卦)는 유(柔)가 강(剛)을 밟는 것이며, 건(乾)과 서로 응(應)하여 기
쁘리라. 이러므로 범의 꼬리를 밟아도 사람을 물지 않으니 형통할 것이다.
강하고 중정(中正)하여 임금의 지위를 차지하여 병(病)이 되지 않으니 광명
스럽다.

| 象辭 |

上天下澤이 履니 君子以하여 辯上下하여 定民志하나니라 素
履之往은 獨行願也라 幽人貞吉은 中不自亂也라 眇能視는 不足以

有明也요 跛能履는 不足以與行也요 咥人之凶은 位不當也요 武人
爲于大君은 志剛也라 愬愬終吉은 志行也라 夬履貞厲는 位正當也
일세라 元吉在上이 大有慶也니라

　위에는 하늘이 있고 아래는 못〔택(澤)〕이 있는 것이 이괘(履卦)다. 군
자는 그것으로 아래 위를 분별하여 백성의 뜻을 정한다. ‘신을 신고 간다’
함은 홀로 지원(志願)을 실행한다 하는 것이다. ‘고독한 사람들은 마음을
정(貞)하게 가지면 좋다’ 함은 중심(中心)이 스스로 어지럽지 않다 하는 것
이다. ‘애꾸눈도 볼 수 있다’ 함은 밝히 볼 수 없다는 것이요, ‘절름발이도
땅을 밟을 수 있다’ 함은 함께 걸을 수 없다는 것이요, ‘사람을 물면 나쁘
다’ 함은 정당한 자리가 아니라는 것이요, ‘무인(武人)으로서 제왕(帝王)이
된다’ 함은 의지가 강하다는 것이다. ‘두려워하는 모습을 가지면 마침내
좋다’ 함은 의지가 행(行)하여진다는 것이다. ‘결단코 행하고자 하며, 마
음을 정(貞)하게 가져도 위태하다’ 함은 자리가 정당하다는 것이다. ‘크게
좋다’ 함은 큰 경사가 있다는 것이다.

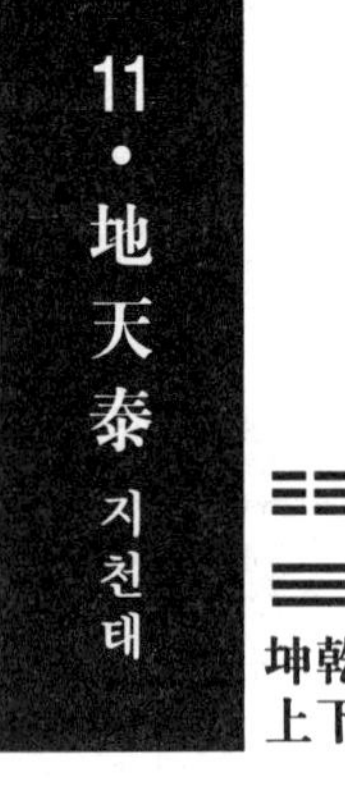

泰는 小往大來하니 吉하여 亨하니라

初九 拔茅茹라 以其彙로 征이니 吉하니라

九二 包荒하며 用馮河하며 不遐遺하며 朋亡하면 得尙于中行하
　　리라

九三 无平不陂며 无往不復이니 艱貞이면 无咎하여 勿恤이라도 其
　　孚라 于食에 有福하리라

六四 翩翩히 不富以其隣하여 不戒以孚로다

六五 帝乙歸妹니 以祉며 元吉이리라

上六 城復于隍이라 勿用師요 自邑告命이니 貞이라도 吝하니라

태괘(泰卦)는 땅의 기운이 강하(降下)하고 하늘의 기운이 상승하는 형상이
다. 길(吉)하여 형통할 것이다.

[초구(初九)] 잔디뿌리를 뽑으니 뿌리들이 서로 엉켜 있으니, 정벌하러 가
　　　　　면 좋을 것이다.

〔구이(九二)〕 오랑캐 족속을 포섭해서 맨몸으로 황하를 건너간다. 먼 곳에
남아 있는 사람까지 버리지 않고, 친구를 잃어버리는 일이 있
으면 중용(中庸)의 덕행을 숭상함으로 그를 얻는다.

〔구삼(九三)〕 화평함으로 기울어지지 않는 것이 없고, 가는 것으로 돌아
오지 않는 것이 없다. 어려운 가운데서도 마음을 정(貞)하게
가지면 허물 없으리니 근심하지 말라. 식복(食福)이 있을 것
이다.

〔육사(六四)〕 새가 펄펄 나는 모습이니, 자기가 부유하다 생각하지 않고 이
웃집과 함께 지낸다. 서로 경계하지 않고 진실한 마음으로 가
르침을 받고자 한다.

〔육오(六五)〕 제을(帝乙) 임금이 누이를 시집 보내므로, 행복하게 되니 크
게 길(吉)할 것이다.

〔상육(上六)〕 성(城)이 무너져 다시 웅덩이가 되니, 군사를 쓰지 말 것이
다. 서울에서 명령하는 말씀이 옳더라도 원망스러움이 될 것
이다.

| 彖辭 |

泰小往大來吉亨은 則是天地交而萬物이 通也며 上下交而其志
同也라 內陽而外陰하며 內健而外順하며 內君子而外小人하니 君
子道長하고 小人道消也라

태괘(泰卦)는 음기(陰氣)가 강하(降下)하고 양기(陽氣)가 온다는 것이니,

길(吉)하여 형통한다는 것은 천지가 사귀어 만물이 통하고 아래 위가 사귀어 그 뜻이 같은 것이다. 내괘 (內卦)는 양(陽), 외괘(外卦)가 음(陰)이니, 안의 뜻은 강건(剛健)하고 외면의 태도는 유순하며, 핵심에는 군자(君子)를, 변두리에는 소인(小人)을 배치한 것과 같다. 군자의 도는 발전하고 소인의 도는 소멸하는 것이다.

| 象辭 |

天地交泰니 后以하여 財成天地之道하며 輔相天地之宜하여 以左右民하나니라 拔茅征吉은 志在外也라 包荒得尙于中行은 以光大也라 无往不復은 天地際也라 翩翩不富는 皆失實也요 不戒以孚는 中心願也라 以祉元吉은 中以行願也라 城復于隍은 其命亂也라

하늘과 땅이 사귀는 것이 태괘(泰卦)다. 왕후(王后)는 그것으로 천지의 도를 이룩하고, 천지의 마땅함을 보필하여 백성을 좌우한다. '잔디뿌리를 뽑아 관찰하니, 정벌하러 가면 좋다' 함은 뜻이 밖에 있다는 것이며, '여러 오랑캐 족속을 포용하여 중용(中庸)의 덕행을 숭상한다' 함은 그것으로 말미암아 빛내고 크게 한다는 것이다. '가는 것이 돌아오지 않는 것이 없다' 함은 하늘과 땅이 교제한다는 것이며, '새가 펄펄 날아 내려오는 모습이니, 자기가 부유하다 생각하지 않는다.' 함은 모두 실(實)한 것을 잃었다 함이다. '진실된 마음으로 가르침을 받는다' 함은 중심으로 원한다는 것이며, '행복하게 되니, 크게 좋으리라' 함은 중심으로 지원(志願)함을 실행하는 것이다. '성(城)이 무너져 다시 웅덩이가 된다' 함은 그 명령이 난무(亂舞)하다는 것이다.

否之匪人이니 不利君子貞하니 大往小來하니라

初六 拔茅茹라 以其彙로 貞이니 吉하여 亨하니라

六二 包承이니 小人은 吉하고 大人은 否니 亨이라

六三 包羞로다

九四 有命이면 无咎하여 疇離祉리라

九五 休否라 大人의 吉이니 其亡其亡이라야 繫于苞桑이리라

上九 傾否니 先否하고 後喜로다

막혀 통하지 않는 것은 사람의 길이 아니다. 그러므로 군자의 정도(正道)에
이롭지 못하다. 양기(陽氣)는 이미 쇠퇴하여 물러가고, 음기(陰氣)는 어느
새 성장하여 온다.

〔초육(初六)〕 잔디의 뿌리를 뽑으니, 그 뿌리가 한 데 엉키어 있다. 마음을
　　　　　　　 곧고 바르게 가지면 좋아지어 형통할 것이다.

〔육이(六二)〕 포섭되어 그 뜻을 이어받으므로, 소인(小人)은 길(吉)하게 되

고, 대인(大人)은 나쁘게 되지만 형통하게 될 것이다.

〔육삼(六三)〕 포섭됨은 수치스러운 일이다.

〔구사(九四)〕 임금의 명령이 내리시니, 잘못됨이 없으며 친구들이 행복해
  질 것이다.

〔구오(九五)〕 운이 가로막혀 가는 때를 휴전(休轉)한다. 대인(大人)은 좋으
  리라. 망하리라, 망하리라, 하여 무더기로 난 뽕나무를 잡아
  맨다.

〔상구(上九)〕 운이 막혀 있는 때를 기울이니 처음은 나쁘고 나중은 길(吉)
  하리라.

| 彖辭 |

否之匪人不利君子貞大往小來는 則是天地不交而萬物이 不通
也며 上下不交而天下无邦也라 內陰而外陽하며 內柔而外剛하며
內小人而外君子하니 小人道長하고 君子道消也라

  형통하지 못하고 막힌다는 것은 사람의 도(道)가 아니기 때문에 군자의
바른 도에 이롭지 못하다. 양기는 물러가고 음기가 온다고 하는 것은 천지
가 교접(交接)하지 아니하여 만물이 통하지 않고 상하(上下)가 교제하지 아
니하여 천하에 나라가 없는 것이다. 안은 음기요 밖은 양기며, 안은 유순하
고 밖은 강건(剛健)하며, 안은 소인이요 변두리는 군자이니 소인의 도는 성
장하고 군자의 도는 소멸하는 것이다.

天地不交否니 君子以하여 儉德辟難하여 不可榮以祿이니라 拔
茅貞吉은 志在君也라 大人否亨은 不亂羣也라 包羞는 位不當也일
세라 有命이면 無咎는 志行也라 大人之吉은 位正當也일세라 否終
則傾하니 何可長也리요

하늘과 땅이 교접(交接)하지 않는 것이 비괘(否卦)다. 군자는 검소한 덕
(德)으로 어려움을 피하여 복록(福祿)으로 영광을 누리지 않는다. '잔디풀
의 뿌리를 뽑는다. 마음을 곧고 바르게 가지면 좋다' 함은 뜻이 군왕(君王)
에게 있다는 것이며, '대인(大人)은 나쁘게 되지만 형통한다' 함은 군중에
게 어지럽혀지지 않는다는 것이다. '포섭됨은 부끄러운 일이다' 함은 잡
고 있는 자리가 마땅하지 않다는 것이며, '임금의 명령이 내리시니 허물
이 없다' 함은 뜻이 실행된다는 것이다. '대인은 좋으리라' 함은 정당한
자리라는 것이다. 나쁜 운이 끝나면 기울어지므로 어찌 오래 갈 수 있겠
는가.

同人于野면 亨하리니 利涉大川이며 利君子의 貞이라

初九 同人于門이니 无咎리라

六二 同人于宗이니 吝하도다

九三 伏戎于莽하고 升其高陵하여 三世不興이로다

九四 乘其墉하되 弗克攻이니 吉하니라

九五 同人이 先號咷 而後笑니 大師克이라야 相遇로다

上九 同人于郊니 无悔니라

들에 사람들을 집합시키니, 모든 일이 형통(亨通)하리라. 큰 냇물을 건너는 것이 이로우며, 군자 같은 곧은 마음이 이롭다.

〔초구(初九)〕 사람을 문 밖에서 만나 보니, 허물이 없을 것이다.

〔육이(六二)〕 사람과 함께 종주(宗主)를 만나 뵈니 수치스럽다.

〔구삼(九三)〕 군사를 풀밭에 잠복시키고 높은 언덕에 올라가서 본다. 그러

나 삼(三)년이 지나도 군사를 일으키지 못한다.

〔구사(九四)〕 남의 집 담장을 타고 있으면서도 공격하지 못하니, 길(吉)할
　　　　 것이다.

〔구오(九五)〕 함께 하는 사람들이 처음에는 울다가 나중에는 미소를 머금
　　　　 는다. 대군사(大軍師)를 이겨야 서로 만나게 될 것이다.

〔상구(上九)〕 사람을 들판에서 만났으나 회개(悔改)함이 없을 것이다.

| 彖辭 |

同人은 柔得位하며 得中而應乎乾할새 曰同人이라 同人曰 同
人于野亨 利涉大川은 乾行也요 文明以健하며 中正而應이 君子正
也니 唯君子爲能通天下之志하나니라

동인괘(同人卦)는 유(柔)하여 자리를 획득하고, 가운데 자리를 얻어 하
늘에 응한다. 이것을 사람과 함께 한다고 말한다. 동인괘(同人卦)에 말하기
를 '사람들을 집합시키어 형통하니, 대천(大川)을 도하(渡河)하는 것이 이
롭다' 라고 한 것은 하늘의 덕이요, 문명(文明)함으로써 건실하고 중정(中
正)의 자리에서 호응(呼應)하는 것은 군자의 바른 길이다. 오직 군자라야만
천하 만민의 뜻에 형통(亨通)할 수 있다.

| 象辭 |

天與火 同人이니 君子以하여 類族으로 辨物하나니라 出門同

人은 又誰咎也리요 同人于宗이 吝道也라 伏戎于莽은 敵剛也요 三
歲不興이어니 安行也리요 乘其墉은 義弗克也요 其吉은 則困而反
則也라 同人之先은 以中直也요 大師相遇는 言相克也라 同人于郊
는 志未得也라

　　하늘과 불이 동인괘(同人卦)다. 군자는 그것으로 동족(同族)을 모으고 물건을 분별한다. '사람을 문 밖에서 만나본다' 함은 또 누구를 허물하겠느냐 하는 것이다. '사람과 함께 종주(宗主)를 만나본다' 함은 수치스러운 도(道)라는 것이다. '군사를 풀밭에 매복(埋伏)시킨다' 함은 대적이 강하다는 것이요, '삼(三)년이 지나도 일으키지 못한다' 함은 어찌 실천에 옮기겠느냐 하는 것이다. '그 남의 집 담장을 타고 있다' 함은 그 뜻이 승리치 못한다는 것이요, 그것이 '좋다' 함은 곤궁하여 법칙으로 되돌아온다는 것이다. '무리를 모아 놓고 먼저 한다' 함은 중심(中心)이 비르다는 것이요, '큰 군사가 서로 만난다' 함은 서로 이김을 말한다는 것이다. '사람을 들판에서 만난다' 함은 뜻하는 목적(目的)을 아직 얻지 못했다는 것이다.

大有는 元亨하니라

初九 无交害니 匪咎나 艱則无咎리라

九二 大車以載니 有攸往하여 无咎리라

九三 公用亨于天子니 小人은 弗克이니라

九四 匪其彭이면 无咎리라

六五 厥孚交如니 威如면 吉하리라

上九 自天祐之라 吉 無不利로다

양기(陽氣)가 보존되어 있으니 크게 형통(亨通)하다.

〔초구(初九)〕 손해를 입는 일에 휩싸이지 않는다. 허물이 있는 것이 아니
　　　　　다. 곤란해도 마음을 곧고 바르게 가지면 허물됨이 없을 것
　　　　　이다.

〔구이(九二)〕 갈 바가 있어 큰 수레에 짐을 실으니, 아무 잘못이 없을 것
　　　　　이다.

〔구삼(九三)〕제후(諸侯)가 천자께 조공(朝貢)을 바치니, 소인이 이기지 못
　　할 것이다.

〔구사(九四)〕나타내어 뽐내지 아니하면 허물이 없을 것이다.

〔육오(六五)〕포로(捕虜)가 이쪽 사람들과 사귀어 보려는 듯하니, 위엄을
　　보여주면 좋을 것이다.

〔상구(上九)〕스스로 하늘이 그를 도와주니, 좋아서 이롭지 않음이 없을 것
　　이다.

| 彖辭 |

　大有는 柔得尊位하고 大中而上下應之할새 曰大有니 其德이
剛健而文明하고 應乎天而行이라 是以元亨하니라

　대유괘(大有卦)는 유(柔)하여 존귀(尊貴)한 지위를 얻고, 크고 중간에 있
기 때문에 상하(上下)가 응하고 있다. 이러한 것을 말하기를 크게 소유하고
있다고 한다. 그 덕이 강하고 건실하여 문명(文明)하고, 하늘에 응하여 때
로 운행한다. 이러한 것을 크게 형통한다고 말한다.

| 象辭 |

　火在天上이 大有니 君子以하여 遏惡揚善하여 順天休命하나니
라 大有初九는 无交害也라 大軍以載는 積中不敗也라 公用亨于天
子는 小人害也리라 匪其彭 无咎는 明辯晳也라 厥孚交如는 信以發

志也요 威如之吉은 易而无備也일셰라 大有上吉은 自天祐也라

　　하늘에 불이 있는 것이 대유괘(大有卦)다. 군자는 그것으로 악을 대항하고 선을 나타내어, 하늘의 아름다운 명령에 따른다. 대유괘(大有卦)의 초효(初爻) 구(九)에 '손해보는 일에 휩쓸리지 않는다' 하였다. '큰 수레로 짐을 싣는다' 함은 가운데 실어서 해(害)가 되지 않는 것이다. '제후(諸侯)가 천자께 조공(朝貢)을 드린다' 함은 소인은 해(害)가 된다는 것이다. '뽐내지 아니하면 허물이 없다' 함은 분명히 분변(分辨)하는 지혜라는 것이다. '잡혀 온 포로가 사귀어 보려는 듯하다' 함은 믿음으로 뜻을 발산시킨다는 것이다. '대유괘(大有卦)의 상효(上爻)가 좋다' 함은 스스로 하늘에서 돕는다는 것이다.

謙은 亨하니 君子有終이니라

初六 謙謙君子니 用涉大川이라도 吉하리라

六二 鳴謙이니 貞하고 吉하리라

九三 勞謙이니 君子 有終이니 吉하리라

六四 无不利 撝謙이니라

六五 不富以其鄰이니 利用侵伐이니 无不利하리라

上六 鳴謙이니 利用行師하여 征邑國이니라

겸손한 사람은 막힘 없이 통(通)하므로 군자는 유종의 미가 있을 것이다.

[초육(初六)] 겸손하고 겸손한 군자로니, 큰 냇물을 건너는 일이 있더라도
　　　　　괜찮을 것이다.

[육이(六二)] 겸손하다는 소문이 난 것이니, 마음을 정(貞)하게 가져야 좋
　　　　　을 것이다.

[구삼(九三)] 공로와 겸양을 갖춘 군자이니, 끝까지 좋은 일이 있을 것이다.

〔육사(六四)〕 이롭지 않음이 없으니 겸양의 덕을 나타낼 것이다.

〔육오(六五)〕 자기는 부유하게 여기지 않음으로써 그 이웃사람의 인심을 얻는다. 적을 침벌(侵伐)하면 이로우며, 이롭지 않은 일이 없을 것이다.

〔상육(上六)〕 겸손하다는 명성이 났으며, 행군하는 것이 이로우니, 영토 안의 나라를 정벌할 것이다.

| 彖辭 |

謙亨은 天道下濟而光明하고 地道卑而上行이라 天道는 虧盈而益謙하고 地道는 變盈而流謙하고 鬼神害盈而福謙하고 人道는 惡盈而好謙하나니 謙은 尊而光하고 卑而不可踰니 君子之終也라

겸양(謙讓)은 형통하는 것이다. 천도는 아래로 사귀어 빛을 발하고 지도(地道)는 비천한 데서 위로 올라간다. 천도는 가득 차 있음을 덜어서 겸손한 것을 보태주고, 지도는 가득 찬 것을 변하여 겸손한 데로 흐르게 하고, 귀신은 가득 차 있음을 방해하고 겸손한 것에 복되게 하고, 인도(人道)는 가득 차 있음을 싫어하고 겸손한 것을 좋아한다. 겸손한 것은 존귀하면서 빛나고, 낮지만 넘어갈 수 없으니 군자의 끝맺음이다.

| 象辭 |

地中有山이 謙이니 君子以하여 裒多益寡하여 稱物平施하나니

라 謙謙君子는 卑以自牧也라 鳴謙貞吉은 中心得也라 勞謙君子는
萬民이 服也라 无不利撝謙은 不違則也라 利用侵伐은 征不服也라
鳴謙은 志未得也니 可用行師하여 征邑國也라

　산이 땅 속에 있는 것은 겸괘(謙卦)이니, 군자는 그것으로 많은 것을 덜
어서 적은 것을 보태되 물건을 다투어서 똑같이 베푼다. 겸손하고도 겸손
한 군자는 몸을 스스로 낮춤으로써 처신한다. '남에게 겸손하다는 명성이
났으니, 마음을 바르게 가져야 좋다' 함은 중심(中心)에 얻는다는 것이며,
'공로와 겸양의 덕이 있는 군자라' 함은 만민이 복종한다는 것이다. '이
롭지 않음이 없으므로, 겸양의 덕을 발휘한다' 함은 규율에 위반되지 않는
다는 것이다. '적을 침범하면 이롭다' 함은 복종하지 않는 것을 정벌한다
는 것이다. '겸손하다는 명성이 났다' 함은 뜻을 아직 얻지 못했다는 것이
니, 행군(行軍)할 수 있어 읍국(邑國)을 정벌한다는 것이다.

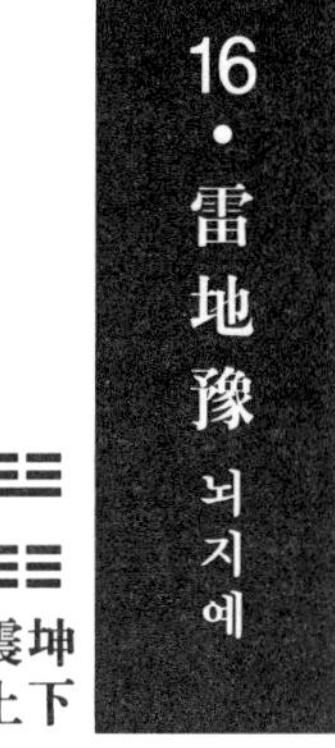

豫는 利建侯行師하니라

初六 鳴豫이니 凶하니라

六二 介于石이라 不終日이니 貞하고 吉하니라

六三 盱豫라 悔며 遲하여도 有悔리라

九四 由豫라 大有得이니 勿疑면 朋盍簪하리라

六五 貞하되 疾하니 恒不死로다

上六 冥豫니 成하나 有渝면 无咎리라

천하(天下)를 편안하게 함에는 미리 제후(諸侯) 나라를 세워주고 군대를 동원함이 좋다.

〔초육(初六)〕 미리 기밀이 알려지니 나쁘다.

〔육이(六二)〕 기밀(機密)이 돌 사이에 끼어 있듯 굳게 지키고 있다. 하루도 못가서 풀릴 것이니, 그 동안 마음을 곧고 바르게 가지면 길

(吉)할 것이다.

〔육삼(六三)〕 예비해야 할 것을 미리 걱정하면 후회할 것이며, 또 늦게 예
비해도 후회할 일이 있을 것이다.

〔구사(九四)〕 예정대로 일을 진행하면 크게 소득이 있을 것이다. 의심하지
않는다면 친구가 다 모일 것이다.

〔육오(六五)〕 미리 마음을 바르게 준비하였으나 병에 걸렸다. 그러나 영원
히 죽지 않는다.

〔상육(上六)〕 준비해야 할 것을 방치해 두었다. 일이 이미 벌어졌으나 사태
가 변하면 허물됨이 없으리라.

| 彖辭 |

豫는 剛應而志行하고 順以動이 豫라 豫順以動이라 故로 天地
도 如之는 而況建侯行師乎아 天地以順動이라 故로 日月이 不過
而四時不忒하고 聖人이 以順動이라 則刑罰이 淸而民이 服하나니
豫之時義大矣哉라

예괘(豫卦)의 괘상(卦象)은 강하게 응하고 뜻이 있으며, 유순함으로 움
직인다. 이것이 미리 하는 일이며, 미리 하는 것은 유순함으로 움직인다.
그렇기 때문에 천지도 이러하거든 하물며 제후(諸侯) 나라를 세우고, 또 행
군(行軍)함이 있겠느냐? 천지는 유순함으로 움직이므로, 해와 달이 잘못되
지 아니하여 사(四)시가 어긋나지 않고, 성인이 유순함으로 움직이면 형벌
이 맑아서 백성이 복종하기 때문에 예괘(豫卦)의 때와 뜻은 참으로 크도다!

雷出地奮이 豫니 先王이 以하여 作樂崇德하여 殷薦之上帝하여 以配祖考하니라 初六 鳴豫는 志窮凶也라 不終日 貞吉은 以中正也라 盱豫有悔는 位不當也일세라 由豫大有得은 志大行也라 六五貞疾은 乘剛也요 恒不死는 中未亡也라 冥豫在上이어니 何可長也리요

땅에서 우뢰가 솟아나 분발하는 것이 예괘(豫卦)이니, 선왕은 그것으로 음악을 만들고 도덕을 숭상하였다. 은(殷)나라에서는 이것을 상제(上帝)께 천거하여 조상과 함께 배정(配定)시켰다. 초육(初六)에 '기밀을 누설시켰다' 함은 뜻이 궁하여 흉(凶)하다는 것이며, '하루도 못가서 풀릴 것이니, 마음이 곧고 발라서 좋다' 함은 중정(中正)이기 때문이다. '예비해야 할 것을 미리 걱정하면 후회할 것이다' 함은 위치가 부당(不當)하다는 것이며, '예정대로 일을 하면 크게 소득이 있다' 함은 뜻이 크게 실행된다는 것이다. 육오(六五)의 효상(爻象)에 '마음을 곧고 바르게 하고 있으나 질병에 걸렸다' 함은 강함을 탔다는 것이요, '영원히 죽지 않는다' 는 것은 가운데 위치가 아직 망하지 않았다는 것이다. 준비해야 할 것을 방치해 두었다' 함은 위에 있다는 것이니 어찌 길게 갈 수 있겠는가?

隨는 元亨하니 利貞이라 无咎리라

初九 官有渝니 貞이면 吉하니 出門交면 有功하리라

六二 係小子면 失丈夫하리라

六三 係丈夫하고 失小子하니 隨에 有求를 得하니 利居貞하니라

九四 隨에 有獲이면 貞이라도 凶하니 有孚하고 在道하고 以明이
면 何咎리요

九五 孚于嘉니 吉하리라

上六 拘係之요 乃從維之니 王用亨于西山이로다

일을 때에 따르면 크게 형통하리니, 마음을 바르게 가지면 이롭다. 그렇게
하면 순조롭게 진행되고 허물이 없을 것이다.

〔초구(初九)〕 관직(官職)은 때에 따라 변하니, 마음을 곧고 바르게 가지
면 길(吉)하다. 밖에 나아가서 사람과 교제하면 공이 있을 것
이다.

〔육이(六二)〕 소인과 가까이 지내면 훌륭한 사람을 잃는다.

〔육삼(六三)〕 훌륭한 사람과 가까이 지내면 소인을 잃는다. 때에 따라 사람을 구하면 얻으리니, 마음을 곧고 바르게 가지면 이롭다.

〔구사(九四)〕 전리품(戰利品)을 사사로이 획득(獲得)해 오는 일이 있는 관리는 아무리 마음을 곧게 바르게 가져도 반드시 나쁘다. 정당한 도리를 지켜 밝게 처리하면 무슨 허물이 있겠느냐.

〔구오(九五)〕 결혼식장에서 전리품을 사용하니, 좋을 것이다.

〔상육(上六)〕 전쟁에서 얻은 짐승을 매어 놓고 선정을 다하여 기산에서 왕이 제사를 지낸다.

| 彖辭 |

隨는 剛來而下柔하고 動而說이 隨니 大亨하고 貞하여 无咎하여 而天下隨時하나니 隨時之義 大矣哉라

수괘(隨卦)는 강(剛)한 양기가 유(柔)한 음기에게로 내려와서 움직이기 때문에 기뻐하는 것이다. 이것을 수행(隨行)한다고 하니, 크게 형통하고 마음에 허물이 없이 바르고 곧은지라 천하의 모든 백성이 좇는다. 수괘(隨卦)의 시간성(時間性)과 그 의미는 참으로 훌륭하도다!

| 象辭 |

澤中有雷 隨니 君子以하여 嚮晦入宴息하나니라 官有渝에 從

正이면 吉也니 出門交有功은 不失也라 係小子는 不兼與也리라 係
丈夫는 志舍下也라 隨有獲은 其義凶也요 有孚在道는 明功也라 孚
于嘉吉은 位正中也일세라 拘係之는 上窮也라

우뢰가 연못에 있는 것이 수괘(隨卦)이니, 군자는 그것으로 어둠 속에
향해 들어가서 안식(安息)한다. 관직은 변(變)함이 있으니 바르게 마음을
가진다면 좋을 것이니, '외부(外部)에서 관사(官史)를 사귀면 공이 있을 것
이라' 함은 잃지 않는다는 것이다. '소인에게 얽매인다' 함은 겸하여 함
께 하지 못한다는 것이며, '훌륭한 사람에게 얽매인다' 는 것은 뜻한 바가
아랫사람을 버린다는 것이다. 수괘(隨卦)에 '사사로이 획득해 오는 일이
있다' 함은 그 의의가 나쁘다는 것이요, '포로가 길바닥에 있다' 함은 확
실한 공이 있다는 것이다. '결혼식장에서 전리품(戰利品)을 사용하니 좋으
리라' 함은 자리가 중정(中正)에 있다는 것이며, '전리품을 매어 놓는다'
함은 윗자리에 있음에도 불구하고 곤궁함을 말하는 것이다.

蠱는 元亨하니 利涉大川이니 先甲三日하며 後甲三日이리라

初六 幹父之蠱니 有子면 考无咎하리니 厲하여야 終吉이리라

九二 幹母之蠱니 不可貞이니라

九三 幹父之蠱니 小有悔나 无大咎리라

六四 裕父之蠱니 往하면 見吝하리라

六五 幹父之蠱니 用譽리라

上九 不事王侯하고 高尙其事로다

큰 변고(變故)를 당한 뒤에는 크게 형통하게 되니, 대하(大河)를 건너는 데
이롭다. 갑일(甲日)의 앞 삼(三)일에 사고가 생겨, 갑일에서 후 삼(三)일에
무사히 된다.

〔초육(初六)〕 아버지의 잘못을 바로잡는다. 아들이 훌륭하면 돌아가신 아
　　　　　　버지의 허물이 없어지리니, 위태하지만 마침내 길(吉)할 것
　　　　　　이다.

〔구이(九二)〕 어머니의 잘못을 바로잡는다. 마음을 바르게 할 수는 없다.

〔구삼(九三)〕 아버지의 잘못을 바로잡는다. 조금 후회하는 일이 있으나, 끝내 그다지 큰 허물은 없을 것이다.

〔육사(六四)〕 아버지의 잘못을 너그럽게 대한다. 그러나 찾아가 볼지라도 어쩔 수 없는 부끄러움만을 당할 것이다.

〔육오(六五)〕 아버지의 잘못을 바로잡아 예찬(譽讚)을 받을 것이다.

〔상구(上九)〕 임금을 섬기지 아니하고 자기가 하는 일을 고상하게 여긴다.

| 彖辭 |

蠱는 剛上而柔下하고 巽而止 蠱라 蠱元亨하여 而天下治也요 利涉大川은 往有事也요 先甲三日 後甲三日은 終則有始 天行也라

고괘(蠱卦)는 강강(剛强)한 것은 위에서 높이 있고 유순한 것은 아래에 있어서 순종하여 머물러 있는 것이니, 병(病)된 것이라고 한다. 병된 것이 크게 형통하여 낫게 된다면 천하는 순조롭게 다스려지고 번영하리라. 대하(大河)를 건너는 것이 이롭다 함은 가면 일이 있다는 것을 말함이다. 갑일(甲日)에 앞서서 사흘이요, 또한 갑일에 뒤서서 사흘이라 함은, 그침으로 인하여 시작이 있다고 하는 것은 천도(天道)의 운행이라는 뜻이다.

| 象辭 |

山下有風이 蠱니 君子以하여 振民하며 育德하나니라 幹父之

蠱는 意承考也라 幹母之蠱는 得中道也라 幹父之蠱는 終无咎也니라 裕父之蠱는 往未得也라 幹父用譽는 承以德也라 不事王侯는 志可則也라

　바람이 산 아래서 불고 있는 것이 고괘(蠱卦)의 괘상(卦象)이다. 군자는 이 괘상(卦象)을 보고 인민(人民)을 고통에서 구제하고 자기의 덕을 육성한다. ‘아버지의 난사(難事)를 도맡아서 처리한다’ 함은 뜻이 그 돌아가신 아버지를 이어받는다는 것이다. ‘어머니의 난사(難事)를 도맡아서 처리한다’ 함은 중용(中庸)의 도리(道理)를 얻었다는 것이다. ‘아버지의 잘못을 바로잡는다’ 함은 마침내 큰 허물이 없다는 것이다. ‘아버지의 난사(難事)를 그대로 보고만 있다’ 함은 가서 얻지 못한다는 것이다. ‘아버지의 잘못을 바로잡아 예찬(譽讚)을 받는다’ 함은 덕을 이어받으니 큰 성과를 거두어 칭찬을 받는다는 것이다. ‘임금을 섬기지 않는다’ 함은 뜻을 본받아 모범으로 여길 만하다는 것이다.

19 · 地澤臨 지택림

坤兌
上下

臨은 元亨하고 利貞하니 至于八月하여는 有凶하리라

初九 咸臨이니 貞하여 吉하니라

九二 咸臨이니 吉하여 無不利하리라

六三 甘臨이라 无攸利하니 旣憂之라 无咎니라

六四 至臨이니 无咎하니라

六五 知臨이니 大君之宜니 吉하니라

上六 敦臨이니 吉하여 无咎하니라

강강(剛強)한 양기(陽氣)가 강성하여 크게 형통하리라. 마음을 곧고 바르게 가져야 이롭다. 팔월(八月)의 양기(陽氣)가 쇠퇴하는 때가 되면 나쁜 일이 있다.

〔초구(初九)〕 양기가 감동되어 내림(來臨)한다. 뜻과 행동(行動)이 바르므로 길(吉)할 것이다.

〔구이(九二)〕 감동되어 전력으로 임한다. 모든 것이 길(吉)하여 이롭지 않

음이 없을 것이다.

〔육삼(六三)〕 감언이설(甘言利說)로 임하니 이로울 것이 없다. 그러나 미리 알고 걱정을 하니 허물이 없을 것이다.

〔육사(六四)〕 지성(至誠)으로 임하니 허물이 없음이다.

〔육오(六五)〕 총명한 지혜로 임하니, 그 행동이 훌륭한 임금의 마땅한 일이다. 좋을 것이다.

〔상육(上六)〕 돈독(敦篤)한 마음으로 일에 임하니, 길(吉)하며 허물이 없을 것이다.

| 彖辭 |

臨은 剛浸而長하며 說而順하고 剛中而應하여 大亨以正하니 天之道也라 至于八月有凶은 消不久也라

임괘(臨卦)의 괘상(卦象)은 강강(剛强)한 양(陽)의 기운이 아래에서 침투(浸透)하여 위로 자라 가고, 기뻐하여 유순하며, 강강(剛强)하고 가운데서 응하여 크게 형통함으로 인하여 바르니, 하늘의 도(道)다. 팔(八)월에 이르러 흉(凶)함이 있다는 것은, 소멸되어 오래 가지 못한다는 것이다.

| 象辭 |

澤上有地 臨이니 君子以하여 敎思无窮하며 容保民이 无疆하나니라 咸臨貞吉은 志行正也라 咸臨吉 无不利는 未順命也라 甘臨

은 位不當也요 旣憂之하니 咎不長也리라 至臨无咎는 位當也일세라 大君之宜는 行中之謂也라 敦臨之吉은 志在內也라

못 위에 땅이 있는 것이 임괘(臨卦)의 괘상(卦象)이다. 군자는 그것으로써 교도(敎道)하는 생각이 무궁하고, 백성을 용납하여 끝없이 보전한다. '양기가 감동되어 내림(來臨)한다. 마음을 바르게 가지면 좋다' 함은 정의(正義)를 실행할 의지가 있다는 것이며, '양기가 감동되어 내림한다. 좋아서 이롭지 않음이 없다' 함은 아직 명령을 순종하지 않는다는 것이다. '감언이설(甘言利說)로 임한다' 함은 자리가 적당하지 않는다는 것이요, '벌써부터 알고 걱정을 한다' 함은 허물이 길게 가지 않는다는 것이다. '지극한 태도로 임하니, 허물이 없다' 함은 자리가 마땅치 않다는 것이며, '훌륭한 임금의 마땅한 일이라' 함은 중용(中庸)의 도(道)를 행함을 이른다는 것이다. '독실하게 임함으로써 좋다' 함은 뜻이 안에 있다는 것을 말함이다.

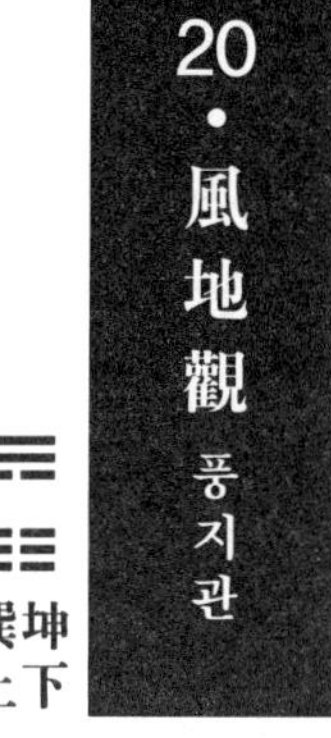

觀은 盥而不薦이면 有孚하여 顯若하리라

初六 童觀이니 小人은 無咎요 君子는 吝하리라

六二 闚觀이니 利女貞하니라

六三 觀我生하여 進退로다

六四 觀國之光이니 利用賓于王하니라

九五 觀我生하되 君子면 無咎리라

上九 觀其生하되 君子면 無咎리라

경건하게 통찰한다는 것은 아직 손만 씻고, 신(神)께 제사를 지내지 아니한 마음의 상태이다. 이러한 겸허한 마음과 또한 의젓한 모습이 모든 백성으로 하여금 우러러보고 공손케 한다.

〔초육(初六)〕 어린아이 같은 유치한 눈으로 사물을 관찰하는 것은 소인에게 있어서는 그리 큰 허물됨이 없지만, 군자에게 있어서는 부끄러운 비난을 받게 된다.

〔육이(六二)〕 틈으로 엿보는 것 같으니, 여자에게 있어서는 마음을 곧고 바르게 가지면 이롭다.

〔육삼(六三)〕 내 생애를 관찰하고 난 뒤에 진퇴(進退)를 결정해야 한다.

〔육사(六四)〕 나라의 형편을 살펴보니, 임금께 국빈(國賓) 대접 받는 것이 이로울 것이다.

〔구오(九五)〕 인민(人民)의 상태를 돌아보고 자기 생애를 관찰하는 임금이니, 군자의 도리에 맞으므로 허물이 없을 것이다.

〔상구(上九)〕 자신의 생애를 관찰하는 것이니, 군자는 허물이 없을 것이다.

| 彖辭 |

大觀으로 在上하여 順而巽하고 中正으로 以觀天下니 觀盥而不薦有孚顒若은 下觀而化也라 觀天之神道而四時不忒하니 聖人以神道設敎 而天下服矣니라

위에서 크게 관찰하니, 유화하고 겸허한 태도와 중정(中正)의 덕(德)으로써 천하를 통찰하는 것이다. 위를 우러러보고 아직 손만 씻고 신(神)께 제사를 하지 않는 포로(捕虜)의 모습이 공순하다고 하는 것은 아랫사람이 우러러보아 감화한다는 것이다.

하늘의 신비(神秘)로운 도(道)를 관찰하니, 사(四)시가 틀리지 않으며, 성인(聖人)이 신비로운 도(道)로 교화(敎化)를 세우니 천하(天下)의 백성들이 심복한다.

風行地上이 觀이니 先王이 以하여 省方觀民하여 設敎하니라
初六童觀은 小人道也라 闚觀女貞이 亦可醜也니라 觀我生進退하
니 未失道也라 觀國之光은 尙賓也라 觀我生은 觀民也라 觀其生은
志未平也라

땅 위를 바람이 불어 가는 것이 관괘(觀卦)의 괘상(卦象)이다. 옛날 착
한 제왕(帝王)은 이 괘상(卦象)을 보고 고루 천하(天下)를 순시하여 백성을
관찰하고 교육을 시설하였다. 초육(初六)에 '어린아이처럼 유치한 눈으로
사물을 관찰한다' 함은 소인의 도임을 말하며, '엿보는 것이니, 여자가 마
음을 곧고 바르게 가져야 한다' 함은 역시 추하게 여겨야 한다는 것이다.
'내 생애를 관찰하고 난 뒤에 나아갈 때 나아가고 물러날 때 물러난다' 함
은 아직 도(道)를 잃지 않았다는 것이며, '나라의 광명을 살펴본다' 함은
국빈(國賓)을 숭상한다는 것이다. '자기 생애를 관찰한다' 함은 백성을 관
찰한다는 것이다. '그 생을 관찰한다' 함은 뜻이 아직 평온하지 못하다는
것이다.

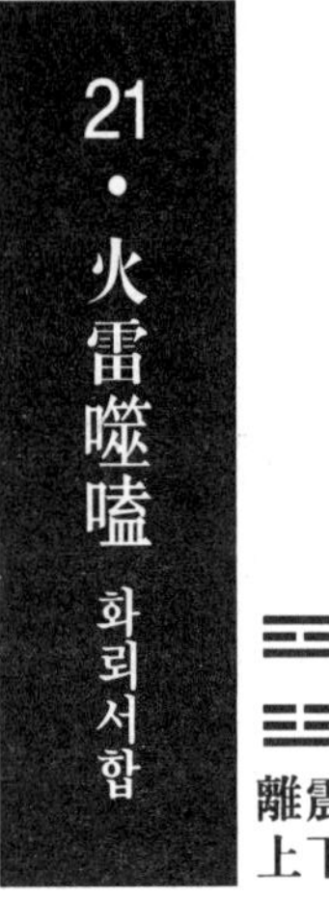

噬嗑은 亨하니 利用獄하니라

初九 屨校하여 滅趾니 无咎하니라

六二 噬膚하되 滅鼻니 无咎하니라

六三 噬腊肉하다가 遇毒이니 小吝이나 无咎리라

九四 噬乾胏하여 得金矢나 利艱貞하니 吉하리라

六五 噬乾肉하여 得黃金이니 貞厲면 無咎리라

上九 何校하며 滅耳니 凶하도다

서합(噬嗑)은 형통한다. 형벌을 사용하는 것이 이로울 것이다.

〔초구(初九)〕 고랑을 채워서 발꿈치를 다친다. 허물이 없을 것이다.

〔육이(六二)〕 살을 물어뜯고 코를 다친다. 허물이 없을 것이다.

〔육삼(六三)〕 건육(乾肉)을 씹다가 독한 냄새를 맡았다. 조금 부끄러운 일
이나 괜찮다.

〔구사(九四)〕마른 고기를 씹다가 쇠로 만든 화살을 얻었다. 어렵게 생각하
면서 마음을 곧고 바르게 가지는 것이 이롭다.
〔육오(六五)〕건육(乾肉)을 씹다가 황금을 얻었다. 마음을 바르게 가짐에도
불구하고 두려워한다. 허물이 없을 것이다.
〔상구(上九)〕죄인(罪人)의 목에 칼을 지우고 귀를 자른다. 흉할 것이다.

| 彖辭 |

頤中有物일새 曰噬嗑이니 噬嗑하여 而亨하니라 剛柔分하고
動而明하고 雷電合而章하고 柔得中而上行하니 雖不當位나 利用
獄也니라

입 속에 있는 물건을 씹어 먹는다 함이 서합이다. 씹어 먹으면 형통하
리라. 강한 것과 유한 것이 나누어지고 움직인다. 또한 밝으며, 우뢰와 번
개가 합쳐져 빛난다. 유한 것이 가운데 자리를 얻어 위로 올라가니, 비록
지위는 마땅치 않으나 형벌을 사용하는 것이 이롭다.

| 象辭 |

雷電이 噬嗑이니 先王이 以하여 明罰勅法하니라 屨校滅趾는
不行也라 噬膚滅鼻는 乘剛也일세라 遇毒은 位不當也일세라 利艱
貞吉은 未光也라 貞厲无咎는 得當也일세라 何校滅耳는 聰不明也
일세라

뇌오(雷鳴)의 위력과 전광(電光)의 밝음을 겸비한 것이 서합(噬嗑)이니, 선왕은 그것으로 형벌을 밝히고 법률을 정돈하였다. '고랑을 채워서 발꿈치를 다친다' 함은 걸어가지 못한다는 것이다. '살을 물어뜯고 코를 다친다' 함은 강한 것을 탔기 때문이며, '독한 냄새를 맡았다' 함은 처사가 마땅치 않다는 것이다. '어렵게 생각하면서 마음을 곧고 바르게 가지는 것이 이로와서 좋다' 함은 아직 빛나지 않았다는 것이다. '마음을 바르게 가짐에도 두려워하면 허물이 없다' 함은 정당함을 얻었다는 것이다. '죄인의 목에 칼을 지우고 귀를 자른다' 함은 귀가 밝지 못하다는 것이다.

賁는 亨하니 小利有攸往하니라

初九 賁其趾니 舍車而徒로다

六二 賁其須로다

九三 賁如 濡如하니 永貞하면 吉하리라

六四 賁如 皤如하면 白馬翰如하니 匪寇면 婚媾리라

六五 賁于丘園이니 束帛이 戔戔이면 吝하나 終吉이리라

上九 白賁면 无咎리라

분(賁)은 형통함을 상징한다. 갈 데가 있으면 조금 이로움이 있다.

〔초구(初九)〕 자기의 발걸음을 꾸미는 것이니, 수레를 버리고 걷는다.

〔육이(六二)〕 자기 수염을 보기 좋게 꾸민다.

〔구삼(九三)〕 아름답게 빛나고 윤기가 흐른다. 영원히 마음을 곧고 바르게

　　　　　　가지면 좋으리라.

〔육사(六四)〕 꾸몄음에도 불구하고 함이 흰 그대로이다. 흰 말을 타고 나는

듯이 달려가고 싶다. 도둑이 아니요, 청혼을 하는 것이다.

〔육오(六五)〕 동산을 꾸민다. 한 묶음의 비단필이 재단된다. 처음에는 아까

웠지만, 나중에는 좋으리라.

〔상구(上九)〕 하얗게 꾸민다면 허물이 없어진다.

| 彖辭 |

賁亨은 柔來而文剛이라 故亨하고 分剛上而文柔라 故로 小利

有攸往하니 天文也요 文明以止하니 人文也니 觀乎天文하여 以察

時變하며 觀乎人文하여 以化成天下하나니라

분(賁)이 형통하다는 것은 유(柔)한 것이 와서 강한 것을 꾸민 것이므

로 형통한다는 것이다. 강한 것이 나뉘어 위로 올라가서 유한 것을 장식한

다. 그러므로, 갈 데가 있으면 좀 이로움이 있다는 것이다. 이것은 천문(天

文)이다. 문명(文明)하여서 각자 분수에 그치는 것이 인문(人文)이다. 천문

을 관찰하여 때의 변화를 살피고 인문(人文)을 관찰하여 천하를 화(化)하게

한다.

| 象辭 |

山下有火 賁니 君子以하여 明庶政하되 无敢折獄하나니라 舍

車而徒는 義弗乘也라 賁其須는 與上興也라 永貞之吉은 終英之陵

也니라 六四는 當位疑也니 匪寇婚媾는 終无尤也라 六五之吉은 有

喜也라 白賁无咎는 上得志也라

　　불이 산 아래 있는 것이 분괘(賁卦)의 괘상(卦象)이다. 군자는 그것으로 모든 정치를 밝히고 과감하게 옥사(獄事)를 판결하지 않는다. '수레를 버리고 돌아간다' 함은 의리상 타지 못한다는 것이며, '자기 수염을 보기 좋게 꾸민다' 함은 윗사람과 함께 움직인다는 것이다. '영원히 마음을 곧고 바르게 가지면 좋다' 함은 마침내 업신여길 사람이 없다는 것이다. 육사(六四)는 처해 있는 자리가 의심스럽다는 것이다. '도둑이 아니요, 청혼(請婚)하는 것이다' 함은 마침내 허물이 없다는 것이다. 육오(六五)가 '좋다' 함은 기쁨이 있는 것이다. '꾸밈이 없는 무덤이다. 허물이 없다' 함은 위에 있어서 뜻을 얻는다는 것이다.

剝은 不利有攸往하니라

初六 剝牀以足이니 蔑貞이라 凶하도다

六二 剝牀以辨이니 蔑貞이라 凶하도다

六三 剝之 无咎니라

六四 剝牀以膚니 凶하니라

六五 貫魚하여 以宮人寵이면 无不利리라

上九 碩果不食이니 君子는 得輿하고 小人은 剝廬리라

박(剝)은 갈 곳이 있으니 이롭지 못하다.

〔초육(初六)〕 침상을 깎아 먹는 데는 그 다리부터 시작한다. 곧고 바른 마
　　　　　음이 없으면 나쁘다.

〔육이(六二)〕 침상을 깎아 먹는 데는 그 허리에서부터 시작한다. 곧고 바른
　　　　　마음이 없으면 나쁠 것이다.

〔육삼(六三)〕 좀벌레가 상을 깎아 먹는다 해도 괜찮을 것이다.

〔육사(六四)〕 침상을 갉아 먹되 껍질로부터 시작한다.

〔육오(六五)〕 물고기를 잡아 펨으로써 궁인(宮人)들의 사랑을 받는다. 이롭
　　　　　　지 않음이 없을 것이다.

〔상구(上九)〕 큰 과일이 먹히지 않는다. 군자는 수레를 얻고, 소인(小人)은
　　　　　　지붕마저 헐린다.

| 彖辭 |

剝은 剝也니 柔 變剛也니 不利有攸往은 小人長也일세라 順而
止之는 觀象也니 君子尙消息盈虛 天行也라

박(剝)은 긁는다는 말이니, 유(柔)한 음기가 강한 양기를 변화하게 하는
것이다. 갈 데가 있는 것이 이롭지 않다는 것은 소인의 세(勢)가 성(盛)하기
때문이다. 순종하여 이것에 그치는 것은 상(象)을 관찰한다는 것이요, 군자
가 사라지는 것과 자라나는 것, 찼다가 허(虛)게 되는 것을 숭상하는 것은
하늘의 운행(運行)이기 때문이다.

| 象辭 |

山附於地 剝이니 上이 以하여 厚下安宅하나니라 剝牀以足은
以滅下也라 剝牀以辨은 未有與也일세라 剝之无咎는 失上下也일
세라 剝牀以膚는 切近災也라 以宮人寵은 終无尤也리라 君子得輿
는 民所載也요 小人剝廬는 終不可用也라

땅에 산이 붙어 있는 것이 박괘(剝卦)다. 위에 있는 사람은 이것을 거울 삼아 아랫사람을 후하게 하고, 집안을 편안케 한다. '침상을 갉아 먹는데 아래부터 시작한다' 함은 아래서부터 먹어 올라간다는 것이다. '상을 허리서부터 갉아 먹는다' 함은 아직 의견을 같이 나눌 동무가 없다는 것이다. '상을 갉아 먹어도 허물이 없다' 함은 상하(上下)를 잃었다는 것이다. 상을 피부에서부터 갉아 먹는다' 함은 재앙이 절박했음을 말하는 것이다. '궁인(宮人)들에게 사랑을 받는다' 함은 마침내 허물이 없다는 것이다. '군자가 수레를 얻는다' 함은 백성들에게 추대된다는 것이요, '소인이 집을 헐린다' 함은 끝내 쓰이지 못한다는 것이다.

復은 亨하여 出入에 無疾하여 朋來라야 无咎리라 反復其道하여
七日에 來復하니 利有攸往이리라

初九 不遠復이라 无祗悔니 元吉하니라

六二 休復이니 吉하리라

六三 頻復이니 勵하나 無咎리라

六四 中行하되 獨復이로다

六五 敦復이니 无悔하니라

上六 迷復이라 凶하니 有災眚하여 用行師면 終有大敗하고 以其
　　國君이면 凶하여 至于十年이 不克征하리라

복(復)은 형통한다. 출입하여도 병이 없고, 벗이 와도 허물이 없다. 그 도
(道)를 반복하여 이레만에 되돌아온다. 갈 데가 있는 것이 이롭다.

〔초구(初九)〕멀지 않아서 되돌아온다. 크게 후회하는 일이 없을 것이다.
　　　　　대길(大吉)하다.

〔육이(六二)〕 되돌아오는 것이 아름다우니, 좋을 것이다.

〔육삼(六三)〕 자주 되돌아온다. 위태로우나 허물됨이 없을 것이다.

〔육사(六四)〕 함께 걷다가 혼자 되돌아온다.

〔육오(六五)〕 독실하게 되돌아온다. 뉘우침이 없을 것이다.

〔상육(上六)〕 되돌아오는 길을 망설이니 흉하다. 천재(天災)와 인화(人禍)가
있다. 군사를 움직이면 마침내 크게 패하리니, 루(累)가 국군
(國君)에게까지 미치리니 나쁠 것이다. 십년(十年)에 이르러도
정벌할 수 없다.

| 彖辭 |

復亨은 剛反이니 動而以順行이라 是以出入无疾朋來无咎니라
反復其道 七日來復은 天行也요 利有攸往은 剛長也일세니 復에 其
見天地之心乎인저

복괘(復卦)가 형통하다는 것은 강한 양기가 되돌아오기 때문이다. 강이
움직여서 이치에 따라 행한다. 그러므로 출입하는 데 병됨이 없고, 벗이 와
도 허물이 없다. 그 길을 반복하여 이레만에 되돌아온다는 것은 천도(天道)
의 운행인 것이다. 갈 데가 있는 것이 이롭다 함은 강한 양기가 자라기 때
문이다. 되돌아온다는 것은 바로 천지의 마음을 볼 수 있는 것이다.

雷在地中이 復이니 先王이 以하여 至日閉關하여 商旅不行하며 后不省方하나라 不遠之復은 以脩身也라 休復之吉은 以下仁也라 頻復之厲는 義无咎也니라 中行獨復은 以從道也라 敦復无悔는 中以自考也라 迷復之凶은 反君道也일세라

우리가 땅 속에 있는 것이 복괘(復卦)의 괘상(卦象)이다. 선왕(先王)은 그것으로 동지(冬至)날에 관문을 닫으니, 행상하는 사람들은 길을 걷지 않고, 후왕(侯王)은 지방을 성찰(省察)하러 가지 않는다. '멀지 않아서 되돌아온다' 함은 몸을 닦기 위함이다. '돌아옴이 아름다워서 길(吉)하다' 함은 인(仁)한 것에로 몸을 낮추기 위함이다. '자주 되돌아오는 것이니, 위태하다' 함은 도의상 허물이 없다는 것이다. '함께 걸어서 혼자 되돌아온다' 함은 도(道)에 좇기 위함이다. '독실하게 되돌아오는 것이니, 뉘우침이 없다' 함은 중도(中道)로 자기를 이룩한다는 것이다. '되돌아오는 길을 잃은 것이니 나쁘다' 함은 임금의 도(道)에 반대되기 때문이다.

无妄은 元亨하고 利貞하니 其匪正하면 有眚할새 不利有攸往하
니라

初九 无妄이니 往에 吉하리라

六二 不耕穫하며 不菑하여 畬니 則利有攸往하니라

六三 无妄之災니 或繫之牛하나 行人之得이 邑人之災로다

九四 可貞이니 无咎리라

九五 无妄之疾은 勿藥이면 有喜리라

上九 无妄의 行이면 有眚하여 无攸利리라

무망(无妄)은 크게 형통하는 현상이며, 마음이 곧으면 이롭다. 그것은 바른
것이 아니면 재앙이 있다. 그러므로 갈 데가 있는 것이 이롭지 못하다.

〔초구(初九)〕 무망(无妄)이니 가는 것이 좋으리라.

〔육이(六二)〕 밭을 갈고도 거둘 생각을 하지 않고 밭을 개간하고도 삼(三)

년이 되면 좋은 밭이 되리라 생각지도 않는다. 갈 데가 있는
것이 이롭다.

〔육삼(六三)〕 무망(无妄)의 재앙이다. 어떤 사람이 여기에 소를 매어 두었
다. 길 가던 사람에게는 얻은 것이 되고, 마을 사람들에게는
재앙이 되리라.

〔구사(九四)〕 곧고 바르게 가져야 한다. 허물이 없으리라.

〔구오(九五)〕 무망(无妄)의 병이다. 약을 쓰지 말라. 기쁨이 있으리라.

〔상구(上九)〕 무망(无妄)이다. 가면 재앙이 있으며 이로울 것이 없으리라.

| 彖辭 |

无妄은 剛이 自外來而爲主於內하니 動而健하고 剛中而應하야
大享以正하니 天地命也라 其匪正有眚不利有攸往은 无妄之往이
何之矣이요 天命不祐行矣哉아

무망(无妄)은 강(剛)이 밖에서 와서 내괘(內卦)의 주장이 되는 것이다.
움직여서 건실(健實)하고 강중으로서 응(應)한다. 중정(中正)함으로써 크게
형통하니 하늘의 명(命)인 것이다. 그 바른 것이 아니면 재앙이 있다. 갈 데
가 있는 것이 이롭지 않다. 무망을 벗어나서 어디로 가랴. 천명이 돕지 않
는데 갈 수 있을 것인가.

天下雷行하여 物與无妄하니 先王이 以하여 茂對時하여 育萬
物하니라 无妄之往은 得志也리라

不耕穫은 未富也라 行人得牛는 邑人災也라 可貞无咎는 固有
之也일세라 无妄之藥은 不可試也라 无妄之行은 窮之災也라

우뢰가 하늘 아래서 움직여서 물건마다 무망을 부여했다. 선왕은 그것
을 본떠서 천시에 맞추어 만물을 육성시킨다. '무망으로 간다' 함은 뜻을
얻었다는 것이며, '밭을 갈고도 거둘 생각을 하지 않는다' 함은 아직 부유
하지 않다는 것이다. '길가던 사람이 소를 얻었다' 함은 마을 사람에게는
재앙을 뜻하며, '곧고 바르게 가져야 허물이 없다' 함은 굳게 지키라는 것
이다. '예기치 않았던 약' 이라 함은 시험을 해서는 안 된다는 것이다. '예
기할 수 없었던 행위' 라 함은 곤궁함의 재앙뿐이라는 것이다.

大畜은 利貞하니 不家食하면 吉하니 利涉大川하니라

初九 有厲리니 利已니라

九二 興說輹이로다

九三 良馬逐이니 利艱貞하니 曰閑輿衛면 利有攸往하리라

六四 童牛之牿이니 元吉하니라

六五 豶豕之牙니 吉하니라

上九 何天之衢니 亨하니라

대축(大畜)은 마음을 곧고 바르게 가져야 이롭다. 집에서 먹지 않는 것이 길(吉)하다. 큰 냇물을 건너는 것이 이롭다.

〔초구(初九)〕위태로운 일이 있다. 그만두는 것이 이롭다.

〔구이(九二)〕수레의 바퀴살이 벗겨졌다.

〔구삼(九三)〕좋은 말을 타고 쫓는다. 일을 어렵게 여기고 마음을 곧고 바르게 가져야 이롭다. 날마다 수레 몰기와 자기 방위(防衛)를

익혀야 한다. 갈 데가 있으면 이롭다.

〔육사(六四)〕송아지에 곡을 더하는 것이다. 크게 좋으리라.

〔육오(六五)〕거세(去勢)한 돼지의 어금니이다. 크게 좋으리라.

〔상구(上九)〕하늘의 넓은 거리다. 형통하리라.

| 彖辭 |

大畜은 剛健하고 篤實하고 輝光하여 日新이라 其德이 剛上而
尙賢하고 能止健이 大正也라 不家食吉은 養賢也요 利涉大川은 應
乎天也라

대축괘(大畜卦)는 강건하며 독실하여 빛이 나서 날로 그 덕이 새롭다.
그 덕이 강하게 올라가서 어진 이를 숭상하여 건실함에 머물 수 있어 크게
바르게 된다. 집에서 먹지 않으면 좋다고 하였는데, 이는 어진 이를 기르기
때문인 것이다. 큰 냇물을 건너는 것이 이롭다고 한 것은 하늘에 응하기 때
문이다.

| 象辭 |

天在山中이 大畜이니 君子以하여 多識前言往行하여 以畜其德
하나니라 有厲利已는 不犯災也라

輿說輹은 中이라 无尤也라 利有攸往은 上合志也일세라 六四
元吉은 有喜也라 六五之吉은 有慶也라 何天之衢오 道大行也라

대축괘는 하늘이 산 속에 있는 것이다. 군자는 그것으로 옛날 성현의 말씀과 지나간 행위를 많이 알아서 그것으로 덕을 키운다. '위태로운 일이 있다. 그만두는 것이 이롭다' 함은 재앙을 범하지 말라는 것이다. '수레의 바퀴살이 벗겨졌다' 함은 중도를 지킨 것이니 허물이 없다는 것이다. '갈 데가 있으면 이롭다' 함은 윗사람과 뜻이 맞는다는 것이며, 육사(六四)가 '크게 좋다' 함은 기쁨이 있다는 것이다. 육오(六五)가 '좋다' 함은 경사가 있다는 것이며, '저 하늘의 넓은 거리다' 함은 도(道)가 크게 행해지는 것을 말하는 것이다.

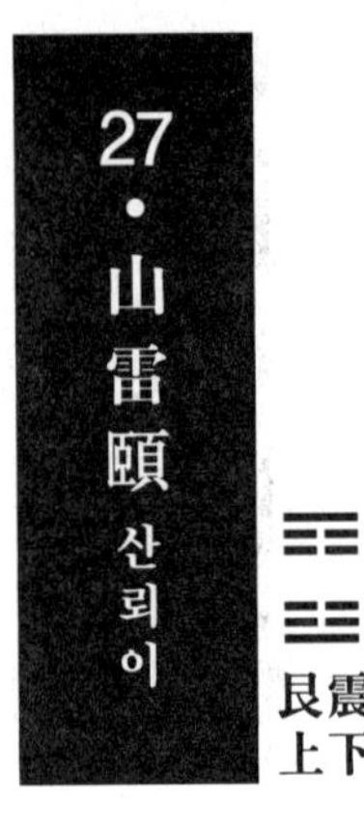

頤는 貞하면 吉하니 觀頤하며 自求口實이니라

初九 舍爾靈龜하고 觀我하여 朶頤니 凶하니라

六二 顚頤라 拂經이니 于丘에 頤하여 征하면 凶하리라

六三 拂頤 貞이라 凶하여 十年勿用이라 无攸利하니라

六四 顚頤나 吉하니 虎視眈眈하며 其欲逐逐하면 无咎하리라

六五 拂經이나 居貞하면 吉하려니와 不可涉大川이니라

上九 由頤니 厲하면 吉하니 利涉大川하니라

이(頤)는 올바르게 기르면 길(吉)하다. 턱을 관찰하니, 스스로 음식물이 들어오기를 바라고 있다.

〔초구(初九)〕 너의 신령스러운 거북점의 징조를 버리고는 나를 보고 부러워서 턱을 드리운다. 나쁘리라.

〔육이(六二)〕 거꾸로 부양(扶養)을 받는다. 상도(常道)에 어긋난다. 윗사람에게 부양을 받으려 하여 무리하게 간다면 흉할 것이다.

〔육삼(六三)〕 기르는 길에 어긋난다. 마음을 곧고 바르게 가져도 나쁘리라.
십년(十年) 동안 쓰지 말라. 이로울 것이 없으리라.

〔육사(六四)〕 턱을 거꾸로 들고 있지만 좋으리라. 범이 주시(注視)하고 있
으니, 그 욕심이 다른 것을 추구(追求)하면 허물이 없으리라.

〔육오(六五)〕 상도에 어긋난다. 마음을 곧고 바르게 가지고 있으면 좋으리
라. 그러나 큰 냇물을 건너서는 안 되리라.

〔상구(上九)〕 이(頤)로 말미암아 양육(養育)된다. 두려워하면 좋으리라. 큰
냇물을 건너는 것이 이롭다.

| 彖辭 |

頤貞吉은 養正則吉也니 觀頤는 觀其所養也요 自求口實은 觀
其自養也라 天地養萬物하면 聖人이 養賢하여 以及萬民하나니 頤
之時 大矣哉라

이괘(頤卦)에서, 마음이 바르고 곧으면 길(吉)하다 함은 바른 것을 기르
면 좋다는 것이다. 입의 턱을 본다는 것은, 그 기르는 바를 본다는 것이다.
스스로 구실(口實)을 구한다는 것은, 그 스스로 양하는 것을 관찰하는 것이
다. 천지는 만물을 양하고, 성인은 현인을 육성함으로 인하여 만민에게 미
친다. 이괘(頤卦)의 시대는 참으로 크다 할 것이다.

山下有雷 頤니 君子以하여 愼言語하며 節飮食하나니라 觀我朶頤는 亦不足貴也로다 六二征凶은 行失類也라 十年勿用은 道大悖也라 顚頤之吉은 上施光也일세라 居貞之吉은 順以從上也일세라 由頤厲吉은 大有慶也라

산 밑에 우뢰가 있는 것이 이괘(頤卦)다. 군자는 그것으로 말을 삼가고 음식을 조절한다. '나를 보고 턱을 드리운다' 함은 역시 귀히 여길 것이 못된다는 것이며, 육이(六二)에 '정벌(征伐)을 가면 나쁘다' 함은 가면 동류(同類)를 잃는다는 것이다. '십년(十年) 동안 쓰지 말라' 함은 도리에 크게 거슬린다는 것이요, '턱을 거꾸로 들고 있으나 좋다' 함은 윗사람이 베풀어 주는 것이 빛난다는 것이다. '마음을 곧고 바르게 가지면 좋다' 함은 순종하여 윗사람을 따른다는 것이다. '턱으로 말미암아 양육된다. 두려워하면 길(吉)하다' 함은 크게 경사가 있다는 것이다.

大過는 棟이 橈니 利有攸往하여 亨하니라

初六 藉用白茅니 无咎하니라

九二 枯楊이 生稊하니 老夫得其女妻니 无不利하니라

九三 棟橈니 凶하니라

九四 棟隆이니 吉하거니와 有它면 吝하리라

九五 枯楊이 生華하며 老婦得其士夫니 无咎나 无譽리라

上六 過涉滅頂이라 凶하니 无咎하니라

대과(大過)는 마치 집의 대들보가 휘어지는 것과 같다. 갈 데가 있으면 모든 것이 이롭고 잘 통하리라.

〔초육(初六)〕 흰 띠풀을 깔고 있다. 허물이 없으리라.

〔구이(九二)〕 말라 죽은 버드나무에 새 잎이 돋아나고, 늙은 아비가 젊은 여자를 얻어 아내로 삼는다. 이롭지 않음이 없다.

〔구삼(九三)〕 대들보가 휘어지니 나쁘리라.

〔구사(九四)〕 대들보가 드높으니 좋으리라. 다른 생각이 있으면 부끄러움
을 당하리라.
〔구오(九五)〕 말라 죽은 버드나무에 꽃이 피고, 늙은 어머니가 젊은 남자를
얻어 남편으로 삼았다. 흉함도 없고 칭찬도 없으리라.
〔상육(上六)〕 깊은 물을 무리하게 건너다가 머리까지 빠졌다. 나쁘지만 허
물이 없으리라.

| 彖辭 |

大過는 大者過也요 棟橈는 本末이 弱也라 剛過而中하고 巽而
說行이라 利有攸往하여 乃亨하니 大過之時大矣哉라

대과괘(大過卦)는 큰 것이 지나친 것이다. 기둥이 휘어지는 것은 밑둥
과 끝이 약하기 때문이다. 강한 것이 지나치지만 중도를 얻었으며 유순하
여 기쁘게 가는 것이다. 갈 데가 있는 것이 이로우니, 바로 형통하다. 대과
괘(大過卦)의 시의(時義)는 크기도 하다.

| 象辭 |

澤滅木이 大過니 君子以하여 獨立不懼하며 遯世无悶하나니라
藉用白茅는 柔在下也라 老夫女妻는 過以相與也라 棟橈之凶은 不
可以有輔也일세라 棟隆之吉은 不橈乎下也일세라 枯楊生華는 何
可久也며 老婦士夫亦可醜也로다 過涉之凶은 不可咎也니라

　나무가 못에 침몰되는 것이 대과괘(大過卦)다. 군자는 그것으로써 홀로 서서 두려워하지 않고, 세상에서 은둔(隱遯)하여도 고민이 없다. '흰 띠풀을 깔고 앉아 있다' 함은 유한 기운이 밑에 있다는 것이며, '늙은 아비가 젊은 여자를 아내로 삼는다' 함은 서로 지나친 행위를 함께 한다는 것이다. '대들보가 휘어지니, 나쁘다' 함은 보탬이 있을 수 없다는 것이며, '대들보가 드높아 좋다' 함은 밑에서 흔들리지 않는다는 것이다. '말라 죽은 버드나무'에 꽃이 피었으니, 어찌 감히 오래 갈 수 있겠느냐? '늙은 어미와 젊은 남자'도 역시 추한 모습이다. '깊은 물을 지나치게 건너는 것이 나쁘다' 함은 허물이 될 수 없다는 것이다.

習坎는 有孚하며 維心亨이니 行하면 有尙이리라

初六 習坎에 入于坎窞이니 凶하니라

九二 坎에 有險하니 求를 小得하리라

六三 來之에 坎坎하며 險에 且枕하여 入于坎窞이니 勿用이니라

六四 樽酒와 簋貳를 用缶하고 納約自牖면 終无咎하리라

九五 坎不盈이나 祇旣平이니 无咎리라

上六 系用徽纆하여 寘于叢棘하여 三歲라도 不得이니 凶하니라

습감(習坎)은 성실함이 있으면 오직 마음이 형통할 것이다. 행하면 높임을
받는 일이 있을 것이다.

〔초육(初六)〕 겹겹이 둘러싸인 구덩이 속으로 들어간다.

〔구이(九二)〕 험한 구덩이 속이다. 그러나 구하면 조금은 얻으리라.

〔육삼(六三)〕 오고 가는 북소리로다. 몸이 구속되어 구덩이 속으로 들어간
다. 움직이지 말라.

〔육사(六四)〕한 그릇의 술과 두 대그릇의 안주를 질그릇에 담아 노끈으로
　　　　　 창문에서 들여보낸다. 그리하면 허물이 없을 것이다.
〔구오(九五)〕물이 구덩이에 차지 않았으나, 발꿈치가 이미 잘 놓였으니 허
　　　　　 물이 없을 것이다.
〔상육(上六)〕세 겹 노끈과 두꺼운 노끈으로 묶어서 가시덤불로 둘러싼 구
　　　　　 덩이 속에 버려두니, 삼년(三年) 동안 벗어나지 못하리라. 흉
　　　　　 하다.

| 彖辭 |

習坎은 重險也니 水流而不盈하며 行險而不失其信이니 維心亨
은 乃以剛中也요 行有尙은 往有功也라 天險은 不可升也요 地險은
山川丘陵也니 王公이 設險하여 以守其國하나니 險之時用이 大矣
哉라

　습감괘(習坎卦)는 겹겹이 쌓인 험한 곳을 뜻한다. 물이 자꾸만 흐른다
하여도 넘치지 아니하고, 험한 일을 행하여도 그 신실성을 잃지 아니한다.
그 마음이 형통하다 함은 바로 강한 양기가 가운데 자리를 차지하고 있기
때문이다. 행하면 높임을 받는 일이 있다는 것은, 가면 공(功)이 있음을 뜻
한다. 하늘이 험한 것은 드높기 때문인지라 사람이 오를 수 없고, 땅이 험
하다는 것은 산천과 구릉을 다 함께 이름이다. 왕공(王公)이 험한 것을 베
풀어서 그 나라를 지킨다. 때에 따라 험한 이치를 사용하는 것은 참으로 크
나큰 일이로다.

| **象辭** |

水洊至 習坎이니 君子以하여 常德行하며 習教事하나니라 習坎入坎은 失道凶也라 求小得은 未出中也일세라 來之坎坎은 終无功也리라 樽酒簋貳는 剛柔際也일세라 坎不盈은 中未大也라 上六失道는 凶三歲也리라

물이 쉬지 않고 흐르는 것이 습감괘(習坎卦)다. 군자는 그것을 거울삼아 언제나 스스로 덕행(德行)을 실행하고, 남을 교화하는 일을 익혀 본다. '겹겹이 둘러싸인 구덩이 속으로 들어간다' 함은 길을 잃는 것이니, 극히 나쁘다는 것이며, '구원의 것을 좀 얻었다' 함은 가운데서 아직 나오지 못함을 뜻한다. '오고 가는 북소리' 라 함은 마침내 공이 없다는 것이며, '한 그릇의 술과 두 대그릇의 안주' 라 함은 강한 것과 유한 것이 서로 교접(交接)한다는 것이다. '구덩이에 흙이 채 차지 않았다' 함은 중도(中道)가 아직 크지 못하다는 것이다. 상육(上六)이 '도(道)를 잃었다' 함은 삼 년(三年) 동안 흉할 것이라는 뜻이다.

離는 利貞하니 亨하나 畜牝牛하면 吉하리라

初九 履 錯然하니 敬之면 无咎리라

六二 黃離니 元吉하니라

九三 日昃之離니 不鼓缶而歌면 則大耋之嗟라 凶하리라

九四 突如其來如라 焚如니 死如며 棄如니라

六五 出涕沱若하며 戚嗟若이니 吉하리라

上九 王用出征이면 有嘉니 折首하고 獲匪其醜면 无咎리라

리(離)는 곧으면 이롭고 형통한다. 제향을 지낸다. 암소를 치면 좋으리라.

〔초구(初九)〕 행동이 착잡하니 존경하면 허물이 없으리라.

〔육이(六二)〕 정오(正午)의 모임이기 때문에 크게 좋을 것이다.

〔구삼(九三)〕 해가 넘어갈 때의 밝음이다. 장구를 치지 않고 노래를 부르니
　　　　늙은이가 탄식을 한다. 나쁘리라.

〔구사(九四)〕 갑자기 오는 듯하다. 불사르는 듯하다. 버리는 듯하다.

〔육오(六五)〕 눈물이 비오듯 나온다. 걱정하고 슬퍼하는 듯하다. 좋으리라.
〔상구(上九)〕 임금이 나아가 정벌을 하면 좋은 공이 있으리라. 우두머리만
　　　　　　베고, 얻은 것이 동류(同類)가 아니면 허물이 없으리라.

| 彖辭 |

離는 麗也니 日月이 麗乎天하며 百穀草木이 麗乎土하니 重明
으로 以麗乎正하여 乃化成天下하나니라 柔麗乎中正이라 故로 亨
하니 是以畜牝牛吉也라

리(離)는 자리잡는다는 말이다. 해와 달은 하늘에 붙어 있고, 온갖 곡식
과 초목(草木)은 땅에 붙어 있는 것과 같다.

중첩된 밝음으로 정당한 자리에 속해 있으니, 바로 천하를 화육(化育)
시킨다.

유한 덕으로 중정의 자리에 속해 있으므로 형통한다. 그러므로 암소의
유순함을 기르는 것이 길한 것이다.

| 象辭 |

明兩作 離니 大人이 以하여 繼明하여 照于四方하나니라 履錯
之敬은 以辟咎也라 黃離元吉은 得中道也라 日昃之離는 何可久也
리요 突如其來如는 无所容也니라 六五之吉은 離王公也일세라 王
用出征은 以正邦也라

밝은 것이 두 번 일어나는 것을 리괘(離卦)라 한다. 대인(大人)은 그것을 밝은 것으로 이어 사방에 비춘다. '신발들이 한데 섞였으니 존경한다' 함은 그것으로 허물을 피한다는 것이며, '정오(正午)의 모임이니 크게 좋다' 함은 중도(中道)를 얻었다는 뜻이다. '저녁에 모임' 이라 함은 어찌 오래 할 수 있겠느냐 하는 것이며, '갑자기 오는 듯하다' 함은 몸둘 곳이 없음을 말한다. 육오(六五)가 '좋다' 함은 왕공(王公)의 자리를 보전하기 위한 것이다. '임금이 나아가 정벌한다' 함은 나라를 바로잡는다는 뜻이다.

咸은 亨하니 利貞하니 取女면 吉하리라

初六 咸其拇라

六二 咸其腓면 凶하니 居하면 吉하리라

九三 咸其股라 執其隨니 往하면 吝하니라

九四 貞이면 吉하여 悔亡하리니 憧憧往來면 朋從爾思리라

九五 咸其脢니 无悔리라

上六 咸其輔頰舌이라

함(咸)은 형통함이다. 마음을 곧고 바르게 가져야 이로우며, 여자를 얻으면 좋으리라.

〔초육(初六)〕 남녀의 애정이 엄지발가락에서 느껴진다.

〔육이(六二)〕 남녀의 애정이 장딴지에서 느껴진다. 비록 나쁘나, 그대로 있으면 좋으리라.

〔구삼(九三)〕 남녀의 애정이 그 넓적다리에서 느껴진다. 잡히는 대로 따라

갈 것이요, 간다면 부끄러울 것이다.

〔구사(九四)〕 감정을 바르게 가져야 길(吉)할 것이며, 후회함이 없으리라.

밀거니 당기거니 하면 여자친구가 네 뜻대로 좇으리라.

〔구오(九五)〕 그 등골까지 감동한다. 후회가 없으리라.

〔상육(上六)〕 그 위턱과 뺨과 혀에까지 느껴진다.

| 彖辭 |

咸은 感也라 柔上而剛下하여 二氣感應하고 以相與하여 止而
說하고 男下女라 是以亨利貞 取女吉也니라 天地感 而萬物이 化生
하고 聖人이 感人心 而天下和平하나니 觀其所感 而天地萬物之情
을 可見矣리라

함(咸)은 감(感)이다. 유한 기운은 올라가고, 강한 기운이 내려와서 두
기운이 서로 감응하여 참여하고 머물러서 기뻐하고, 남성이 여성에게로
몸을 낮춘다. 그러므로 형통하니, 마음을 곧고 바르게 가져야 이롭다. 여
자를 얻으면 길하다는 것이다.

천지가 감응하여 만물이 화생하고, 성인이 사람의 마음을 감응시키어
천하가 화평하니, 그 감응하는 바를 잘 관찰하면 천지만물의 뜻을 알 수 있
을 것이다.

山上有澤이 咸이니 君子以하여 虛로 受人하나니라 咸其拇는
志在外也라 雖凶居吉은 順不害也라 咸其股는 亦不處也니 志在隨
人하니 所執下也라 貞吉悔亡은 未感害也요 憧憧往來는 未光大也
라 咸其脢는 志末也일세라 咸其輔頰舌은 滕口說也라

산 위에 못이 있는 것이 함괘(咸卦)다. 군자는 사람을 허(虛)한 것으로
받아들인다. '애정이 엄지발가락에서 감동된다' 함은 뜻이 밖에 있기 때
문이며, '비록 나쁘나 가만 있으면 좋다' 함은 이치에 따르면 해롭지 않음
을 뜻한다. '애정이 넓적다리에서 감동된다' 함은 역시 그대로 있지 않는
다는 것이요, 뜻이 사람을 따르는 데 있으니 잡은 것이 낮다는 뜻이다. '감
정을 곧고 바르게 가지면 좋아 후회함이 없다' 함은 아직 감동된 것에 해
가 있지 않는다는 뜻이요, '밀거니 당기거니 하여 일정치 않다' 함은 아직
빛이 크지 못하다는 뜻이다. '그 등골까지 감동된다' 함은 부질없이 변설
을 농하며 기뻐함을 말하는 것이다.

恒은 亨하여 无咎하니 利貞하니 利有攸往하니라

初六 浚恒이라 貞하여 凶하니 无攸利하니라

九二 悔亡하리라

九三 不恒其德이라 或承之羞니 貞이면 吝하리라

九四 田无禽이리라

六五 恒其德이면 貞하니 婦人은 吉하고 夫子는 凶하니라

上六 振恒이니 凶하니라

항(恒)은 형통한다. 허물이 없으리라. 마음을 곧고 바르게 가져야 이롭다. 갈 데가 있는 것이 이롭다.

〔초육(初六)〕 깊은 항구(恒久)의 도(道)이다. 마음을 곧고 바르게 가져도 나쁘다.

〔구이(九二)〕 뉘우침이 없어지리라.

〔구삼(九三)〕 그 덕을 항구히 가지고 있지 못한다. 혹은 그에게 부끄러움을

줄는지도 모를 일이다. 마음이 곧고 바르나 욕을 보리라.

〔구사(九四)〕 사냥을 할지라도 잡을 짐승이 없다.

〔육오(六五)〕 그 덕을 항구히 지키니, 마음이 곧고 바르리라. 부인은 길(吉)
하고 남편은 나쁘리라.

〔상육(上六)〕 진동되는 항구(恒久)의 도(道)다. 나쁘리라.

| 彖辭 |

恒 久也라 剛上而柔下하고 雷風相與하고 巽而動하고 剛柔皆
應이 恒이니 恒亨 无咎 利貞은 久於其道也니 天地之道 恒久而不
已也니라 利有攸往은 終則有始也일세니라 日月이 得天而能久照
하며 四時變化而能久成하며 聖人이 久於其道 而天下化成하나니
觀其所恒 而天地萬物之情을 可見矣리라

항괘(恒卦)는 장구(長久)하다는 것이다. 강한 기운은 올라가고 유한 기
운은 내려오며, 우뢰와 바람이 서로 돕고 이치에 따라 움직이며 강한 기운
과 유한 기운이 다 응한다. 이것은 항구의 법칙이다. 항구한 것은 형통하
여 허물이 없고 마음을 곧고 바르게 가져야 이롭다는 것은, 그 도(道)가 항
구에 마지 않는 것이요, 천지의 도가 항구하여 마지 않음이다. 갈 데가 있
는 것이 이롭다 함은 끝나면 시작함이 있다는 것이다. 해와 달이 하늘을 얻
어 오래 비출 수 있고, 사(四)시가 변화하여 능히 오래도록 생성할 수 있고,
성인이 그 도에 오래 있으면 천하가 변화 생성한다. 그 항구성을 잘 관찰하
면 천지만물의 뜻을 알 수 있다.

| **象辭** |

雷風이 恒이니 君子以하여 立不易方하나니라 浚恒之凶은 始求深也일세라 九二悔亡은 能久中也라 不恒其德은 无所容也로다 久非其位어니 安得禽也리요 婦人貞吉은 從一而終也일세라 夫子는 制義어니 從婦하면 凶也라 振恒在上하니 大无功也로다

우뢰와 바람이 서로 돕는 것이 항괘(恒卦)이다. 군자는 그것으로 입신하는 방위를 바꾸지 아니한다. '깊은 항구의 도(道)가 나쁘다' 함은 처음에 깊은 것을 구한다는 것이다. 구이(九二)가 '뉘우침이 없으리라' 함은 오래도록 중용의 길에 있다는 것이다. 그 덕을 항구히 지키고 있지 못한다' 함은 용납할 데가 없다는 것이다. 오랫동안 제자리에 있는 것이 아니니 어찌 새를 얻으리요? '부인은 마음을 곧고 바르게 가지면 좋다' 함은 하나에 좇아서 마친다는 것이요, 사나이는 의(義)로 제재(制裁)해야 하는데, 부인에게 좇으면 나쁘다. '진동되는 항구의 도(道)' 라 함은 위에 있어 항상 움직인다면 크게 공이 없다는 것이다.

遯은 亨하니 小利貞하니라

初六 遯尾라 厲하니 勿用有攸往이니라

六二 執之用黃牛之革이라 莫之勝說이니라

九三 係遯이라 有疾하여 厲하니 畜臣妾에는 吉하리라

九四 好遯이니 君子는 吉하고 小人은 否하니라

九五 嘉遯이니 貞하여 吉하니라

上九 肥遯이니 無不利하니라

둔(遯)은 형통한다. 소인(小人)은 마음을 곧고 바르게 가져야 이롭다.

〔초육(初六)〕 최초의 은둔생활이다. 위태하다. 그 이상 은둔생활을 하러 가

　　　　　지 말라.

〔육이(六二)〕 이것을 얽어매려면 황소 가죽을 써라. 벗어나지 못하리라.

〔구삼(九三)〕 은둔생활을 하려 하나, 신하와 처자에 매여 있다. 질병이 있어

　　　　　위태로울 것이다. 그러니 신하와 아내를 부양하면 좋으리라.

〔구사(九四)〕 좋은 은둔생활이다. 군자는 길(吉)하고 소인은 그렇지 못하다.

〔구오(九五)〕 아름답게 숨는 것이니, 곧으면 좋으리라.

〔상구(上九)〕 초연하게 숨은 생활이다. 이롭지 않음이 없다.

| 彖辭 |

遯亨은 遯而亨也나 剛當位而應이라 與時行也니라 小利貞은
浸而長也일세라 遯之時義 大矣哉라

둔사(遯辭)가 형통한다는 것은 세상을 피하여 살아야만이 형통한다는
뜻이다. 강한 기운이 제자리에 앉아서 호응을 하여 때와 함께 운행한다.
적음이 바르고 곧아야 이롭다는 것은 스며들어 자란다는 것이다. 세상을
피해서 살아가는 때와 의의는 큰 것이다.

| 象辭 |

天下有山이 遯이니 君子以遠小人하되 不惡而嚴하나니라 遯尾
之厲는 不往이면 何災也리요 執用黃牛는 固志也라 係遯之厲는 有
疾하여 憊也요 畜臣妾吉은 不可大事也니라 君子는 好遯하고 小人
은 否也니라 嘉遯이니 貞吉은 以正志也라 肥遯无不利는 无所疑
也라

산이 하늘 밑에 있는 것이 둔괘(遯卦)다. 군자는 그것으로 소인을 멀리

하되 미워하지 않고 엄격하게 한다. '최초의 은둔생활이 위태하다' 함은 가지 않으면 무슨 재앙이 있겠느냐 하는 것이며, '황소를 잡아 써라' 함은 뜻이 견고하다는 것이다. '은둔생활을 하려 하나 짐이 되어 위태하다' 함은 질병이 있어 몸이 지치기 때문이라는 것이요, '신하와 아내를 양육하면 좋다' 함은 큰 일을 할 수 없다는 것이다. 군자는 세상을 피하여 생활하는 것이 좋고, 소인은 나쁘다는 것이다. '아름다운 숨음이니 마음을 곧고 바르게 가지면 좋다' 함은 그것으로 뜻을 바르게 하기 때문인 것이다. '풍성한 은둔생활이니 이롭지 않음이 없다' 함은 의심할 것이 없기 때문인 것이다.

大壯은 利貞하니라

初九 壯于趾니 征하면 凶이리라 有孚리라

九二 貞하여 吉하니라

九三 小人은 用壯이요 君子는 用罔이니 貞이면 厲하니 羝羊이 觸
藩하여 羸其角이로다

九四 貞이면 吉하여 悔亡하리니 藩決不羸하며 壯于大輿之輹이
로다

六五 喪羊于易이면 无悔리라

上六 羝羊이 觸藩하여 不能退하며 不能遂하여 无攸利니 艱則吉하
리라

대장(大壯)은 큰 것의 기운이 장성(壯盛)함이다. 크게 활동하면서 바르게
움직이면 이롭다. 마음을 곧고 바르게 가지며, 나아가는 길이 변함없어야
그 운행이 순조롭다.

〔초구(初九)〕 성(城) 밑에서 성(盛)한다. 정벌하면 흉하리니 성실함이 있어
야 할 것이다.

〔구이(九二)〕 마음을 곧고 바르게 가져야 이롭다.

〔구삼(九三)〕 소인은 성한 기운을 쓰지만, 군자는 그것을 쓰는 일이 없다.
마음이 곧고 바르지만 위태롭다. 양의 수컷이 울타리에 찔려
그 뿔이 걸려서 괴로와한다.

〔구사(九四)〕 곧고 바르면 좋은 것이니 뉘우침이 없어지리다. 울타리가 터
지어 양의 뿔이 상하지 않으리라. 큰 수레와 바퀴가 튼튼하다.

〔육오(六五)〕 양을 쉽게 잃는다. 허물됨이 없을 것이다.

〔상육(上六)〕 양이 뿔로 울타리를 받고는 물러나지도 못하고 나아가지도 못
한다. 이로울 것이 없다. 어려움을 참는다면 길(吉)할 것이다.

| 彖辭 |

大壯은 大者壯也니 剛以動이라 故로 壯하니 大壯利貞은 大者
正也니 正大而天地之 情을 可見矣리라

대장괘(大壯卦)는 큰 것이 성(盛)한다는 뜻이다. 강(剛)이 움직인다. 그
러므로 성(盛)하다고 하는 것이다. 크게 장성한 것이 바르고 곧아야 이롭다
는 것은 큰 것이 바르기 때문이다. 바르고 커서 천지의 뜻을 볼 수 있을 것
이다.

雷在天上이 大壯이니 君子以하여 非禮弗履하나니라 壯于趾하니 其孚窮也로다 九二貞吉은 以中也라 小人은 用壯이요 君子는 罔也라 藩決不羸은 尙往也일세라 喪羊于易은 位不當也일세라 不能退 不能遂는 不詳也요 艱則吉은 咎不長也일세라

우뢰가 하늘 위에 있는 것이 대장괘(大壯卦)다. 군자는 이것을 본떠서 예(禮)가 아니면 이행하지 않는다. '성(城) 밑에서 성장해 간다' 함은 반드시 곤궁하게 된다는 것이다. 구이(九二)에 '마음을 곧고 바르게 가져야 이롭다' 함은 중도(中道)를 얻었기 때문이라는 것이다. 소인은 성(盛)한 기운을 쓰지만 군자는 그것을 쓰지 않는다는 뜻이다. '울타리가 터지어 양(羊)의 뿔이 상하지 않는다' 함은 가는 것이 좋다는 것이다. '양(羊)을 쉽게 잃었다' 함은 자리가 마땅치 않다는 것이다. '물러가지도 못하고 나아가지도 못한다' 함은 상세하게 살피지 않는다는 것이요, '어려움을 참으면 길하다' 함은 어려움이 그렇게 오래 가지 않는다는 것이다.

晉은 康侯를 用錫馬蕃庶하고 晝日三接이로다

初六 晉如 摧如에 貞이면 吉하고 罔孚라도 裕면 无咎리라

六二 晉如 愁如나 貞이면 吉하리니 受玆介福于其王母리라

六三 衆允이라 悔亡하리라

九四 晉如鼫鼠니 貞이면 厲하리라

六五 悔亡하는데 失得을 勿恤이니 往에 吉하여 無不利리라

上九 晉其角이니 維用伐邑이면 厲하나 吉하고 无咎어니와 貞에
     吝하리라

진(晉)은 강후(康侯)가 천자로부터 말을 많이 하사받아 하루에 세 번씩 교
미를 시키었다.

〔초육(初六)〕 나아가는 듯하고 물러가는 듯하다. 곧고 바르면 좋으리다. 성
     실함이 없더라도 마음이 너그러우면 허물이 없으리다.

〔육이(六二)〕 나아가는 듯하고, 수심하는 듯하다. 마음을 곧고 바르게 가지

면 좋으리다. 이에 큰 복을 왕모(王母)에게서 받으리다.

〔육삼(六三)〕 무리들을 믿는지라 뉘우침이 없을 것이다.

〔구사(九四)〕 나아가는 것이 생쥐와 같으니, 마음을 곧고 바르게 가져도 위
태하리다.

〔육오(六五)〕 뉘우침이 없어지리다. 잃고 얻는 것을 근심하지 말라. 떠나가
는 것이 좋으니, 이롭지 않음이 없을 것이다.

〔상구(上九)〕 맨 위까지 나아간다. 오직 딴 고을을 치면 위태로우나 길하
고, 곧아도 부끄러울 것이다.

| 彖辭 |

晋은 進也니 明出地上하여 順而麗乎大明하고 柔進而上行이라
是以康侯用錫馬蕃庶 晝日三接也라

진(晋)은 나아간다는 것이다. 밝은 빛이 유순하게 땅 위에서 나와 크게
현명한 임금에게 붙었다. 유하게 진출하여 위로 올라간다. 이러므로 강후
(康侯)가 신하에게 말을 많이 줄 때에 대낮에 세 번씩 접견하는 것이다.

| 象辭 |

明出地上이 晋이니 君子以하여 自昭明德하나니라 晋如摧如는
獨行正也요 裕无咎는 未受命也일세라 受茲介福은 以中正也라 衆
允之志는 上行也라 鼫鼠貞厲는 位不當也일세라 失得勿恤은 往有

慶也리라 維用伐邑은 道未光也일세라

　밝은 빛이 땅 위에 나오는 것이 진괘(晉卦)다. 군자는 이것을 본받아 스스로 밝은 덕을 밝힌다. '나아가는 듯하고 물러가는 듯하다' 함은 홀로 바른 것을 행한다는 것이요, '마음이 너그러우면 허물이 없다' 함은 아직 명령을 받지 못하였기 때문이다. '이에 큰 복을 받는다' 함은 중정을 지키기 때문이란 것이다. '무리들이 진실하다' 함은 올라가서 뜻을 행한다는 것이다. '생쥐와 같으니, 마음을 곧고 바르게 가져도 위태롭다' 함은 자리가 마땅치 않다는 것이며, '잃고 얻는 것을 근심하지 말라' 함은 가면 경사가 있다는 것이다. '오직 딴 고을을 친다' 함은 도(道)가 채 빛나지 못하였기 때문인 것이다.

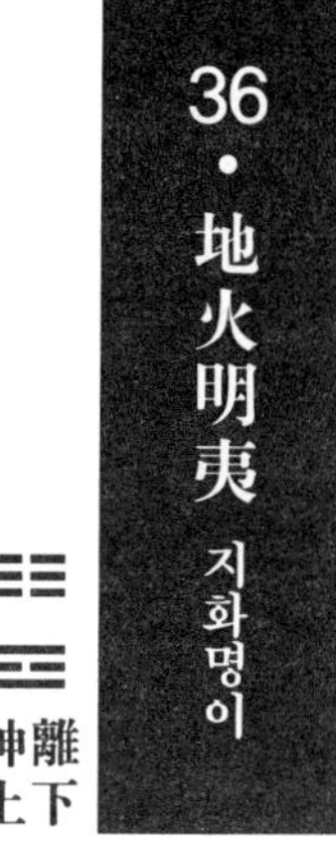

明夷는 利艱貞하니라

初九 明夷 于飛에 垂其翼이니 君子于行에 三日不食하여 有攸往에
　　　主人이 有言이로다

六二 明夷에 夷于左股니 用拯馬壯하면 吉하리라

九三 明夷于南狩하여 得其大首니 不可疾貞이니라

六四 入于左腹하여 獲明夷之心하여 于出門庭이로다

六五 箕子之明夷니 利貞하니라

上六 不明하여 晦니 初登于天하고 後入于地로다

명이(明夷)는 어려워도 마음을 곧고 바르게 가져야 이롭다.

〔초구(初九)〕 밝은 지혜를 감추고 난다. 그 날개를 드리운다. 군자가 길을
　　　　　　떠날 때에 사흘 동안 먹지 않는다. 갈 곳이 있으면, 그 집 주인
　　　　　　이 할 말이 있다.

〔육이(六二)〕 밝은 지혜를 감춘다. 왼쪽 다리를 다쳤다. 구원을 함에는 말

이 병 없이 건강하면 길하리다.

〔구삼(九三)〕 밝은 지혜를 감추고 있었으나 남쪽을 정벌하러 가서 그 나라 괴수(魁首)를 잡아온다. 그리고 갑작스럽게 마음을 곧고 바르게 할 수는 없다.

〔육사(六四)〕 그의 복심(腹心)으로 잠입하여 어두운 마음을 얻어 가지고는 문 앞 뜰로 나아간다.

〔육오(六五)〕 기자가 마음을 스스로 어둡게 한 것이다. 마음을 곧고 바르게 해야 이롭다.

〔상육(上六)〕 밝지 아니하여 어둡다. 처음에 하늘을 오르고 다음엔 땅으로 들어간다.

| 彖辭 |

明入地中이 明夷니 內文明 而外柔順하여 以蒙大難이니 文王以之하니라 利艱貞은 晦其明也라 內難而能正其志니 箕子以之하니라

명이괘(明夷卦)는 밝은 빛이 땅 속으로 들어간 괘상이다. 안은 문명(文明)하고 밖은 유순하여 큰 어려움을 입는다.

문왕(文王)이 이것을 사용하였다. 어려워도 마음이 바르고 곧아야 이롭다는 것은 그 밝은 빛을 가린다는 뜻이다. 안으로 어려우나 그 뜻을 바르게 할 수 있다. 기자가 이것을 몸소 행하였던 것이다.

明入地中이 明夷니 君子以하여 莅衆에 明晦而明하나니라 君子于行은 義不食也라 六二之吉은 順以則也일세라 南狩之志를 乃大得也라 入于左腹은 獲心意也라 箕子之貞은 明不可息也라 初登于天은 照四國也요 後入于地는 失則也라

밝은 빛이 땅 속으로 들어가는 것이 명이괘(明夷卦)다. 군자는 이것으로 백성들에게 임(臨)할 때에는 어두운 것으로써 밝게 하고자 한다. '군자가 길을 떠나는 것이다' 함은 의리상 먹지 않는다는 것이며 '육이(六二)가 좋다' 함은 유순함으로 인하여 법칙을 삼는다는 것이다. '남쪽으로 정벌 가는 뜻이라' 함은 바로 크게 얻는다는 것이며, '왼쪽 배로 들어간다' 함은 그 마음을 얻는다는 것이다. '기자의 마음은 곧고 바르다' 함은 밝음이 쉬지 않는다는 것이다. '처음에 하늘을 오른다' 함은 나라 곳곳에 비친다는 것이요, '다음에 땅으로 들어간다' 함은 정도(正道)를 잃었다는 것이다.

家人은 利女貞하니라

初九 閑有家면 悔亡하리라

六二 无攸遂요 在中饋면 貞吉하리라

九三 家人이 嗃嗃하니 悔厲나 吉하니 婦子嘻嘻면 終吝하리라

六四 富家니 大吉하니라

九五 王假有家니 勿恤하여 吉하리라

上九 有孚하고 威如면 終吉하리라

가인(家人)은 여자의 마음이 바르고 곧아야 이롭다.

〔초구(初九)〕 가도(家道)가 문란해짐을 법도(法度)로 막는다면 뉘우침이 없
　　　어지리라.

〔육이(六二)〕 아무것도 성취시키는 일이 없다. 안살림을 맡은 위치에 있다
　　　면 마음이 바르고 곧아지므로 좋으리라.

〔구삼(九三)〕 가인(家人)이 준엄하다. 뉘우치면 위태로우나 좋으리라. 그러
나 부녀자들이 소리를 내어 웃는다면 끝내는 부끄러움을 당
하리라.

〔육사(六四)〕 가정을 부유하게 한다. 크게 좋으리라.

〔구오(九五)〕 왕이 한 가정을 가지게 되었다. 근심하지 말라. 길(吉)하리라.

〔상구(上九)〕 성실함이 있고 위엄이 있는 듯이 하라. 마침내는 길(吉)하리라.

| 彖辭 |

家人은 女가 正位乎內하고 男이 正位乎外하니 男女正이 天地
之大義也라 家人에 有嚴君焉하니 父母之謂也라 父父子子 兄兄弟
弟 夫夫婦婦 而家道正하리니 正家而天下定矣리라

가인괘(家人卦)에서 아내는 안에서 자리를 바르게 하고, 남편은 밖에서
자리를 바로잡고 있는 것이다. 남편과 아내의 위치가 바른 것은 천지의 큰
의리이다. 가인괘에 엄군(嚴君)이 있는 것은 부모를 말하는 것이다. 아버지
는 아버지답고, 아들은 아들다우며, 형은 형답고, 아우는 아우다우며, 남편
은 남편답고, 아내는 아내다움으로 인하여 가도(家道)가 바르게 된다. 집안
을 바르게 하여야 천하가 잘 다스려질 것이다.

| 象辭 |

風自火出이 家人이니 君子以하여 言有物 而行有恒하나니라

閑有家는 志未變也라 六二之吉은 順以巽也일세라 家人嗃嗃는 未失也요 婦子嘻嘻는 失家節也라 富家大吉은 順在位也일세라 王假有家는 交相愛也라 威如之吉은 反身之謂也라

가인괘(家人卦)는 바람이 불에서 나오는 것이다. 군자는 이것을 본떠서 말을 함에 있어서는 실지가 있고 행함에 있어서는 상도(常道)가 있어야 한다. '한 집안의 문란함을 법도로 막는다' 함은 뜻이 아직 변하지 않은 때를 말하는 것이며, '육이(六二)가 좋다' 함은 유순하고 겸손하기 때문이다. '한 집안에서 사나이들이 화가 나서 꽥꽥 소리를 낸다' 함은 아직 집안의 가도를 잃지 않았다는 것이요, '부녀자들이 소리를 내어 웃는다' 는 것은 집안의 예절을 상실했음을 말한다. '부잣집이 크게 좋다' 함은 유순의 덕으로써 정위(正位)에 있기 때문이라는 것이다. '왕이 한 가정을 가지게 되었다' 함은 사귀어 서로 사랑하기 때문이라는 것이다. '위엄 있는 듯이 하여 좋다' 함은 몸을 반성한다는 것이다.

睽는 小事는 吉하리라

初九 悔亡하니 喪馬하고 勿逐하여도 自復이니 見惡人하면 无咎
　　리라

九二 遇主于巷하면 无咎리라

六三 見輿曳하고 其牛掣며 其人이 天且劓니 无初하고 有終이리라

九四 睽孤하여 遇元夫하여 交孚니 厲하나 無咎리라

六五 悔亡하니 厥宗이 噬膚면 往에 何咎요

上九 睽孤하여 見豕負塗와 載鬼一車라 先張之弧라가 後說之弧하
　　여 匪寇라 婚媾니 往遇雨하면 則吉하리라

규(睽)는 작은 일이면 괜찮으리라.

〔초구(初九)〕 뉘우침이 없어지리라. 말을 잃어도 좇아가지 말라. 스스로 돌
　　아오리라. 악인(惡人)을 보면 허물이 없으리라.

〔구이(九二)〕 골목에서 임금을 만난다. 허물이 없으리라.

〔육삼(六三)〕 수레가 끌려가는 것을 본다. 그 소가 제지를 당한다. 그 사람
　　　　　이 머리를 깎고, 또 코가 베어지는 모습을 볼 것이다. 처음 시
　　　　　작은 없고 끝만 있으리라.
〔구사(九四)〕 서로 의견이 어긋나서 외롭다. 훌륭한 사람을 만나 서로 성실
　　　　　함이 있다. 위태하나 허물이 없으리라.
〔육오(六五)〕 뉘우침이 없어지리라. 그 종족들이 친근히 지낸다. 어디를 간
　　　　　들 허물이 있으랴.
〔상구(上九)〕 서로 엇갈리어 외롭다. 돼지가 등에 진흙을 진 것과 귀신을
　　　　　수레에 가득 실음을 본다. 먼저는 활을 당겼으나 나중에는 활
　　　　　을 벗겨 놓는다. 침공하려는 것이 아니라 혼인을 청하는 것이
　　　　　다. 가다가 비를 만나면 길할 것이다.

| 彖辭 |

睽는 火動而上하고 澤動而下하며 二女同居하나 其志不同行하
니라 說而麗乎明하고 柔進而上行하여 得中而應乎剛이라 是以小
事吉이니라 天地睽而其事同也며 男女睽而其志通也며 萬物이 睽
而其事類也니 睽之時用이 大矣哉라

규괘(睽卦)는 불이 움직여 올라가고, 못이 움직여서 내려온 것이다. 두
여인이 함께 있으나 그 뜻은 길을 함께 하지 아니하는 것이다. 기뻐서 밝은
것에 친하고 유하게 진출하여 올라가며, 가운데 자리를 얻어 강한 것에 응
한다. 이런 까닭으로 작은 일을 하려 함은 길하다. 천지는 서로 어긋나지

만 그 일이 같고, 남녀는 서로 어긋나지만 그 뜻이 통하며, 만물은 서로 어긋나지만 그 일이 같으므로, 규(睽)의 시간과 효용성(效用性)은 크도다!

| 象辭 |

上火下澤이 睽이니 君子以하여 同而異하나니라 見惡人은 以辟咎也라 遇主于巷이 未失道也라 見輿曳는 位不當也요 无初有終은 遇剛也리라 交孚无咎는 志行也리라 厥宗噬膚는 往有慶也리라 遇雨之吉은 羣疑亡也라

위에는 불이 있고 아래는 못이 있는 것이 규괘(睽卦)다. 군자는 이것을 본떠서 같으면서도 다르다. '악인을 본다' 함은 허물을 피하려는 것이다. '임금을 골목에서 만난다' 함은 아직도 도를 잃지 않는다는 것이다. '그 수레가 끌리는 것을 본다' 함은 자리가 마땅치 않기 때문이라는 것이요, '처음은 없고 나중은 있다' 함은 강한 것을 만났다는 것이다. '서로 성실하면 허물이 없다' 함은 뜻을 실행할 수 없기 때문인 것이다. '그 종족들이 살을 서로 합하듯이 친근히 지낸다' 함은 가서 경사가 있다는 것이다. '비를 만나면 길하다' 함은 모든 의심이 없어졌기 때문이다.

蹇은 利西南하고 不利東北하며 利見大人하니 貞이면 吉하리라

初六 往하면 蹇하고 來하면 譽리라

六二 王臣蹇蹇이 匪躬之故라

九三 往하면 蹇하고 來하면 反하리라

六四 往하면 蹇하고 來하면 連하리라

九五 大蹇에 朋來로다

上六 往하면 蹇하고 來하면 碩이라 吉하리니 利見大人하니라

건(蹇)은 서남쪽으로 가면 이롭고, 동북쪽으로 가면 이롭지 못하다. 대인 (大人)을 만나 보는 것은 이로우니, 마음이 곧고 바르면 길하리라.

〔초육(初六)〕 가면 험하고, 오면 명예가 있을 것이다.

〔육이(六二)〕 왕의 신하가 고생을 한다. 자기 몸을 위해서 하는 것은 아니다.

〔구삼(九三)〕 앞으로 가면 험하고, 되돌아온다면 편하다.

〔육사(六四)〕 가면 험하고, 오면 동지들이 있다.

〔구오(九五)〕 크게 험난하지만, 벗이 오리라.

〔상육(上六)〕 앞으로 가면 험난하고, 돌아오면 큰 공이 있다. 좋으리라. 대
인(大人)을 만나 보는 것이 이로우리라.

| 彖辭 |

蹇은 難也니 險在前也니 見險而能止하니 知矣哉라 蹇利西南
은 往得中也요 不利東北은 其道窮也요 利見大人은 往有功也요 當
位貞吉은 以正邦也니 蹇之時用이 大矣哉라

어려운 것이 건괘(蹇卦)다. 매우 험한 것이 있다. 위험한 것을 보고 능
히 그치니 지혜롭다. 건괘에서 서남쪽이 이롭다고 하는 것은, 곧 앞으로 나
가면 가운데 자리를 얻는다는 뜻이요, 동북쪽이 이롭지 못하다고 한 것은
그 길이 궁하기 때문이다. 대인(大人)을 만나 보는 것이 이롭다고 한 것은
가면 공(功)이 있다는 뜻이요, 제자리에서 마음이 곧고 바르면 좋다고 한
것은 그것으로 말미암아 나라를 바로잡는다는 뜻이다. 건(蹇)의 시기와 효
용(效用)은 크도다!

| 象辭 |

山上有水 蹇이니 君子以하여 反身脩德하나니라 往蹇來譽는
宜待也니라 王臣蹇蹇은 終无尤也라 往蹇來反은 內喜之也일세라
往蹇來連은 位當實也일세라 大蹇朋來는 以中節也라 往蹇來碩은

志在內也요 利見大人은 以從貴也라

　　건(蹇)은 산 위에 물이 있는 것이다. 군자는 이것을 본받아 몸을 반성하고 덕을 닦는 것이다. '가면 험하고 오면 기림이 있으리라' 함은 당연히 때를 기다려야 한다는 것이다. '임금과 신하가 고생한다' 함은 끝내 허물이 없으리라는 뜻이다. '가면 험하고 오면 편안하다' 함은 그것을 기뻐하기 때문이다. '가면 험하고 오면 연결된다' 함은 맡은 바 직무에 충실하기 때문이며 '큰 어려움을 당하는 친구가 온다' 함은 중도(中道)의 절도를 지키기 때문이다. '가면 어려움을 당하고 오면 커진다' 함은 뜻이 안에 있기 때문이다. '위대한 사람을 보는 것이 이롭다' 함은 그렇게 함으로써 귀함을 따른다는 것이다.

解는 利西南하니 无所往이라 其來復이 吉하니 有攸往이어든 夙하면 吉하리라

初六 无咎하니라

九二 田獲三狐하여 得黃矢니 貞하여 吉하도다

六三 負且乘이라 致寇至니 貞이라도 吝이리라

九四 解而拇면 朋至하여 斯孚리라

六五 君子維有解면 吉하니 有孚于小人이리라

上六 公用射隼于高墉之上하여 獲之니 无不利로다

해(解)는 서남쪽이 이롭다. 갈 데가 없으면 되돌아오는 것이니, 길할 것이다. 갈 데가 있으면 빨리 가야 좋으리라.

〔초육(初六)〕 허물이 없으리라.

〔구이(九二)〕 사냥에서 세 마리의 여우를 잡아 구리 화살을 얻었다. 마음을 곧고 바르게 가지면 길하리라.

〔육삼(六三)〕 짐을 지고 수레를 탔다. 마음이 바르고 곧더라도 부끄러움을
당하리라.

〔구사(九四)〕 너의 엄지발가락을 풀라. 친구가 이르러서 성실하게 대할 것
이다.

〔육오(六五)〕 군자만이 험난에서 해방된다. 길하리라. 소인에게 있어서는
증험이 있을 것이다.

〔상육(上六)〕 공작(公爵) 벼슬 하는 사람이 높은 성 위에서 매를 쏘아서 잡
았으니, 이롭지 않음이 없으리라.

| 彖辭 |

解는 險以動이니 動而免乎險이 解라 解利西南은 往得衆也요
其來復吉은 乃得中也요 有攸往夙吉은 往有功也라 天地解而雷雨
作하고 雷雨作而百果草木이 皆甲拆하니라 解之時 大矣哉라

해괘(解卦)는 험난한 곳으로 움직이는 것이다. 움직이어 험한 데서 벗
어나는 것을 풀린다고 한다. 해괘(解卦)에 서남쪽이 이롭다고 한 것은 가
면 무리를 얻기 때문이요, 그것이 되돌아오면 좋다고 한 것은 바로 가운
데 자리를 얻었기 때문이다. 갈 데가 있으면 빨리 하는 것이 좋다고 한 것
은 가면 공이 있다는 것이다. 천지가 풀려 우뢰와 비가 일어나니 온갖 과실
과 초목이 모두 껍질이 터지고 새싹이 돋는다. 해의 시기란 참으로 크기도
하다.

雷雨作이 解니 君子以하여 赦過宥罪하나니라 剛柔之際라 義
无咎也니라 九二貞吉은 得中道也일세라 負且乘은 亦可醜也며 自
我致戎이어니 又誰咎也리요 解而拇는 未當位也일세라 君子有解
는 小人의 退也라 公用射隼은 以解悖也라

우뢰와 비가 일어나는 것이 해이다. 군자는 그것으로 허물을 용서해
주고 죄를 가볍게 한다. 강한 것과 유한 것이 교제하는 것이니, 의리가 마
땅하기 때문에 허물이 없다. 구이(九二)가 '곧고 바르고 좋다' 함은 중도를
얻었기 때문인 것이다. '짐을 지고 또 탄다' 함은 역시 추악스럽다는 것이
요, 나 스스로 도둑을 불러 이르게 했으니 또 누구를 탓하겠느냐? '엄지발
가락을 풀어 놓는다' 함은 아직 자리가 마땅치 못함을 뜻한 것이다. '군자
만이 해방된다' 함은 소인이 물러간다는 것이며, '공작 벼슬을 하는 사람
이 새매를 쏜다' 함은 사나운 것을 제거한다는 것이다.

損은 有孚면 元吉하고 无咎하여 可貞이라 利有攸往하니 曷之用이
리요 二簋可用享이니라

初九 已事어든 遄往이라가 无咎리니 酌損之니라

九二 利貞하고 征이면 凶하니 弗損이라야 益之리라

六三 三人行엔 則損一人하고 一人行엔 則得其友로다

六四 損其疾하되 使遄이면 有喜하여 无咎리라

六五 或益之면 十朋之라 龜도 弗克違하리니 元吉하니라

上九 弗損하고 益之면 无咎하고 貞吉하니 利有攸往이니 得臣이
　　 無家리라

손(損)은 성실함이 있으면 크게 길하다. 허물이 없으리라. 마음이 바르고
곧아야 한다. 갈 데가 있는 것이 이롭다. 어떻게 이것을 쓴단 말이요? 두 그
릇이면 제사를 지낼 수 있다.

〔초구(初九)〕 일을 그만두고 빨리 간다. 허물이 없으리라. 정도를 참작해서

이것을 던다.

〔구이(九二)〕 마음을 곧고 바르게 해야 이롭다. 가면 나쁘다. 덜지는 않고
    더해준다.

〔육삼(六三)〕 세 사람이 가면 한 사람을 잃고, 한 사람이 가면 벗을 잃는다.

〔육사(六四)〕 그 질병을 덜게 하는 것은 빠를수록 기쁨이 있다. 허물이 없
    으리라.

〔육오(六五)〕 이것이 유익하게 되는지 모른다. 거북점이라도 어긋날 수 없
    다. 크게 좋으리라.

〔상구(上九)〕 덜지 않고 더해주면, 허물이 없으리라. 마음을 곧고 바르게
    가지면 길하고, 갈 데가 있는 것이 이롭고 신하는 얻고 집은
    없다.

| 彖辭 |

損은 損下益上하여 其道上行이니 損而有孚면 元吉 无咎 可貞
利有攸往이니 曷之用 二簋可用享은 二簋應有時며 損剛益柔有時
니 損益盈虛를 與時偕行이라

손괘(損卦)는 아래를 덜어서 위를 보태는 것이기 때문에 그 도(道)는 위
로 행(行)하는 것이다. 아랫사람을 손해 보게 하고 윗사람을 유익케 함에
있어서는 성실함이 있으면 크게 좋고 허물이 없다. 마음을 곧고 바르게 해
야 한다. 갈 데가 있으면 이롭다. 어떻게 그러한 것을 쓰겠느냐? 대나무로
만든 두 개의 제기를 사용하여 제향(祭享)을 지낼 수 있다 함은 그 두 개의

제기가 당연히 때가 있어야만 하고 강한 것을 덜어서 유한 것을 보태는 것
이 시의에 맞춰 행한다는 것이다. 손익과 영허(盈虛)를 모두 시의에 맞춰서
행할 것이다.

山下有澤이 損이니 君子以하여 懲忿窒欲하나니라 已事遄往은
尙合志也일세라 九二利貞은 中以爲志也라 一人行은 三이면 則疑
也리라 損其疾하니 亦可喜也로다 六五元吉은 自上祐也라 弗損益
之는 大得志也라

산 아래 있는 것이 손괘(損卦)다. 군자는 이 괘상을 보고 성냄을 징계하
고, 욕심을 억제한다. '일을 그만두고 빨리 간다' 함은 윗사람과 뜻이 합
한다는 것이다. 구이(九二)는 '곧고 바르면 이롭다' 함은 중용(中庸)에 뜻
을 두기 때문인 것이다. '한 사람이 가는 것이다' 함은 셋이면 의심한다는
것이며, '그 질병을 덜어 버린다' 함은 역시 기뻐할 만하다는 것이다. 육
오(六五)가 '크게 좋다' 함은 하늘이 돕기 때문이라는 것이요, '손해보지
않고 유익하게 한다' 함은 대단히 큰 뜻을 얻는 것이다.

益은 利有攸往하며 利涉大川하니라

初九 利用爲大作이니 元吉이라야 无咎리라

六二 或益之면 十朋之龜도 弗克違나 永貞이면 吉하니 王用享于帝
　　라도 吉하리라

六三 益之用凶事엔 无咎어니와 有孚中行이라야 告公用圭리라

六四 中行이면 告公從하리니 利用爲依면 遷國이니라

九五 有孚惠心이라 勿問하여도 元吉하니 有孚하여 惠我德하리라

上九 莫益之라 或擊之리니 立心勿恒이니 凶하니라

익(益)은 갈 곳이 유익한 일이요, 큰 내를 건너는 것이 유익한 일이다.

〔초구(初九)〕 큰 일을 하는 것이 이롭다. 크게 길하고 허물이 없으리라.

〔육이(六二)〕 누군가 밖으로부터 와서 도운다. 큰 거북점의 징조(徵兆)라도
　　어긋나지 아니할 것이다. 길이 마음이 곧으며 길할 것이다.
　　왕께서 천제(天帝)께 제사를 지내면 좋으리라.

〔육삼(六三)〕 그를 나쁜 일로 유익하게 한다. 허물이 없을 것이다. 중용의
길에 성실함이 있어야만 하고 홀을 가지고 공후(公侯)에게 말
을 이른다.

〔육사(六四)〕 중용의 도를 행하고 공후(公侯)에게 일러서 따르게 한다. 진
(晉)나라와 정(鄭)나라에 의지하여 나라를 옮긴다.

〔구오(九五)〕 성심으로 은혜를 베풀려는 마음을 가진다. 묻지 않아도 크게
좋으리라. 성실함이 있고 나의 덕을 고맙게 여긴다.

〔상구(上九)〕 그를 유익하게 하지 말라. 그를 쳐야만 할지도 모른다. 마음
을 세우는 것이 항구치 못하면 흉할 것이다.

| 彖辭 |

益은 損上益下하니 民說无疆이요 自上下下하니 其道大光이라
利有攸往은 中正有慶이요 利涉大川은 木道乃行이라 益은 動而巽
하여 日進无疆하며 天施地生하여 其益이 无方하니 凡益之道 與時
偕行하나니라

익괘(益卦)는 윗사람을 덜어 아랫사람을 더해주는 것이기 때문인지라
백성이 한없이 기뻐한다. 위에서 아래로 내려오니, 그 도(道)가 크게 빛날
것이다. 갈 데가 있으므로 이롭다고 한 것은 중정(中正)의 자리에 있기 때
문에 경사가 있다는 것이요, 큰 냇물을 건너는 것이 이롭다고 한 것은 목
(木)의 도(道)가 바로 행한다는 것이다.

익괘(益卦)는 움직임이 이 이치에 따라서 날마다 한없이 나아간다. 하

늘은 베풀고 땅은 낳으니 그 유익됨이 한정된 장소가 없다.

무릇 익괘(益卦)의 도(道)는 때에 맞추어 행하여지는 것이다.

| 象辭 |

風雷 益이니 君子以하여 見善則遷하고 有過則改하나니라 元吉无咎는
下不厚事也일세라 或益之는 自外來也라 益用凶事는 固有之也일세라 告
公從은 以益志也라 有孚惠心이라 勿問之矣며 惠我德大得志也라 莫益之
는 偏辭也요 或擊之는 自外來也라

바람과 우뢰로 된 것이 익괘(益卦)다. 군자는 이를 본받아서 선(善)을 보
면 행하고, 허물이 있으면 고친다. '크게 좋아서 허물이 없다' 함은 아랫
사람이 허물을 감당하지 못한다는 것이다. '보람이 있을지도 모른다' 함
은 밖에서 온다는 것이다. '유익한 것을 나쁜 데 쓴다' 함은 본래 이것이
있다는 것이며, '공후(公侯)에게 일러서 따르게 한다' 함은 백성들을 유익
하게 해줄 뜻이 있다는 것이다. '성실하고 고마운 마음을 가진다. 묻지 않
아도 크게 좋다. 나의 덕을 고맙게 여긴다' 함은 크게 뜻을 얻는다는 것이
다. '그를 더해주지 않는다' 함은 편벽한 말이라는 것이요, '그를 쳐야 할
는지도 모른다' 함은 외부로부터 온다는 것이다.

夬는 揚于王庭이니 孚號有厲니라 告自邑이요 不利即戎이며 利有
攸往하니라

初九 壯于前趾니 往不勝이면 爲咎리라

九二 惕號니 莫夜에 有戎이라도 勿恤이로다

九三 壯于頄하여 有凶하고 君子는 夬夬라 獨行遇雨니 若濡有慍
　　이면 无咎리라

九四 臀无膚며 其行次且니 牽羊하면 悔亡하련마는 聞言하여도 不
　　信하리로다

九五 莧陸夬夬면 中行에 无咎니라

上六 无號니 終有凶하니라

쾌(夬)는 임금의 조정에서 (소인의 잘못을) 선양하는 것이다. 성심을 다해서
부르짖으니 위태로움이 있다. 먼저 자기 고을의 사람들에게 말을 이른다.
함부로 무력을 사용하는 것은 이롭지 못하다. 갈 데가 있는 것이 이롭다.

〔초구(初九)〕 앞으로 나아가는 데 씩씩하게 전진한다. 가서 이기지 못하면
　　　　　허물이 된다.

〔구이(九二)〕 두려워서 부르짖는다. 한밤중에 전쟁이 있어도 근심하지 말라.

〔구삼(九三)〕 조급한 용기가 광대뼈 위에 가득 찼으니, 나쁜 일이 있으리
　　　　　라. 군자는 과단성이 있다. 혼자 가다가 비를 만나니, 젖은 듯
　　　　　하여 노여운 기색이 있을지라도 허물이 없으리라.

〔구사(九四)〕 볼기에 살이 없다. 그 가는 모습이 더디다. 양을 끌고 가면 뉘
　　　　　우침이 없어지리라. 말을 들어도 믿지 않을 것이다.

〔구오(九五)〕 가리공은 부러지기 쉬운 풀이다. 중도(中道)의 길을 밟으면
　　　　　허물이 없으리라.

〔상육(上六)〕 부르짖음이 없다. 마침내 나쁜 일이 있을 것이다.

| **彖辭** |

夬는 決也니 剛決 柔也니 健而說하고 決而和하니라 揚于王庭
은 柔乘五剛也요 孚號有厲는 其危乃光也요 告自邑 不利即戎은 所
尙이 乃窮也요 利有攸往은 剛長乃終也리라

쾌(夬)는 결단하는 것이다. 강(剛)이 유(柔)를 결단하는 것이다. 건실하
게 나가고 사람을 기쁘게 하며 결단케 하나 부드럽게 한다. 왕의 마당에서
선양(宣揚)한다는 것은 유한 것이 다섯 개의 강한 것을 탔기 때문이요, 성
심을 다하여 부르짖으니 위태하다는 것은 그 위태로움이 바로 빛난다는
것이다. 먼저 자기 고을에 고하고 함부로 전쟁을 일으키지 않고 하는 것은

숭상하는 것이 바로 다한 것이요, 갈 데가 있기 때문에 이롭다고 한 것은
강의 뻗어남이 여기서 끝난다는 것이다.

| 象辭 |

澤上於天이 夬니 君子以하여 施祿及下하며 居德則忌하나니라
不勝而往이 咎也라 有戎勿恤은 得中 道也일세라 君子는 夬夬라
終无咎也니라 其行次且는 位不當也요 聞言不信은 聰不明也라 中
行无咎나 中未光也라 无號之凶은 終不可長也니라

못이 하늘 위에 오르는 것이 쾌괘(夬卦)다. 군자는 이를 본받아서 녹(祿)
을 베풀어 아랫사람에게 미친다. 그러나 이것을 덕으로 자처하는 것은 꺼
린다. '이기지 못할 것을 간다' 함은 허물이 된다는 것이며, '전쟁이 있을
지라도 근심함이 없다' 함은 중도(中道)를 얻었다는 것이다. '군자는 과단
성이 있다' 함은 마침내 허물이 없다는 것이다. '그 가는 모습이 더디다'
함은 자리가 마땅치 못하다는 것이요, '말을 들어도 믿지 않는다' 함은 귀
가 밝지 못하기 때문인 것이다. '중도의 길을 밟으면 허물이 없다' 함은
중용의 도(道)가 아직 빛나지 않는다는 것이다. '부르짖음이 없는 흉함이
다' 함은 마침내 길게 갈 수 없다는 것이다.

姤는 女壯이니 勿用取女니라

初六 繫于金柅면 貞이 吉하고 有攸往이면 見凶하리니 羸豕孚蹢躅
하니라

九二 包有魚면 无咎하리니 不利賓하니라

九三 臀无膚나 其行은 次且하니 厲하면 无大咎리라

九四 包无魚니 起凶하리라

九五 以杞包瓜니 含章이면 有隕自天이리라

上九 姤其角이라 吝하니 无咎니라

구(姤)는 만난다는 뜻이다. 여자가 아주 기운이 억세다. 그런 여자를 얻지
말라.

〔초육(初六)〕 금니에 매여 있다. 마음이 곧고 바르면 좋고, 갈 데가 있으면
　　　　　　　나쁜 일을 만나게 되리라. 여윈 돼지가 깡총깡총 뛴다.

〔구이(九二)〕 부엌에 생선이 있다. 허물이 없을 것이다. 손님 대접하기에는

이롭지 못하다.

〔구삼(九三)〕 볼기에 살이 없다. 그 가는 모습이 더디다. 위태하나 큰 허물
은 없으리라.

〔구사(九四)〕 부엌에 생선이 없다. 나쁜 일이 일어나리라.

〔구오(九五)〕 산버들로 참외를 싼다. 아름다운 맛을 지니고 있다면, 하늘에
서 떨어져 얻을 것이 있으리라.

〔상구(上九)〕 그 뿔에서 만나게 된다. 부끄럽지만 허물이 없을 것이다.

| 彖辭 |

姤는 遇也니 柔遇剛也라 勿用取女는 不可與長也일세라 天地
相遇하니 品物이 咸章也요 剛遇中正하니 天下에 大行也니 姤之時
義 大矣哉라

구괘(姤卦)는 만난다는 것이다. 유한 것이 강한 것을 만난다는 것이다.
그런 여자에게 장가들지 말라 함은 평생 같이 살 수 없기 때문이다. 하늘
과 땅이 서로 만나니, 만물이 모두 빛난다. 강한 것이 중정(中正)의 덕으로
만나니, 천하가 크게 행하여진다. 구괘(姤卦)의 시의와 의의는 위대하기도
하다.

| 象辭 |

天下有風이 姤后以하여 施命 誥四方하니라 繫于金柅는 柔道

牽也일세라 包有魚는 義不及賓也라 其行次且는 行未牽也라 无魚
之凶은 遠民也일세라 九五含章은 中正也요 有隕自天은 志不舍命
也일세라 姤其角上窮吝也라

　　바람이 하늘 아래 이는 것이 구괘(姤卦)다. 임금은 이를 본받아서 명령
을 내려 사방의 백성들에게 알려준다. '금니에 매여 있다' 함은 유한 도
(道)가 견제되는 것이다. '부엌에 생선 한 마리가 있다' 함은 그것이 손님
에게까지 미치지 못한다는 뜻이다. '그 가는 모습이 더디다' 함은 가는 것
을 아직 끌지 못한다는 것이다. '생선이 없으니 나쁘다' 함은 백성들로부
터 멀어지게 된다는 것이다. 구오(九五)가 '아름다운 맛을 지니고 있다' 함
은 중정(中正)의 덕이 있음을 말하는 것이다. 하늘에서 도우니 뜻은 항상
천명을 저버리지 말아야 한다. '그 뿔에서 만나게 된다' 함은 위에서 곤궁
하니 부끄럽다는 것이다.

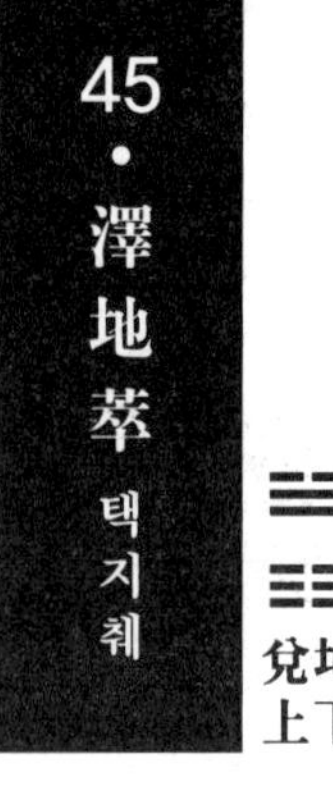

萃는 亨 王假有廟니 利見大人하니 亨하니 利貞하니라 用大牲이
吉하니 利有攸往하니라

初六 有孚나 不終이면 乃亂乃萃할새 若號하면 一握爲笑하리니 勿
恤하고 往하면 无咎리라

六二 引하면 吉하여 无咎하리니 孚乃利用禴이리라

六三 萃如嗟如라 无攸利하니 往하면 无咎어니와 小吝하니라

九四 大吉이라야 无咎리라

九五 萃有位하고 无咎하나 匪孚어든 元永貞이면 悔亡하리라

上六 齎咨涕洟니 无咎니라

췌(萃)는 제향(祭享)을 올림이다. 왕이 사당(祠堂)을 갖는다. 대인(大人)을
보는 것이 이롭다. 모든 일이 형통하나 마음을 곧고 바르게 가져야 이롭
다. 큰 제물을 사용하면 길하고 갈 데가 있는 것이 이롭다.

〔초육(初六)〕 성실함이 있겠으나 온전히 하지 못한다. 어지럽기도 하고 모

이기도 한다. 부르짖는 듯하다. 한 번 손을 움켜쥐고 웃는다. 근심하지 말라. 가면 허물이 없으리라.

〔육이(六二)〕 이끌어주면 허물이 없으리라. 성실함이 있으면 간소하게 제사를 지내도 좋다.

〔육삼(六三)〕 제사에 쓸 짐승을 잡는 듯하고, 탄식하는 듯하다. 이로울 것이 없다. 가면 허물은 없지만 조금 부끄러우리라.

〔구사(九四)〕 크게 좋아서 허물이 없으리라.

〔구오(九五)〕 여러 사람을 모이게 해서 임금의 지위가 있다. 허물이 없으리라. 성실함이니 크게 영원히 좋으리라. 뉘우침이 없어지리라.

〔상육(上六)〕 한숨을 짓고 눈물을 흘린다. 허물이 없으리라.

| 彖辭 |

萃는 聚也니 順以說하고 剛中而應이라 故로 聚也니라 王假有廟는 致孝享也요 利見大人亨은 聚以正也일세요 用大牲吉 利有攸往은 順天命也니 觀其所聚 而天地萬物之情으로 可見矣리라

췌(萃)는 모이는 것이다. 순함으로 기뻐하고 강한 것이 가운데서 응한다. 그러므로 모인다. 왕이 사당(祠堂)을 가지게 되었다 함은 효성을 다하여 제사에 임한다는 것이다. 대인(大人)을 만나 보는 것이 이롭다 함은 정도(正道)로써 모이기 때문이다. 큰 희생물(犧牲物)을 사용하면 좋으니 갈 데가 있어 이롭다 함은 천명을 따른다는 것이다. 그 모이는 것을 관찰하면 천

지만물의 뜻을 볼 수 있다는 것이다.

澤上於地 萃니 君子以하여 除戎器하여 戒不虞하나니라 乃亂
乃萃는 其志亂也일세라 引吉无咎는 中하여 未變也일세라 往无咎
는 上이 巽也일세라 大吉无咎는 位不當也일세라 萃有位는 志未光
也일세라 齎咨涕洟는 未安上也라

못이 땅에 있는 것이 췌괘(萃卦)다. 군자는 이를 본받아 병기(兵器)를 수
선하여 뜻하지 않은 일을 대비 경계한다. '바로 어지럽고 모이기도 한다'
함은 그 뜻이 어지럽다는 것이다. '이끌어 주면 길하고 허물이 없다' 함은
가운데서 아직 변하지 않는다는 것이다. '가서 허물이 없다' 함은 윗사람
이 유순하게 받아들인다는 것이다. '크게 길하고 허물이 없다' 함은 자리
가 마땅치 않다는 것이다. '모이게 해서 지위에 있다' 함은 뜻이 아직 빛
나지 않는다는 것이다. '슬퍼서 탄식하고 눈물을 흘린다' 함은 아직 윗자
리가 편안치 못하기 때문인 것이다.

升은 元亨하니 用見大人하되 勿恤하고 南征하면 吉하리라

初六 允升이니 大吉하니라

九二 孚乃利用禴이니 无咎리라

九三 升虛邑이로다

六四 王用亨于岐山이면 吉하고 无咎하리라

六五 貞이라야 吉하리니 升階로다

上六 冥升이니 利于不息之貞하니라

승(升)은 크게 통하니, 대인(大人)을 만나본다. 조금도 근심하지 말고 남쪽을 치면 좋으리라.

〔초육(初六)〕 성실한 마음으로 제사를 올린다. 크게 길할 것이다.

〔구이(九二)〕 성실함이 있으면 간소하게 제사를 지내도 허물이 없으리라.

〔구삼(九三)〕 신(神)이 없는 빈 고을에 제사를 지낸다.

〔육사(六四)〕 왕이 기산에서 제사를 올린다. 길하고 허물이 없으리라.

〔육오(六五)〕곧고 바른 마음을 가지면 행복하리라. 섬돌에서 제사를 지
    낸다.
〔상육(上六)〕어두운 제사다. 쉬지 아니하는 곧고 바른 마음을 가지면 이
    롭다.

| 彖辭 |

柔以時升하여 巽而順하고 剛中而應이라 是以大亨하니라 用見
大人勿恤은 有慶也요 南征吉은 志行也라

　유(柔)의 기상이 때에 올라오고 겸손하고 순하면서 강하여 가운데 자
리에서 응한다. 이런 까닭으로 크게 형통한다. 그러므로 대인(大人)을 만나
보아도 걱정하지 말라 함은 경사가 있다는 말이다.

| 象辭 |

地中生木이 升이니 君子以하여 順德하여 積小以高大하나니라
允升大吉은 上合志也라 九二之孚는 有喜也라 升虛邑은 无所疑也
라 王用亨于岐山은 順事也라 貞吉升階는 大得志也리라 冥升在上
하니 消不富也라

　나무가 땅 속에서 나는 것이 승괘(升卦)다. 군자는 이를 본떠서 덕에 따
라서 작은 것을 쌓아 높고 크게 만든다. '성실한 마음으로 제사를 올리는

것이니, 크게 좋다' 함은 위(九二)와 뜻이 합한다는 것이다. 구이(九二)의 '성실함이다' 함은 기쁨이 있다는 것이다. '빈 고을에 제사를 올린다' 함은 아무것도 걸릴 것이 없다는 것이다. '왕이 기산(岐山)에서 제사를 올린다' 함은 도리에 순종하는 일이라는 것이다. '마음을 곧고 바르게 가지어 행복되리라. 섬돌에서 제사를 지낸다' 함은 크게 뜻을 얻었다는 말이다. '어두운 제사' 라 함은 위에서 소모가 있을 뿐 부(富)하지 않다는 것이다.

困은 亨하고 貞하니 大人이라 吉하고 无咎하니 有言이면 不信하리라

初六 臀困于株木이라 入于幽谷하여 三歲라도 不覿이로다

九二 困于酒食이나 朱紱方來하리니 利用享祀니 征이면 凶하니 无咎니라

六三 困于石하며 據于蒺藜라 入于其宮이라도 不見其妻니 凶하도다

九四 來徐徐는 困于金車일새 吝하나 有終이리라

九五 劓刖이니 困于赤紱하나 乃徐有說하리니 利用祭祀니라

上六 困于葛藟라 于臲卼니 曰動悔라 하여 有悔면 征하여 吉하리라

곤(困)은 형통하다. 마음을 곧고 바르게 가져야 한다. 대인(大人)이니, 좋아서 허물이 없으리라. 말이 있어도 믿어주지 아니한다.

〔초육(初六)〕 나무 등걸에 궁둥이가 걸려 괴로움을 당한다. 깊은 골짜기로 들어가서 삼(三)년 동안 사람을 보지 못하리라.

〔구이(九二)〕 술과 밥을 먹기에 괴로움을 당한다. 주홍빛 인끈을 찬 임금이 바야흐로 오려고 한다. 제사를 지내면 이로울 것이다.

〔육삼(六三)〕 돌에 차이어 곤란하고, 질려풀에 몸을 의지한다. 그 궁에 들어간다 해도 그 아내를 볼 수 없으니 나쁘도다.

〔구사(九四)〕 천천히 온다. 쇠수레에 곤란을 당한다. 부끄러움을 당하나 끝이 있으리라.

〔구오(九五)〕 코를 베고 다리를 잘라서 붉은 인끈을 찬 신하에게 곤란을 당하지만, 바로 서서히 기쁨이 있으리니, 제사지냄이 이롭다.

〔상육(上六)〕 칡덩굴이 위태로운 곳에서 어려움을 받는다. 움직이면 뉘우친다고 한다. 뉘우침이 있다면 가서 길하리라.

| 彖辭 |

困은 剛揜也니 險以說하여 困而不失其所亨하니 其唯君子乎인저 貞大人吉은 以剛中也요 有言不信은 尙口乃窮也라

곤괘(困卦)는 강한 것에 가리어져 있는 상(象)이다. 험하여도 기뻐하고, 곤궁하여도 그 형통한 것을 잃지 않는 것은 그 오직 군자로다! 마음이 곧고 바르니 대인(大人)이 길하다 함은, 강하고 가운데 자리이기 때문이다. 말이 있으나 믿어주지 않는다 함은 입으로만 숭상하여도 바로 막힌다는 것이다.

澤无水 困이니 君子以하여 致命遂志하나니라 入于幽谷은 幽
不明也라 困于酒食은 中有慶也라 據于蒺藜는 乘剛也일세라 入于
其宮 不見其妻는 不祥也라 來徐徐는 志在下也니 雖不當位나 有與
也니라 劓刖은 志未得也요 乃徐有說은 以中直也요 利用祭祀는 受
福也리라 困于葛藟는 未當也요 動悔有悔는 吉行也라

물이 못에 없는 것이 곤괘(困卦)다. 군자는 이것으로써 자기의 목숨을
바쳐 뜻을 이루려 한다. '깊은 골짜기에 들어간다' 함은 어두워서 밝지 못
하다는 것이다. '술과 밥을 먹기에 곤란하다' 함은 강중(剛中)의 덕이 있어
경사가 있다는 것이다. '질려풀에 의지한다' 함은 강한 것을 탄한다는 것
이다. '그 궁(宮)에 들어가도 그 아내를 보지 못한다' 함은 상서롭지 못하
다는 것이다. '천천히 온다' 함은 뜻이 아래에 있다는 것이니, 비록 마땅
한 자리가 아니나 함께 할 사람이 있다는 것이다. '코를 베고 다리를 자른
다' 함은 뜻을 얻지 못하였다는 것이요, 바로 서서히 기쁨이 있다' 함은 곧
은 마음으로 한다는 것이요, '제사를 지내는 것이 이롭다' 함은 복을 받는
다는 것이다. '칡덩굴이 위태한 곳에서 괴로움을 받는다' 함은 아직 자리
가 부당하다는 것이요. '움직이면 뉘우치리라 하여 뉘우침이 있다' 함은
가는 것이 좋다는 것이다.

井은 改邑하되 不改井이니 无喪无得하며 往來井井하나니 汔至 亦
未繘井이니 羸其瓶이면 凶하니라
初六 井泥不食이라 舊井에 无禽이로다
九二 井谷이라 射鮒요 甕敝漏로다
九三 井渫不食하여 爲我心惻하여 可用汲이니 王明하면 並受其福
　　하리라
六四 井甃면 无咎리라
九五 井洌 寒泉食이로다
上六 井收勿幕고 有孚라 元吉이니라

정(井)은 고을(邑)을 고치되 우물을 고치지 않는 것이다. 잃은 것도 없고 얻
는 것도 없다. 가고오고 하는 사람이 모두 우물을 우물로 쓴다. 두레박이
거의 우물 수면에 이르렀을 때 미처 줄을 다 펴지 못해서 두레박을 깨뜨린
다. 두레박이 깨지면 나쁘리라.

〔초육(初六)〕 우물의 물이 흐리므로 마시지 못한다. 옛 우물에는 새가 없다.

〔구이(九二)〕 우물의 물이 골짜기에 흘러서 붕어에게 부어 줄 뿐이다. 큰
두레박도 깨져서 물이 샌다.

〔구삼(九三)〕 우물물이 맑아도 먹지 못한다. 나의 마음이 슬프다. 물을 퍼
낼 만하다. 임금이 총명하시면 함께 그 복을 받으실 것이다.

〔육사(六四)〕 우물에 돌을 쌓아올린다. 허물이 없으리라.

〔구오(九五)〕 우물이 맑다. 차가운 샘물을 먹는다.

〔상육(上六)〕 우물물을 길어 낸다. 덮지 말라. 성실함이 있으면 크게 좋으
리라.

| 彖辭 |

巽乎水而上水井이니 井은 養而不窮也하니라 改邑不改井은 乃
以剛中也요 汔至亦未繘井은 未有功也요 羸其瓶이라 是以凶也라

물 속에 두레박을 넣어서 물을 올리는 것이 우물이다. 우물은 사람을
길러도 궁진함이 없는 것이다. ‘고을(邑)을 고치면서도 우물을 고치지 않
는다’ 함은 바로 강중(剛中)이기 때문이다. 거의 우물 수면에 이르렀어도
아직 우물물을 긷지 않음은 아직 공이 없다는 것이요, 또 그 두레박을 깨침
으로 인하여 나쁘리라.

| 象辭 |

木上有水 井이니 君子以하여 勞民勸相하나니라 井泥不食은 下也일세라 舊井无禽은 時舍也라 井谷射鮒는 无與也일세라 井渫不食은 行을 惻也요 求王明은 受福也라 井甃无咎는 脩井也일세라 寒泉之食은 中正也일세라 元吉在上이 大成也라

물이 나무 위에 있는 것이 정괘(井卦)다. 군자는 이것을 본받아서 백성을 수고롭게 하여 돕는 것을 권한다. '우물이 흐려서 마시지 못한다' 함은 아래에 있기 때문이란 것이다. '옛 우물에 새가 없다' 함은 그때에 버려진 것이다. '우물물이 골짜기에 흘러서 붕어에 부어준다' 함은 위에서 응해주는 사람이 없다는 것이다. '우물을 치더라도 먹지 못한다' 함은 길 가는 사람을 측은이 여긴다는 것이요, '왕이 총명하기를 구한다' 함은 복을 받으려는 것이다. '우물에 돌을 쌓아올리면 허물이 없다' 함은 가운데 자리가 정당하다는 것이다. '크게 좋다' 함은 위에서 크게 이루어진다는 것이다.

革은 己日이라야 乃孚하리니 元亨하고 利貞하여 悔亡하니라

初九 鞏用黃牛之革이니라

六二 己日이어야 乃革之니 征이면 吉하여 无咎하리라

九三 征이면 凶하니 貞厲할지니 革言이 三就면 有孚리라

九四 悔亡하니 有孚면 改命하여 吉하리라

九五 大人이 虎變이니 未占에 有孚니라

上六 君子는 豹變이요 小人은 革面이니 征이면 凶하고 居貞이면
　　吉하리라

혁(革)은 기일(己日)이 되어야만 비로소 성실하다. 크게 통하므로 마음을 곧고 바르게 가져야 이롭고 뉘우침이 없어지리라.

〔초구(初九)〕 누른 소의 가죽을 굳게 사용한다.

〔육이(六二)〕 기일(己日)에 가서야 혁명을 일으킨다. 정벌하러 가면 좋으리라. 허물이 없으리라.

〔구삼(九三)〕 정벌하러 가면 흉하다. 마음을 곧고 바르게 가져도 위태하다.
　　　　　그렇지만 혁명을 일으켜야 한다는 말이 세 번이나 일치된다
　　　　　면 성실함이 있을 것이다.
〔구사(九四)〕 뉘우침이 없어진다. 성실함이 있으면 혁명을 일으켜도 좋으
　　　　　리라.
〔구오(九五)〕 대인(大人)이 범처럼 변한다. 점을 치기도 전에 성실함이 있다.
〔상육(上六)〕 군자가 표범처럼 변한다. 소인(小人)이 안색을 고친다. 가면
　　　　　흉하고 바른 데 있으면 길할 것이다.

| 彖辭 |

革은 水火相息하며 二女同居하되 其志不相得이 曰革이라 己
日乃孚는 革而信之라 文明以說하여 大亨以正하니 革而當할새 其
悔乃亡하니라 天地革而四時成하며 湯武革命하여 順乎天而應乎
人하니 革之時 大矣哉라

물과 불이 서로 쉬고 두 여자가 같이 있어도 그 뜻을 서로 얻지 못하는
것을 혁(革)이라 한다. 기일(己日)에 비로소 성실하다는 것은, 개혁을 함으
로써 그를 믿게 한다는 뜻이다. 문명(文明)함으로 인하여 백성들이 기뻐하
게 하여 크게 형통함으로 바로잡으니, 혁명을 정정당당하게 일으킬 때 그
뉘우침이 바로 없어진다.

천지가 변하여 사시가 이루어지고 탕무(湯武)가 혁명을 일으키어 하늘
에 따르고 사람에게 응하니, 변혁의 시의(時議)는 위대하기도 하다.

| **象辭** |

澤中有火 革이니 君子以하여 治歷明時하나니라 鞏用黃牛는
不可以有爲也일세라 己日革之는 行有佳也라 革言三就어니 又何
之矣리요 改命之吉은 信志也일세라 大人虎變은 其文炳也라 君子
豹變은 其文이 蔚也요 小人革面은 順以從君也라

못 속에 불이 있는 것이 혁(革)이다. 군자는 이를 본받아 역법(歷法)을
다스렸으며 계절의 추이를 밝힌다. '공고히 하되 누른 황소의 가죽을 사용
한다' 함은 할 일이 있을 수 없다는 것이다. '기일(己日)에 가서야 비로소
혁명을 일으킨다' 함은 행하는 데 아름다운 경사가 있다는 것이며, '혁명
을 일으켜야 한다는 말이 세 번 성취한다' 함은 또 어디를 가겠느냐 하는
것이다. '혁명을 일으키면 길하다' 함은 뜻을 믿는다는 것이다. '대인이
범같이 변한다' 함은 그 문채(文采)가 빛난다는 것이며, '군자가 표범같이
변한다' 함은 그 문채(文采)가 진한 빛이라는 것이요, '소인이 안색을 고친
다' 함은 순종해서 임금을 쫓는다는 것이다.

鼎은 元吉 亨하니라

初六 鼎이 顚趾나 利出否하니 得妾하면 以其子 无咎리라

九二 鼎有實이나 我仇有疾하니 不我能이면 卽吉하리라

九三 鼎耳革하여 其行이 塞하여 雉膏를 不食하나 方雨하여 虧悔
終吉이리라

九四 鼎이 折足하며 覆公餗하니 其形이 渥이라 凶하도다

六五 鼎黃耳 金鉉이니 利貞하니라

上九 鼎玉鉉이니 大吉하여 无不利니라

정(鼎)은 크게 길하고 형통하리라.

〔초육(初六)〕솥발을 뒤집어 놓는다. 나쁜 것을 빼놓으면 이롭다. 첩을 얻
어 아들을 낳는다면 허물이 없으리라.

〔구이(九二)〕솥에 실물이 있다. 내 원수가 나쁜 질병이 있어서 내게 가까
이 할 수 없게 한다면 길하리라.

〔구삼(九三)〕솥귀가 떨어졌다. 그 행위가 막힌다. 꿩의 고기가 맛은 있으
　　　　나 먹지 못한다. 바야흐로 비가 오려 한다. 뉘우침이 없어져
　　　　마침내는 좋으리라.
〔구사(九四)〕솥의 다리가 부러진다. 임금의 진찬(珍饌)을 엎지르게 되니,
　　　　그 형벌이 중하다. 흉하리라.
〔육오(六五)〕솥의 누런 귀는 구리로 만든 솥귀이다. 마음을 곧고 바르게
　　　　가져야 이롭다.
〔상구(上九)〕솥에 옥으로 만든 귀가 있다. 크게 길하고 이롭지 않음이 없
　　　　으리라.

| 彖辭 |

鼎은 象也니 以木巽火 亨飪也니 聖人이 亨하여 以享上帝하고
而大亨하여 以養聖賢하니라 巽而耳目이 聰明하며 柔進而上行하
고 得中而應乎剛이라 是以元亨하니라

정괘(鼎卦)는 솥의 형상이다. 나무를 불에 넣어 음식을 삶기도 하고 익
힌다. 성인이 음식을 삶아서 천제(天帝)께 제사를 드리고 많은 물건을 삶아
서 성현을 기른다. 순종하여 귀와 눈이 총명하고 유(柔)하게 나아가 올라가
고 중(中)을 얻어서 강한 것에 응한다. 그러므로 크게 형통하는 것이다.

| **象辭** |

木上有火 鼎이니 君子以하여 正位하여 凝命하나니라 鼎顚趾
는 未悖也요 利出否는 以從貴也라 鼎有實은 愼所之也니 我仇有疾
은 終无尤也리라 鼎耳革은 失其義也일세라 覆公餗하니 信如何也
오 鼎黃耳는 中以爲實也라 玉鉉在上은 剛柔節也일세라

불이 나무 위에 있는 것이 정괘(鼎卦)이다. 군자는 이것으로써 자리를
바로잡고 하늘의 명을 수행한다. '솥발이 엎어진다' 함은 반드시 도리에
어긋나지 않는다는 것이다. '솥에 실물이 있다' 함은 가는 것을 삼간다는
것이요, '내 원수가 질병이 있다' 함은 마침내 허물이 없을 것이다. '솥귀
가 변혁된다' 함은 그 의의를 상실했다는 것이다. '임금의 진찬(珍饌)을 엎
지른다' 함은 신의가 어떠하냐 하는 것이다. '솥의 누런 귀라' 함은 가운
데 자리로 실덕(實德)을 삼는다는 것이다. '옥으로 만든 솥귀가 위에 있다'
함은 강한 것과 유한 것이 모두 조절되었다는 것이다.

震은 亨하니 震來에 虩虩이면 笑言이 啞啞리니 震驚百里에 不喪
匕鬯하나니라

初九 震來虩虩이라야 後에 笑言啞啞이리니 吉하리라

六二 震來厲라 億喪貝하여 躋于九陵이니 勿逐하면 七日得하리라

六三 震蘇蘇니 震行하면 无眚하리라

九四 震이 遂泥라

六五 震이 往來厲하니 意하여 无喪有事니라

上六 震이 索索하여 視矍矍이니 征이면 凶하니 震不于其躬이요
　　　于其隣이면 无咎리니 婚媾는 有言이리라

진(震)은 형통한다. 우뢰소리가 진동하니 두려워한다. 웃는 소리가 '아아'
한다. 천둥소리가 백 리까지 놀라게 해도 칼과 술을 놓지 않는다.
〔초구(初九)〕 우뢰소리가 진동해 올 때 두려워한 뒤라야 웃는 소리가 '아
　　　　　아' 하게 된다.

〔육이(六二)〕 우뢰소리가 진동하니 위태롭다. 재산을 잃고 지극히 높은 언덕 위에 올라간다. 좇아가지 말라. 이레만에 다시 얻으리라.

〔육삼(六三)〕 우뢰소리가 진동하니 무서워서 떤다. 그대로 두려워하며 나아가면 재앙이 없으리라.

〔구사(九四)〕 천둥소리가 드디어 가라앉는다.

〔육오(六五)〕 진동하는 우뢰소리가 가고 오니 위태하다. 생각해 본다면, 가지고 있는 일을 잃어버리지 않을 것이다.

〔상육(上六)〕 우뢰소리가 계속하여 끊어지지 않으니 이것을 놀라는 얼굴로 본다. 앞으로 나가면 흉할 것이다. 천둥소리를 그 몸에서 느끼지 말고, 이웃을 거울 삼는다면 허물이 없으리라. 혼인을 구하면 말이 있을 것이다.

| 彖辭 |

震은 亨하니 震來虩虩은 恐致福也요 笑言啞啞는 後有則也라
震驚百里는 驚遠而懼邇也니 出可以守宗 廟社稷하여 以爲祭主也
리라

진괘(震卦)는 형통하는 상(象)이다. 천둥 칠 때에 놀라는 것은 두려워하여 복을 받는다는 것이요, 웃는 소리가 '아아' 한다 함은 천둥 뒤에 법칙이 있다는 것이다. 천둥소리가 백리(百里) 밖에까지 놀라게 한다 함은 먼 데 있는 사람이 놀래고, 가까운 데 있는 사람이 두려워한다는 것이다. 비창(匕鬯)을 잃지 않는 자는 나아가서 종묘사직을 지켜야만 제주(祭主)가 될 수 있

을 것이다.

洊雷 震이니 君子以하여 恐懼脩省하나니라 震來虩虩은 恐致福也요 笑言啞啞는 後有則也라 震來厲는 乘剛也일세라 震蘇蘇는 位不當也일세라 震遂泥는 未光也로다 震往來厲는 危行也요 其事在中하니 大无喪也니라 震索索은 中未得也일세라 雖凶无咎는 畏鄰戒也일세라

거듭 천둥치는 것이 진괘(震卦)다. 군자는 이것으로써 두려워하여 몸을 닦고 반성한다. ‘우뢰소리가 진동해 온다’ 함은 두려워하나 복이 이른다는 것이요, ‘웃는 말소리가 아아 한다’ 함은 그런 뒤에야 법도가 있다는 것이다. ‘천둥이 칠 때 위태롭다’ 함은 강한 것을 탔다는 것이다. ‘우뢰소리가 진동하니, 무서워 넋을 잃는다’ 함은 지위가 부당하다는 것이다. ‘진동하는 우뢰소리가 드디어 가라앉게 된다’ 함은 아직 빛나지 않는다는 것이다. ‘진동하는 우뢰소리가 가고 오니 위태하다’ 함은 가는 것이 위태하다는 것이요, 그 일이 가운데 있으니, 크게 잃어버리는 일이 없다는 것이다. ‘우뢰소리가 계속되어 끊어지지 않는다’ 함은 중도(中道)를 얻지 못한다는 것이요, ‘비록 나쁘나 허물이 없다’ 함은 이웃의 경계를 두려워하기 때문이다.

艮其背면 不獲其身하며 行其庭하여도 不見其人하여 无咎리라

初六 艮其趾라 无咎하니 利永貞하니라

六二 艮其腓니 不拯其隨라 其心不快로다

九三 艮其限이라 列其夤이니 厲薰心이로다

六四 艮其身이니 无咎니라

六五 艮其輔라 言有序니 悔亡하니라

上九 敦艮이니 吉하니라

그 등에 머물러서 그 몸을 얻지 못한다. 뜰로 나가서 걷더라도 그 사람을
보지 못한다. 허물됨이 없으리라.

〔초육(初六)〕 몸의 힘이 그 발가락에 머물러 있다. 허물이 없으리라. 길이
　　　　　곧은 마음을 가지면 이롭다.

〔육이(六二)〕 몸의 힘이 그 종아리에 머물러 있다. 구원하지 못하고 그대로
　　　　　따른다. 그 마음이 유쾌하지 못하리라.

〔구삼(九三)〕 몸의 힘이 허리에 머물러 있다. 그 등마루 뼈를 못 쓰게 하는
　　　　　　 것과 같다. 위태하여 마음을 태운다.

〔육사(六四)〕 힘이 몸에 머물러 있다. 허물이 없을 것이다.

〔육오(六五)〕 힘이 볼에 머물러 있다. 말에 순서가 있어 뉘우침이 없어지
　　　　　　 리라.

〔상구(上九)〕 힘이 돈독(敦篤)하게 머물러 있으니 길하리라.

| 彖辭 |

艮은 止也니 時止則止하고 時行則行하여 動靜不失其時 其道
光明이니 艮其止는 止其所也일세라 上下敵應하여 不相與也일세
是以不獲其身 行其庭 不見其人 无咎也라

간(艮)은 그치는 것이다. 때가 그쳐야 할 때면 그치고, 때가 갈 만하면
가니, 때를 잃지 아니하여 그 도(道)가 빛날 것이다. 그쳐야 할 때에 그치는
것은 그치는 것이 제자리를 얻는 것이다. 아래와 위가 대적으로 대응하여
서로 함께 하지 않는다. 그러므로 그 몸을 얻지 못하고 그 뜰에 다니어도
그 사람을 만나지 못함은 허물이 없는 것이다.

| 象辭 |

兼山이 艮이니 君子以하여 思不出其位하나니라 艮其趾는 未
失正也라 不拯其隨는 未退聽也일세라 艮其限이라 危薰心也라 艮

其身은 止諸躬也라 艮其輔는 以中으로 正也라 敦艮之吉은 以厚終
也일세라

산이 겹쳐진 것이 간(艮)이다. 군자는 이것을 본떠서 생각하여 제 위치
에서 벗어나지 아니한다. '그 몸의 힘이 발가락에서 머문다' 함은 아직 바
른 것을 잃지 않았다는 것이며, '그 발가락을 들지 못한다' 함은 물러가서
아직 듣지 못한다는 것이다. '몸의 힘이 허리에 머물러 있다' 함은 위험스
럽기 때문인지라 마음을 태운다는 것이며, '힘이 몸에 머물러 있다' 함은
몸의 힘이 자기 자신에게 그치고 있다는 것이다. '힘이 볼에 머물러 있다'
함은 중도(中道)로 바로잡는다는 것이다. '힘이 돈독하게 머물러 있는 것
이니 좋다' 함은 그 끝나는 것을 후(厚)하게 하기 때문이다.

漸은 女歸吉하여 利貞이니라

初六 鴻漸于干이니 小子厲하여 有言이나 无咎니라

六二 鴻漸于磐이라 飲食이 衎衎하니 吉하니라

九三 鴻漸于陸이니 夫征이면 不復하고 婦孕이라도 不育하여 凶하 니 利禦寇하니라

六四 鴻漸于木이니 或得其桷이면 无咎리라

九五 鴻漸于陵이니 婦三歲를 不孕하니 終莫之勝이라 吉하리라

上九 鴻漸于陸이니 其羽可用爲儀니 吉하니라

점괘(漸卦)는 여자가 시집감에 있어 길한 것이니 좋다. 마음이 곧고 바르면 이롭다.

〔초육(初六)〕 기러기가 물가로 날아간다. 어린아이가 위태롭다. 말은 있으나 허물이 없으리라.

〔육이(六二)〕 기러기가 반석 위로 날아간다. 즐거운 모습으로 음식을 먹고

마시니 길하리라.

〔구삼(九三)〕 기러기가 뭍으로 날아간다. 남편이 정벌하러 가서 돌아오지 못하리라. 또 아내가 아이를 배도 기르지 못하리라. 흉하다. 도둑을 막는 것이 이롭다.

〔육사(六四)〕 기러기가 나무 위로 날아간다. 혹 편안한 나뭇가지를 얻으면 허물이 없으리라.

〔구오(九五)〕 기러기가 언덕 위로 날아간다. 아내가 삼 년(三年) 동안 잉태하지 못한다. 마침내는 이것을 이길 수 없다. 행복하리라.

〔상구(上九)〕 기러기가 하늘로 날아간다. 그 깃은 의식 때에 쓸 수 있을 것이다. 길하다.

| 彖辭 |

漸之進也 女歸의 吉也라 進得位하니 往有功也요 進以正하니 可以正邦也니 其位는 剛得中也라 止而巽할새 動不窮也라

점괘(漸卦)는 나아간다는 것이다. 여자가 시집감에 있어 좋으리라. 나아가면 바른 지위가 있으니 가면 공이 있겠다. 나아감에 바른 길로써 하니, 나라를 바로잡을 수 있다. 그 자리는 강(剛)으로써 중(中)을 얻는 것이다. 머물러서 순종하니, 움직임에 궁함이 없을 것이다.

山上有木이 漸이니 君子以하여 居賢德하여 善俗하나니라 小
子之厲나 義无咎也니라 飮食衎衎은 不素飽也라 夫征不復은 離羣
하여 醜也요 婦孕不育은 失其道也요 利用禦寇는 順相保也라 或得
其桷은 順以巽也일세라 終莫之勝吉은 得所願也라 其羽可用爲儀
吉은 不可亂也일세라

산 위에 나무가 있는 것이 점괘(漸卦)이다. 군자는 이를 본받아 현명한
덕을 쌓으므로 인하여 풍속을 바르게 한다. '어린아이가 위태롭다' 함은
옳은 일에 허물이 없다는 것이며, '화락한 모습으로 먹고 마신다' 함은 한
갓 배불리려 하지 않는다는 것이다. '남편이 정벌하러 가서 돌아오지 않
는다' 함은 군거(群居)생활을 떠나 살게 되므로 추(醜)한 일이라는 것이요,
'아내가 아이를 배도 기르지 못하리라' 함은 그 정도(正道)를 잃었다는 뜻
이요, '도둑을 막는 것이 이롭다' 함은 이치에 순종해서 서로 보전한다는
것이다. '혹 그 편안한 나뭇가지를 얻을지도 모른다' 함은 유순한 태도로
따른다는 것이다. '마침내 이것을 이길 수 없어 행복하다' 함은 소원을 얻
을 수 있다는 것이다. '그 깃을 의식(儀式)에 사용할 수 있어 좋다' 함은 그
뜻을 어지럽힐 수 없다는 것이다.

歸妹는 征하면 凶하니 无攸利하니라

初九 歸妹以娣니 跛能履라 征이면 吉하리라

九二 眇能視니 利幽人之貞하니라

六三 歸妹以須니 反歸以娣니라

九四 歸妹愆期니 遲歸有時니라

六五 帝乙歸妹니 其君之袂 不如其娣之袂良하니 月幾望이면 吉하
　　　리라

上六 女承筐无實이라 士刲羊无血이니 无攸利하니라

귀매(歸妹)는 가면 흉하다. 이로울 것이 없을 것이다.

〔초구(初九)〕 누이동생을 시집보냄에 있어 첩(妾)을 딸려 보낸다. 절름발이
　　　　　　가 신을 신을 수 있다. 가면 좋을 것이다.

〔구이(九二)〕 애꾸눈으로 물건을 보는 것이다. 숨어 사는 사람의 마음이 곧

고 발라야 이롭다.

〔육삼(六三)〕 누이동생 시집보냄을 기다리고 있다. 돌아와 첩과 함께 시집
을 보낸다.

〔구사(九四)〕 누이동생 시집보낼 시기를 늦춘다. 늦게 시집을 보내는 것은
때가 있어서이다.

〔육오(六五)〕 제을(帝乙)이 누이동생을 시집보낸다. 그 아가씨의 옷소매가
그 첩의 옷소매만큼 좋지 않다. 달이 거의 보름에 가깝다.

〔상육(上六)〕 여자의 시집가는 광주리에 실지가 없고, 신랑이 양(羊)을 찔
렀으나 피가 없다. 이로움이 없을 것이다.

| 彖辭 |

歸妹는 天地之大義也니 天地不交而萬物이 不興하나니 歸妹는
人之終始也라 說以動하여 所歸妹也니 征凶은 位不當也요 无攸利
는 柔乘剛也일세라

귀매괘(歸妹卦)는 천지의 큰 의리이다. 천지가 교접하지 않는다면 만물
이 일어날 수 없으리라. 여자가 시집을 가는 것은 사람의 종시(終始)인 것
이다. 기뻐함으로 움직이는 것이니 시집가는 소녀이다. 가면 나쁘다고 한
것은 지위가 부당함이요, 이로울 것이 없다고 한 것은 유한 것이 강한 것을
탔기 때문이다.

澤上有雷 歸妹니 君子以하여 永終知敝하나니라 歸妹以娣는 以恒也요 跛能履吉은 相承也일세라 利幽人之貞은 未變常也라 歸妹以須는 未當也일세라 愆期之志는 有待而行也라 帝乙歸妹 不如其娣之袂良也는 其位在中하여 以貴行也라 上六无實은 承虛筐也라

우뢰가 못 위에 있는 것이 귀매괘(歸妹卦)다. 군자는 이로써 끝마침을 영원히 하여 낡아지는 물건을 안다. '누이동생을 시집보냄에 있어 첩을 딸려 보낸다' 함은 덕(德)이 있게 항구히 살게 하기 위함이란 것이요, '절름발이가 신을 신을 수 있어 좋다' 함은 뜻을 서로 이어받는다는 것이다. '숨어 사는 사람의 마음이 곧고 발라야 이롭다' 함은 아직 상도(常道)를 변치 않았기 때문인 것이다. '누이동생을 시집보냄에 있어 기다리고 있다' 함은 마땅하지가 않기 때문이다. '누이동생 시집보낼 시기를 늦춘다' 함은 마땅한 사람을 기다리라는 뜻이 있어서이다. '은나라의 임금 제을(帝乙)이 누이동생을 시집보낸다. 그 아가씨의 옷소매가 첩의 옷소매만큼 훌륭하지 못하다' 함은 중용(中庸)의 덕이 있어서 고귀하게 행한다는 것이다. 상육(上六)에서 '실물이 없다' 함은 빈 광주리를 이어받았기 때문이다.

豊은 亨하나 王이 假之하나니 勿憂할젠 宜日中이니라

初九 遇其配主하되 雖旬이나 无咎하니 往하면 有尙이니라

六二 豊其蔀라 日中見斗니 往하면 得疑疾하리니 有孚發若하면 吉하리라

九三 豊其沛라 日中見沫이요 折其右肱이니 无咎니라

九四 豊其蔀라 日中見斗니 遇其夷主하면 吉하리라

六五 來章이면 有慶譽하여 吉하리라

上六 豊其屋하고 蔀其家라 闚其戶하니 闃其无人하여 三歲라도 不覿로소니 凶하니라

풍(豊)은 형통한다. 왕자(王者)만이 이에 이를 수 있다. 근심하지 말라. 중천(中天)에 떠오르면 마땅할 것이다.

〔초구(初九)〕 그 배합(配合)되는 임금을 만난다. 비록 같더라도 허물이 없으리라. 가면 높임을 받음이 있을 것이다.

〔육이(六二)〕 그 가리는 것을 충성하게 한다. 해 가운데서 북두성(北斗星)을 본다. 가면 의심과 미움을 얻을 것이다. 성의를 다해서 마음을 열어준다면 길하다.

〔구삼(九三)〕 가시덤불이 무성하다. 해 가운데서 작은 별을 본다. 그 바른 팔을 꺾는다. 허물이 없을 것이다.

〔구사(九四)〕 그 가시덤불이 무성하다. 해 속에서 북두(北斗)를 본다. 그 오랑캐 임금을 만나면 좋을 것이다.

〔육오(六五)〕 아름다운 덕이 있는 사람을 오게 하면 경사와 예찬이 있을 터이니 길하다.

〔상육(上六)〕 그 집을 풍성하게 하고 그 집을 가리운다. 또한 그 문을 엿보니 적적해서 사람이 없다. 삼(三) 년이 되어도 보이지 않는다. 흉하다.

| 彖辭 |

豐은 大也니 明以動이라 故로 豐이니 王假之는 尙大也요 勿憂宜日中은 宜照天下也라 日中則昃하며 月盈則食하나니 天地盈虛도 與時消息이온대 而況於人乎며 況於鬼神乎여

풍(豊)은 성대(盛大)한 상(象)이다. 밝음으로써 움직인다. 그렇기 때문에 성대하다 한다. 왕자가 이러한 경지에 이른다는 것은 큰 것을 숭상한다는 것이다. 근심하지 말라. 해가 하늘 가운데에 오르게 되면 마땅하다는 것은, 천하에 당연하게 비쳐야 한다는 것이다. 해가 하늘 가운데에 오르게

되면 기울어지고 달이 차면 이지러진다. 천지도 또한 차고 비며 때와 함께 자라고 사라지거든, 하물며 사람에게 있어서며 귀신에게 있어서랴?

雷電皆至 豐이니 君子以하여 折獄致刑하나니라 雖旬无咎니 過旬災也리라 有孚發若은 信以發志也라 豐其沛라 不可大事也요 折其右肱이라 終不可用也라 豐其蔀는 位不當也일세라 日中見斗 는 幽不明也일세요 遇其夷主는 吉行也라 六五之吉은 有慶也라 豐 其屋은 天際翔也요 闚其戶 闃其无人은 自藏也라

우뢰와 번개가 모두 이르는 것이 풍괘(豐卦)다. 군자는 이것으로써 옥사(獄事)를 판단하여 형벌을 진행한다. '비록 같다 하더라도 허물이 없으리라' 함은 같은 것에서 지나치면 재앙이 있으리란 것이다. '성의를 다해서 마음을 열어준다' 함은 믿음으로 뜻을 분발케 한다는 것이다. '가시덤불이 무성하다' 함은 큰 일을 함에 있어서는 불가하다는 것이요, '그 바른 팔을 꺾는다' 함은 끝내 쓸 수 없다는 것이다. '가시덤불이 무성하다' 함은 자리가 부당하다는 것이다. '해 속에서 북두(北斗)를 본다' 함은 어두워서 밝지 않다는 것이다. 육오(六五)가 '좋다' 함은 경사가 있다는 것이다. '그 집을 풍부하게 한다' 함은 하늘가에 날아가는 것처럼 한다 함이요, '그 문을 엿보니 지적해서 사람이 없다' 함은 스스로 몸을 감추는 것이다.

학명(鶴鳴)[3]

鶴鳴于九皐　고요의 구덕이 학 울음처럼
학명우구고

聲聞于野　그 소리 들판 가득 퍼지고
성문우야

魚潛在淵　연못 깊은 곳 물고기
어잠재연

或在于渚　때로 기슭에 노니네.
혹재우저

樂彼之園　즐거울 사 저 동산에는
낙피지원

爰有樹檀　박달나무 솟아 있어도
원유수단

其下維蘀　그 밑에 낙엽만 수북해.
기하유탁

他山之石　다른 산의 돌이라도
타산지석

可以爲錯　구슬 가는 숫돌은 되는 걸.
가이위착

---

3) 『詩經』.〈학명(鶴鳴)〉은 은나라 때의 현자가 지은 시이다. 은나라의 현자가 구덕지행(九德之行)과 오륜(五倫)과 오형제도(五刑制度)를 밝혀 사람들의 품성을 바로 잡았던 순제 시대의 고요를 상고하며 주역 뇌화풍(雷火豐)의 상(象)을 보고 지은 시이다.

鶴鳴于九皐　고요의 구덕이 학 울음처럼
학명우구고

聲聞于天　그 소리 하늘 높이 퍼지고
성문우천

魚在于渚　기슭에 노니는 고기
어재우저

或潛在淵　때로 연못 깊이 숨네.
혹잠재연

樂彼之園　즐거울사 저 동산에는
낙피지원

爰有樹檀　박달나무 솟아 있어도
원유수단

其何維穀　그 밑에 닥나무만 자라고
기하유곡

他山之石　다른 산의 돌이라도
타산지석

可以攻玉　숫돌 삼아 구슬은 갈거늘.
가이공옥

旅는 小亨하고 旅貞하여 吉하니라

初六 旅瑣瑣니 斯其所取災니라

六二 旅卽次하여 懷其資하고 得童僕貞이로다

九三 旅焚其次하고 喪其童僕貞이니 厲하니라

九四 旅于處하고 得其資斧하나 我心은 不快로다

六五 射雉一矢亡이라 終以譽名이리라

上九 鳥焚其巢니 旅人이 先笑後號咷라 喪牛于易이니 凶하니라

려(旅)는 조금 통하는 것이다. 나그네가 마음을 곧고 바르게 가지면 좋을
것이다.

〔초육(初六)〕 여행할 때에 사사로운 일에 구속되면 이런 것이 그 재앙을 불
러오는 까닭이 된다.

〔육이(六二)〕 여행을 하는 도중에 숙소(宿所)에 들어간다. 그 여비를 가지
고 있다. 정직한 아이 종을 얻을 것이다.

〔구삼(九三)〕 여행하다 들어간 그의 숙소가 불타버린다. 정직한 어린 종을 잃었다. 위태롭다.

〔구사(九四)〕 여행하다가 한 곳에 처해 있다. 그 여비와 도끼를 얻었으나 내 마음이 불쾌하다.

〔육오(六五)〕 화살 한 개를 꿩을 쏘다가 잃어버린다. 마침내는 그것으로 말미암아 예찬(譽讚)과 복록(福祿)이 있으리라.

〔상구(上九)〕 새가 그 깃을 불사른다. 나그네가 우선 웃고 나중에 부르짖는다. 소를 역(易) 땅에서 잃어버리리라.

| 彖辭 |

旅小亨은 柔得中乎外 而順乎剛하고 止而麗乎明이라 是以小亨 旅貞吉也니 旅之時義大矣哉라

여(旅)는 조금 형통한다. 유한 것이 중(中)을 밖으로부터 얻어 강한 것에 순종하고 머무르면서 밝은 것에 붙는다는 것이다. 그러므로 조금 통한다.

여괘(旅卦)는 마음이 곧고 바르면 좋다.

여괘(旅卦)의 시의(時義)는 참으로 큰 것이다.

| 象辭 |

山上有火 旅니 君子以하여 明愼用刑하며 而不留獄하나니라

旅瑣瑣는 志窮하여 災也라 得童僕貞은 終无尤也리라 旅焚其次하니 亦以傷矣요 以旅與下하니 其義喪也라 旅于處는 未得位也요 得其資斧는 心未快也라 終以譽命은 上逮也일세라 以旅在上은 其義焚也요 喪牛于易하니 終莫之聞也로다

불이 산 위에 있는 것이 여괘(旅卦)다. 군자는 이것으로써 밝히 삼가서 형벌을 사용하였으며, 옥사를 남겨두지 않는다. '여행할 때에 사사로운 일에 구속된다' 함은 뜻이 궁하여 재앙을 받는다는 것이며, '아이 종의 정직함을 얻는다' 함은 마침내 허물이 없다는 것이다. '여행하다가 들어간 그의 숙소가 불타버린다' 함은 역시 상심할 일이라는 것이요, 아랫사람과 함께 여행을 하는 것은 그 의리를 잃는다는 것이다. '여행하다가 한 곳에 처해 있다' 함은 아직 자리를 얻지 못하였다는 것이니, 그 여비와 도끼를 얻었으나 아직 기분이 좋지 못하다는 것이다. '마침내 명예와 작명이 있으리라' 함은 위에서 준다는 것이다. 여괘(旅卦)에서 윗자리에 있으니, 그 의리가 집을 불사른다는 것이요, 소를 역(易) 땅에서 잃었으니 끝내는 소식을 듣지 못한다는 것이다.

巽은 小亨하니 利有攸往하여 利見大人하니라

初六 進退니 利武人之貞이니라

九二 巽在牀下니 用史巫紛若하면 吉하고 无咎리라

九三 頻巽이니 吝하니라

六四 悔亡하니 田獲三品이로다

九五 貞이면 吉하여 悔亡며 无不利니 无初有終이라 先庚三日하며
　　　後庚三日하여 吉하리라

上九 巽在牀下하여 喪其資斧니 貞에 凶하니라

손(巽)은 좀 형통한다. 갈 데가 있는 것이 이롭다. 대인(大人)을 보면 이로
울 것이다.

〔초육(初六)〕 앞으로 나아가려 하기도 하고, 뒤로 물러나오려 하기도 한다.
　　　　　　무인의 곧음이 이롭다.

〔구이(九二)〕 제사(祭祀) 상 아래에서 무꾸리한다. 사관(史官)과 무당을 많

이 사용한다. 좋아서 허물이 없으리라.

〔구삼(九三)〕 자주 무꾸리한다. 부끄러우리라.

〔육사(六四)〕 뉘우침이 없으리라. 새 사냥을 하러 가서 세 가지 물건을 잡아왔다.

〔구오(九五)〕 마음을 곧고 바르게 가지면 좋아서 뉘우침이 없어지며 이롭지 않음이 없다. 처음엔 없으나 나중엔 있다. 경일(庚日)보다 앞선 것이 삼(三)일간이며 또한 뒤선 것이 삼(三)일간이다. 길하다.

〔상구(上九)〕 상 밑에서 무꾸리한다. 그 예리한 도끼를 잃었다. 마음이 바르고 곧아도 흉할 것이다.

| 彖辭 |

重巽으로 以申命하나니 剛이 巽乎中正而志行하며 柔皆順乎剛이라 是以小亨하니 利有攸往하며 利見大人하니라

손(巽)을 거듭하는 것은 명령을 반복한다는 것이다. 강한 것이 중정(中正)의 자리에서 유순하여 뜻이 행하여지고, 유한 것이 모두 강한 것에 따른다. 그렇기 때문에 조금 형통한 것이다. 갈 데가 있어 이롭고, 대인(大人)을 보면 이롭다는 것이다.

隨風이 巽이니 君子以하여 申命行事하나니라 進退는 志疑也
요 利武人之貞은 志治也라 紛若之吉은 得中也일세라 頻巽之吝은
志窮也라 田獲三品은 有功也라 九五之吉은 位正中也일세라 巽在
牀下는 上窮也요 喪其資斧는 正乎아 凶也라

바람이 바람을 따르는 것이 손(巽)이다. 군자는 이것을 본떠서 명령을
거듭하여 일을 행하고자 한다. '앞으로 나아가려 하기도 하고, 뒤로 물러
나오려 하기도 한다' 함은 뜻을 의심한다는 것이요, '마음이 곧고 바른 무
인(武人)이 이롭다' 함은 뜻이 다스려지기 때문이다. '많이 사용하여 좋
다' 함은 중도(中道)를 얻었다는 것이다. '자주 무꾸리하여 부끄럽다' 함
은 뜻이 곤궁하다는 것이며, '사냥을 하러 가서 세 가지 물건을 잡아왔다'
함은 공이 있다는 것이다. 구오(九五)가 '좋다' 함은 자리가 바르고 중정
(中正)의 위치에 있음을 말한 것이다. '상 밑에서 무꾸리한다' 함은 상위
(上位)에 곤궁하다는 것이요, '그 가지고 있는 도끼를 잃었다' 함은 바르지
않으니 나쁘리라 하는 것이다.

兌는 亨하니 利貞하니라

初九 和兌니 吉하니라

九二 孚兌니 吉하고 悔亡하니라

六三 來兌니 凶하니라

九四 商兌未寧이니 介疾이면 有喜리라

九五 孚于剝이면 有厲리라

上六 引兌라

태(兌)는 형통하는 일이다. 곧고 바른 마음을 가져야 이롭다.

〔초구(初九)〕화목해서 기쁘게 한다. 좋으리라.

〔구이(九二)〕성실해서 기쁘게 한다. 뉘우침이 없으리라.

〔육삼(六三)〕기쁘게 하니 나쁘리라.

〔구사(九四)〕헤아려서 기쁘게 한다. 아직 편안하지 못하다. 지조가 있어,
　　　　　　미워하면 기쁘리라.

〔구오(九五)〕 박해(剝害)하는 자를 믿는다면 위태로움이 있을 것이다.

〔상육(上六)〕 끌어당기어 기쁘게 한다.

| 彖辭 |

兌는 說也니 剛中而柔外하여 說以利貞이라 是以順乎天而應乎
人하여 說以先民하면 民忘其勞하고 說以犯難하면 民忘其死하나
니 說之大 民勸矣哉라

태괘(兌卦)는 기뻐하는 상(象)이다. 강한 것은 중(中)을 얻고, 유한 것은
밖에 있다. 기뻐함으로 마음을 곧고 바르게 가지면 이롭다. 이 까닭으로
하늘에 순종하고 사람에게 응한다. 기쁜 마음으로 백성에게 먼저 하게 한
다면 백성이 그 노고를 잊고 기쁜 마음으로 어려운 일을 범하여 백성이 그
죽음을 잊는다. 기뻐함의 커다람이란 백성들이 권장한다.

| 象辭 |

麗澤이 兌니 君子以하여 朋友講習하나니라 和兌之吉은 行未
疑也일세라 孚兌之吉은 信志也일세라 來兌之凶은 位不當也일세
라 九四之喜는 有慶也라 孚于剝은 位正當也일세라 上六引兌는 未
光也라

두 못이 연해 있는 것이 태괘(兌卦)다. 군자는 이것으로써 벗을 모아 강

론하고 익힌다. '화목해서 기쁘게 하는 것이니 좋다' 함은 행하는 바가 아
직 의심스럽지 않다는 것이다. '성실해서 기쁘게 하니 좋다' 함은 뜻을 정
성스럽게 한다는 것이다. '와서 기쁘게 하니 나쁘다' 함은 자리가 마땅치
않다는 것이다. 구사(九四)가 '기쁘다' 함은 경사가 있다는 것이다. '박해
하는 자를 믿는다' 함은 자리가 정당하다는 것이다. 상육(上六)이 '끌어당
기어 기쁘게 한다' 함은 아직 빛나지 못한다는 것이다.

渙은 亨하니 王假有廟며 利涉大川하니 利貞하니라

初六 用拯하되 馬壯하니 吉하니라

九二 渙에 奔其机면 悔亡하니라

六三 渙에 其躬이 无悔니라

六四 渙에 其群이라 元吉이니 渙에 有丘 匪夷所思리라

九五 渙에 汗其大號면 渙에 王居니 无咎리라

上九 渙에 其血이 去하며 逖에 出하면 无咎리라

환(渙)은 누구에게든지 통함이다. 왕이 묘당(廟堂)에 있게 되었다. 큰 냇물을 건너는 것이 이롭다. 마음을 곧고 바르게 가져야 이롭다.

〔초육(初六)〕 사람을 구제함에 있어 말이 씩씩하니 좋으리라.

〔구이(九二)〕 상(床)으로 달려가서 씻는다. 뉘우침이 없으리라.

〔육삼(六三)〕 그 사사로운 마음을 씻는다면, 뉘우침이 없으리라.

〔육사(六四)〕 자기의 군중을 숙청한다. 크게 좋으리라. 숙청하는 공(功)이

언덕같이 높다. 보통 사람이 생각지도 않았던 바다.

〔구오(九五)〕 정치적(政治的) 대호령을 땀을 씻어내듯이 한다. 왕의 거처(居處)가 씻은 듯이 깨끗하다. 허물이 없으리라.

〔상구(上九)〕 그 피를 씻는다. 두려워서 멀리 가면 허물이 없으리라.

| 彖辭 |

渙 亨은 剛이 來而不窮하고 柔得位乎外 而上同할세라 王假有廟는 王乃在中也요 利涉大川은 乘木하여 有功也라

환괘(渙卦)의 형통하는 것은, 강한 것이 와서 궁하지 않고, 유한 것이 밖에서 자리를 얻어서 위와 같다. 왕이 종묘(宗廟)를 가지게 된다는 것은 바로 왕이 중(中)에 있다는 것이다. 큰 냇물을 건너는 것이 이롭다 함은 나무를 타야만이 공(功)이 있다는 것이다.

| 象辭 |

風行水上이 渙이니 先王이 以하여 享于帝하며 立廟하나니라 初六之吉은 順也일세라 渙奔其机는 得願也라 渙其躬은 志在外也일세라 渙其群 元吉은 光大也라 王居无咎는 正位也라 渙其血은 遠害也라

바람이 하늘을 가는 것이 환괘(渙卦)다. 선왕은 이러함을 보고 천제께

제향(祭享)을 지내고 또한 사당을 세운다. 초육(初六)의 '좋다' 함은 구이(九二)에 순종한다는 것이다. '짐승을 잡는 상(床)으로 달려가서 씻는다' 함은 소원을 얻는다는 것이며, '그 몸을 씻는다' 함은 뜻이 밖에 있다는 것이다. '자기의 군중(群衆)을 숙청하는 것이니, 크게 좋다' 함은 공덕이 크게 빛난다는 것이다. '왕의 거처가 씻은 듯이 깨끗하다' 함은 정당한 위치에 있기 때문인 것이다. '그 피를 씻는다' 함은 두려운 곳을 벗어나서 멀리한다는 것이다.

節은 亨하니 苦節은 不可貞이니라

初九 不出戶庭이면 无咎리라

九二 不出門庭이라 凶하니라

六三 不節若이면 則嗟若하리니 无咎니라

六四 安節이니 亨하니라

九五 甘節이라 吉하니 往하면 有尙하리라

上六 苦節이니 貞이면 凶하고 悔면 亡하리라

절(節)은 형통함이다. 고절(苦節)은 마음을 곧고 바르게 가질 수 없다.

〔초구(初九)〕 문 밖 뜰에 나가지 않는다. 허물이 없을 것이다.

〔구이(九二)〕 문 안의 뜰에도 나가지 않는다. 나쁠 것이다.

〔육삼(六三)〕 절약하지 않으면 탄식하게 될 것이다. 허물이 없다.

〔육사(六四)〕 절약생활에 편함이 있다. 통하리라.

〔구오(九五)〕 절약생활을 달갑게 여기니 길할 것이다. 가면 높임을 받을 수

있을 것이다.

〔상육(上六)〕 괴로운 절약생활이다. 굳게 지켜도 흉할 것이다. 뉘우침이 없
　　　　　　으리라.

| 彖辭 |

節 亨은 剛柔分 而剛得中할세요 苦節不可貞은 其道窮也일세
라 說以行險하고 當位以節하고 中正以通하니라 天地節 而四時成
하나니 節以制度하여 不傷財하며 不害民하나니라

절(節)이 형통하는 것은 강한 것과 유한 것이 나뉘어서 강한 것이 중정
(中正)을 차지하고 있다. 괴로운 절약이 마음을 곧고 바르게 가질 수 없다
함은, 그 도(道)가 궁하기 때문이다. 기쁨으로 험한 것을 행하고, 절약함으
로 자리에 있고 중정(中正)함으로 통하게 한다. 천지에는 절기가 있어 사시
(四時)가 이루어지고, 절약을 하여 제도로써 재물을 상하지 않고 백성을 해
치지 않는다.

| 象辭 |

澤上有水 節이니 君子以하여 制數度하며 議德行하나니라 不
出戶庭은 知通塞也니라 不出門庭凶은 失時極也일세라 不節之嗟
는 又誰咎也리요 安節之亨은 承上道也라 甘節之吉은 居位中也일
세라 苦節貞凶은 其道窮也일세라

물이 못 위에 있는 것이 절괘(節卦)다. 군자는 이것으로써 도수(度數)를 만들고 덕행을 의논한다. '문 밖 뜰에도 나가지 않는다' 함은 시운의 통한 것과 막힌 것을 안다는 것이며, '문 안의 뜰에 나아가지 않는다. 나쁘다' 함은 너무 때를 잃은 것이 지극하기 때문인 것이다. '절약하지 않으면 탄식하리라' 함은 또 누구를 탓하겠느냐 하는 것이다. '절약생활에 편하게 있으니, 형통한다' 함은 윗사람의 도(道)를 이어받는다는 것이며, '절약생활을 달갑게 여기는 것이니, 좋다' 함은 이는 중정(中正)의 자리에 있는 것이다. '괴로운 절약생활이니, 곧은 마음이라도 나쁘다' 함은 그 도(道)가 곤궁하다는 것이다.

中孚는 豚魚면 吉하니 利涉大川하고 利貞하니라

初九 虞하면 吉하니 有他면 不燕하리라

九二 鳴鶴이 在陰이어든 其子和之로다 我有好爵하여 吾與爾靡之
하노라

六三 得敵하여 或鼓或罷 或泣或歌로다

六四 月幾望이니 馬匹이 亡하면 无咎리라

九五 有孚攣如이면 无咎리라

上九 翰音이 登于天이니 貞하여 凶하도다

중부(中孚)는 돼지와 물고기면 길하다. 큰 냇물을 건너는 것이 이롭다. 마
음을 곧고 바르게 가져야 이로울 것이다.

〔초구(初九)〕 헤아리면 길하다. 다른 것이 있으면 편안하지 않을 것이다.

〔구이(九二)〕 우는 학이 그늘에 있다. 그 새끼가 이에 화답(和答)한다. 내가

좋아하는 술잔이 있으니, 내 너와 함께 취할 것이다.

〔육삼(六三)〕 적(敵)을 얻었다. 북을 치기도 하고 그만두기도 하며, 또한 울기도 하고 노래를 부르기도 할 것이다.

〔육사(六四)〕 달이 거의 보름에 가깝다. 말이 짝을 잃었다. 허물이 없을 것이다.

〔구오(九五)〕 성실함이 있어서 서로 이끈다. 허물이 없을 것이다.

〔상구(上九)〕 닭이 날개를 치며 우는 소리가 하늘까지 올라간다. 곧고 바른 마음을 가진다 해도 나쁠 것이다.

| 彖辭 |

中孚는 柔在內而剛得中할세니 說而巽할세 孚乃化邦也니라 豚魚吉은 信及豚魚也요 利涉大川은 乘木이고 舟虛也요 中孚하고 以利貞이면 乃應乎天也리라

중부괘(中孚卦)는 유한 것이 안에서 있기 때문에 강한 것이 가운데 자리를 얻었다. 기뻐서 유순하니, 겸손함이 나라를 감화시킨다. 노예와 물돼지가 좋다 함은 믿음이 물돼지에 미침이다. 큰 냇물을 건너는 것이 이롭다 함은, 나무를 타서 배를 비웠기 때문이다.

성실함으로 마음을 곧고 바르게 가져야 이로우니, 바로 하늘에 응하는 것이다.

澤上有風이 中孚니 君子以하여 議獄하며 緩死하나니라 初九
虞吉은 志未變也일세라 其子和之는 中心願也라 或鼓或罷는 位不
當也일세라 馬匹亡은 絶類하여 上也라 有孚攣如는 位正當也일세
라 翰音登于天이니 何可長也리요

바람이 못 위에 있는 것이 중부괘(中孚卦)다. 군자는 이것으로써 옥사(獄事)를 논의하며 사형(死刑)을 늦춘다. '택우(澤虞)한 새는 좋다' 함은 뜻이 아직까지는 변치 않았기 때문이다. '그 새끼가 화답한다' 함은 중심으로 원하기 때문인 것이다. '북을 치기도 하고 그만두기도 한다' 함은 자리가 마땅치 않다는 것이요, '짝말이 없어졌다' 함은 동류(同類)와 절교(絶交)하고 위로 올라간다는 것이다. '성실함이 있어서 서로 이끈다' 함은 지위가 정당하다는 것이다. '택우(澤虞)가 날개를 치며 우는 소리가 하늘에까지 올라간다' 함은 어찌 장구할 수 있겠느냐 함을 말한 것이다.

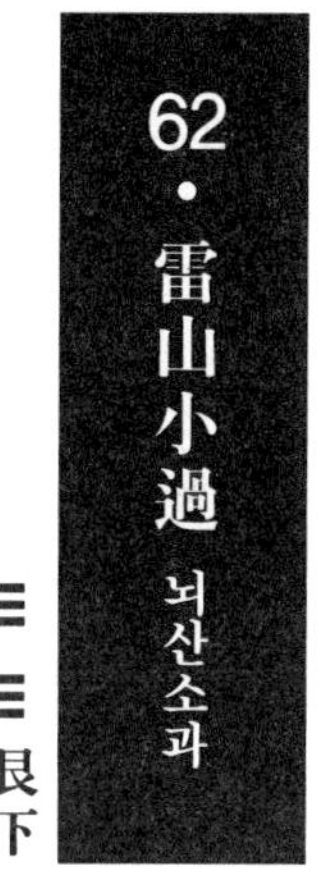

小過는 亨하니 利貞하니 可小事요 不可大事니 飛鳥遺之音에 不宜
上이요 宜下면 大吉하리라

初六 飛鳥라 以凶이니라

六二 過其祖하여 遇其妣니 不及其君이요 遇其臣이면 无咎리라

九三 弗遇防之면 從或戕之라 凶하리라

九四 无咎하니 弗過하여 遇之니 往이면 厲라 必戒며 勿用 永貞이
　　　니라

六五 密雲不雨는 自我西郊니 公이 弋取彼在穴이로다

上六 弗遇하여 過之니 飛鳥離之라 凶하니 是謂災眚이라

소과(小過)는 형통한다. 곧고 바른 마음을 가져야 이롭다. 조그만 일 중에
서는 할 수 있는 것이 있지만 큰 일은 할 수 없다. 나는 새가 소리를 남긴
다. 올라가는 것은 마땅하지 않고 내려오는 것은 마땅하다. 크게 좋을 것

이다.

〔초육(初六)〕 나는 새다. 흉하다.

〔육이(六二)〕 그 할아버지를 지나 그 할머니를 만난다. 그 임금에게 미치지 못하고 그 신하를 만남과 같다. 허물이 없을 것이다.

〔구삼(九三)〕 지나쳐서 막지 않는다면, 따라서 그것에 해를 입을지도 모른다. 나쁠 것이다.

〔구사(九四)〕 허물이 없을 것이다. 지나가지 않고 그를 만난다. 가면 위태하다. 반드시 경계해야 한다. 쓰지 말라. 길이 마음을 곧고 바르게 가져야만 할 것이다.

〔육오(六五)〕 먹구름이 떠돌아도 비가 내리지 않는다. 서쪽 들에서부터 그러하다. 임금께서 주살을 가지고 굴 속에 있는 그를 취할 것이다.

〔상육(上六)〕 만나지 않고 지나간다. 나는 새가 여기에 걸린다. 흉할 것이다.

| 彖辭 |

小過는 小者過而亨也니 過以利貞은 與時行也니라 柔得中이라 是以小事吉也요 剛失位 而不中이라 是以不可大事也니라 有飛鳥之 象焉하니라 飛鳥遺之音 不宜上宜下 大吉은 上逆而下順也일세라

소과괘(小過卦)는 작은 것이 지나침으로 인하여 형통하는 것이다. 지나치기는 하되 마음을 곧고 바르게 가지는 것이 이롭다고 하는 것은 때와 더

불어서 운행하기 때문이다. 유순한 것이 중(中)을 얻는다. 이로 말미암아 작은 일이 길하게 된다. 강한 것이 자리를 잃어 중(中)을 차지하지 못한다. 그렇기 때문에 큰 일을 할 수 없다. 나는 새의 상이 있다. 나는 새가 소리를 남기고 올라가는 것은 마땅치 아니하고 내려오는 것이 마땅한지라 크게 길하다 함은, 올라가는 것이 역(逆)이요, 내려오는 것은 아무런 탈없이 순조롭기 때문이다.

山上有雷 小過니 君子以하여 行過乎恭하며 喪過乎哀하며 用過乎儉하나니라 飛鳥以凶은 不可如何也라 不及其君은 臣不可過也라 從或戕之는 凶如何也요 弗過遇之는 位不當也요 往厲必戒는 終不可長也일세라 密雲不雨는 已上也일세라 弗遇過之는 已亢也라

산 위에 우뢰가 있는 것이 소과괘(小過卦)다. 군자는 이것으로써 행동은 공경에 지나치고, 상사(喪事)는 슬퍼하는 데 지나치고, 쓰는 것은 검약(儉約)에 지나친다. '나는 새이기 때문에 흉하다' 함은 도저히 어떻게 할 방법이 없다는 것이다. '그 임금에게 미치지 못한다' 함은 신하가 지나치지 못하기 때문이다. '따라서 그것에 해를 입을는지도 모른다' 함은 어떻게 나쁠까 하는 것이다. '지나가지 않고 그를 만난다' 함은 부당하기 때문이라는 것이요, '가면 위태하다. 반드시 경계해야 한다' 함은 마침내 오래 갈 수 없다는 것이다. '먹구름이 떠도는 데도 불구하고 비가 오지 않는다'

함은 이미 올라갔다는 것이다. '만나지 않고 지나간다' 함은 매우 높이 올라갔기 때문이다.

旣濟는 亨이 小니 利貞하니 初吉하고 終亂하니라

初九 曳其輪하며 濡其尾면 无咎리라

六二 婦喪其茀이니 勿逐하면 七日에 得하리라

九三 高宗이 伐鬼方하여 三年克之니 小人勿用이니라

六四 繻에 有衣袽하고 終日戒니라

九五 東鄰殺牛 不如西鄰之禴祭 實受其福이니라

上六 濡其首라 厲하니라

기제(旣濟)는 형통한 것이 작다는 것이다. 마음이 곧아야만 이롭다. 처음은 좋고 종말은 어지러울 것이다.

〔초구(初九)〕 그 수레바퀴를 끈다. 그 꼬리를 적신다. 허물이 없으리라.

〔육이(六二)〕 부인이 그 수레의 포장을 잃게 된다. 찾지 않아도 된다. 이레 만에 얻으리다.

〔구삼(九三)〕 고종이 북방 나라를 정벌한 지 삼(三)년 만에야 그것을 승리
　　　　　하였다. 소인(小人)을 쓰지 말아야 한다.
〔육사(六四)〕 해진 옷을 깁고 있다. 하루 종일 경계한다.
〔구오(九五)〕 동쪽 이웃집에서 소를 잡는 것은 서쪽 이웃집에서 검소한 제
　　　　　사를 지내어 실제로 그 복을 받느니만 못하리다.
〔상육(上六)〕 그 머리를 적신다. 위태롭다.

| 彖辭 |

旣濟 亨은 小者 亨也니 利貞은 剛柔正而位當也일세라 初吉 柔
得中也요 終止則亂은 其道窮也라

기제괘(旣濟卦)의 형통한다 함은 작은 것이 형통하는 것이다. 마음을
곧고 바르게 가지는 것이 이롭다 함은 강(剛)한 것과 유(柔)한 것의 자리가
마땅한 위치에 있다는 것이다. 처음에는 길하다고 하는 것은 유(柔)가 중
(中)을 얻었다는 것이다. 종말에 가서 그치면 어지럽다 함은 그 도(道)가 궁
(窮)한 때문인 것이다.

| 象辭 |

水在火上이 旣濟니 君子以하여 思患而豫防之하나니라 曳其輪
은 義无咎也니라 七日得은 以中道也라 三年克之는 憊也라 終日戒
는 有所疑也며 東鄰殺牛 不如西鄰之時也니 實受其福은 吉大來也라

濡其首라 厲하니라 何可久也리요

　물이 불 위에 있는 것이 기제괘(旣濟卦)다. 군자는 이것으로써 환난(患難)을 생각하여 미리 방지한다. '그 수레바퀴를 끈다' 함은 의리에 허물이 없다는 것이다. '이레 만에 얻는다' 함은 중도(中道)이기 때문이다. '삼(三)년 만에 이긴다' 함은 피곤하기 때문이다. '하루 종일 경계한다' 함은 의심할 것이 있다는 것이다. '동쪽 이웃집에 소를 잡는 것이 서쪽 이웃집의 때를 맞추는 것만 못하니 참으로 그 복을 받는다' 함은 길한 것이 크게 온다는 것이다. '그 머리를 적신다. 위태롭다' 함은 어떻게 감히 오래 갈 수 있겠는가 함이다.

未濟는 亨하니 小狐汔濟하여 濡其尾니 无攸利하니라

初六 濡其尾니 吝하니라

九二 曳其輪이면 貞하여 吉하리라

六三 未濟에 征이면 凶하나 利涉大川하니라

九四 貞이면 吉하여 悔亡하리니 震用伐鬼方하여 三年에야 有賞于
　　大國이로다

六五 貞이라 吉하여 无悔니 君子之光이 有孚라 吉하니라

上九 有孚于飮酒면 无咎어니와 濡其首면 有孚에 失是하리라

미제(未濟)는 통하게 된다. 어린 여우가 물을 거의 건너가려 할 적에 그 꼬리를 적신다. 이로울 것이 없으리라.

〔초육(初六)〕 그 꼬리를 적신다. 부끄러우리다.

〔구이(九二)〕 그 수레바퀴를 끈다. 마음이 바르고 곧아야 길하다.

〔육삼(六三)〕 아직 채 건너지 않았다. 가면 흉할 것이다. 큰 냇물을 건너는
　　　　　　　 것이 이롭다.
〔구사(九四)〕 마음을 곧고 바르게 가지면 길하고 뉘우침이 없으리라. 위엄
　　　　　　　 을 떨치어 북쪽 나라를 정벌한 지 삼(三) 년 만에야 큰 나라에
　　　　　　　 서 상을 줄 것이다.
〔육오(六五)〕 곧고 발라야 좋다. 뉘우침이 없다. 군자의 덕이 빛나니, 성실
　　　　　　　 함이 있어서 길할 것이다.
〔상구(上九)〕 술을 마시는 데 성실함이 있다. 허물이 없으리라. 그 머리를
　　　　　　　 적시면 성실함이 있어도 그 바른 것을 잃을 것이다.

| 彖辭 |

未濟亨은 柔得中也요 小狐汔濟는 未出中也요 濡其尾 无攸利
는 不續終也라 雖不當位나 剛柔應也니라

미제괘(未濟卦)가 형통한다고 하는 것은 유한 것이 중(中)을 얻었다는
것이다. 어린 여우가 물을 거의 건너갔다 함은 아직까지도 험중(險中)에서
벗어나지 못했기 때문이다. 그 꼬리를 적시니 이로울 것이 없다고 하는 것
은 계속하여 건너지 못한다는 것이다. 비록 자리가 마땅치는 않으나 강한
것과 유한 것이 서로 응한다.

火在水上이 未濟니 君子以하여 愼辨物하여 居方하나니라 濡
其尾는 亦不知極也라 九二貞吉은 中以行正也일세라 未濟征凶은
位不當也일세라 貞吉 悔亡은 志行也일세라 君子之光은 其暉吉也
라 飮酒濡首 亦不知節也라

불이 물 위에 있는 것이 미제괘(未濟卦)다. 군자는 이것으로써 신중하
게 물건을 분변하여 제자리에 머물러 있게 한다. '그 꼬리를 적신다' 함
은 또한 그 극(極)을 모르기 때문이다. 구이(九二)가 '곧고 발라 좋다' 함은
중(中)을 얻음으로써 정도(正道)를 행한다는 것이다. 미제괘(未濟卦)의 '가
면 나쁘다' 함은 자리가 부당하다는 것이다. '마음이 곧고 바르면 좋아서
뉘우침이 없으리다' 함은 뜻이 행하여지는 것이다. '군자의 덕이 빛난다'
함은 그 빛남이 길하다는 것이다. '술을 마시다가 머리를 적시는 것이다'
함은 역시 절약함을 모른다는 것이다.

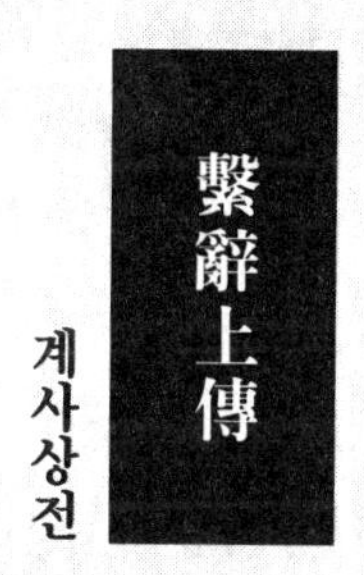
繫辭上傳
계사상전

第
一
章

天尊地卑 乾坤定矣 卑高以陳 貴賤位矣 動靜有常 剛柔斷矣 方以類聚 物以群分 吉凶生矣 在天成象 在地成形 變化見矣

是故剛柔相摩 八卦相盪 鼓之以雷霆 潤之以風雨 日月運行一寒一暑 乾道成男 坤道成女 乾知大始 坤作成物

乾以易知 坤以簡能 易則易知 簡則易從 易知則有親 易從則有功 有親則可久 有功則可大 可久則賢人之德 可大則賢人之業 易簡而天下之理得矣 天下之理得 而成位乎其中矣

右第一章

하늘은 높고 땅은 낮아 건괘(乾卦)와 곤괘(坤卦)의 구별이 정하여졌고, 낮은 것과 높은 것이 베풀어지니 귀한 것과 천한 것이 각기 자리 잡히고, 움직이는 것과 고요한 것의 법칙이 있어서 강한 것과 유사한 것이 판단되고, 방법과 성행이 동류(同類)한 것들끼리 서로 모이고, 만물은 무리로 갈라서 공존하면서 그 상호작용의 행동에 따라 좋은 것(吉)과 나쁜 것(凶)이 생긴다. 하늘에 있어서는 일월성신(日月星辰)으로 현상이 이루어지고, 땅에 있어서는 산천초목으로 형상을 이루어, 서로의 변전 추이(變轉推移)로써 변화가 나타난다.

이러므로 강강(剛强)한 것과 유순한 것이 서로 마찰되고 팔괘(八卦)의 현상이 서로 이행된다. 이것을 우레와 번개로 고동(鼓動)시키고 이것을 바람과 비로 적시고 윤택하게 한다. 해와 달이 운행하니 한 계절은 춥고 한 계절은 덥다. 건(乾)의 법칙은 남(男)을 이루고 곤(坤)의 법칙은 여(女)를 이룬다. 건도(乾道)는 광대(光大)한 시초를 차지하고, 곤도(坤道)는 유형의 물건을 조성한다. 건(乾)은 쉽기 때문에 알고, 땅은 간편하기 때문에 형상을 이루어 능하다. 간이하면 알기 쉽고 간단하면 좇기 쉽다. 알기 쉬우면 친근함이 있고, 좇기 쉬우면 공덕(功德)이 있으며, 친근함이 있으면 오래 갈 수 있고, 공덕(功德)이 있으면 커질 수 있다. 오래 갈 수 있는 것은 현인(賢人)의 덕성(德性)이요, 커질 수 있는 것은 현인(賢人)의 업적(業績)인 것이다. 쉽고 간편한 가운데 천하(天下)의 이치가 얼어지니, 마땅한 바를 얻으면 천지와 더불어 그 안에서 지위를 이룰 수 있음이다.

第二章

聖人設卦觀象 繫辭焉 而明吉凶 剛柔相推 而生 變化 是故吉凶
者 失得之象也 悔吝者 憂虞之 象也 變化者進退之象也 剛柔者 晝
夜之象也 六爻之動 三極之道也

是故君子所居而安者 易之序也 所樂而玩者 爻之辭也 是故 君
子居則觀其象 而玩其辭 動則觀 其變 而玩其占 是以自天祐之 吉无
不利

右第二章

성인(聖人)이 천지만물의 법칙과 형상을 살펴 팔괘(八卦)를 베풀고 괘
사(卦辭)와 효사(爻辭)로 설명을 붙여 길(吉)하고 흉(凶)한 것을 밝히었다.
강(剛)한 양효(陽爻)와 유(柔)한 음효(陰爻)가 서로 추이(推移)하여 변화가 생
긴다. 좋고 나쁘다고 하는 것은 얻고 잃는 것의 현상(現象)이요, 뉘우치고
부끄러워 한다는 것은 근심하고 기뻐하는 현상(現象)이다. 변화한다는 것
은 전진하고 퇴보하는 현상(現象)이요, 강(剛양)이니 유(柔음)이니 하는 것
은 낮과 밤의 현상(現象)이다. 그러므로 육효(六爻)가 움직인다는 것은 천
(天), 지(地), 인(人) 세 가지 도(道)의 지극한 법칙을 표현하는 것이다.

그러므로 군자(君子)가 편안하게 거처하고, 안정할 수 있는 것은《주역

(周易)》의 위치의 질서를 알기 때문이요, 즐거하며 완미하는 것은 길흉(吉凶)을 계시하는 효사(爻辭)인 것이다. 그런 까닭에 군자(君子)는 편안하게 거처할 때는 괘상(卦象)의 선악과 효사(爻辭)의 길흉(吉凶)을 완미하고, 동작할 때는 흉(凶)의 변화를 관찰하고 점(占)의 길흉(吉凶)을 완미한다. 그러므로 하늘에서 그를 도우니 좋아서 순조롭지 않은 것이 없는 것이다.

象者言乎象者也 爻者言乎變者也 吉凶者言乎其失得也 悔吝者
言乎其小疵也 无咎者善補過也

是故列貴賤者存乎位 齊小大者存乎卦 辯吉凶者存乎辭 憂悔吝
者存乎介 震无咎者存乎悔 是故卦有小大 辭有險易 辭也者 各指其
所之

右第三章

상(象), 즉 괘사(卦辭)라고 하는 것은 괘(卦) 전체의 괘상(卦象)을 설명
한 것이요, 효사(爻辭)라 하는 것은 변화를 설명한 것이다. 좋고 나쁘다(吉
凶)는 것은 성취와 실패, 즉 그 잃고 얻은 것을 말한 것이요, 뉘우치다(悔),
부끄럽다(吝)하는 것은 조그마한 험을 말하는 것이요, 허물은 없다(无咎)
는 것은 허물을 개과천선한 것이므로 귀한 것과 천한 것의 서열(序列)은 효
(爻)의 자리에 있고, 그리고 큰 것(陽)과 작은 것(陰)의 분별은 괘(卦)의 형태
에 있다. 길흉(吉凶)을 판단하는 것은 괘사(卦辭), 효사(爻辭)에 있고, 뉘우침
(悔)과 부끄러움(吝)을 근심하는 것은 사소한 하자(瑕疵)의 시초에 있고, 움
직여서 허물이 없는 것은 근심하여 반성하는 데 있다. 그러므로 괘(卦)에는

선(善)한 것과 악(惡)한 것이 있고, 괘사(卦辭), 효사(爻辭)에는 평탄한 것과 험난한 것이 있어 각각 그 가는 곳을 가리킨다는 것이다.

易與天地準 故能彌綸天地之道 仰以觀於天文 俯以察於地理 是故知幽明之故 原始反終 故 知死生之說 精氣爲物 遊魂爲變 是故知鬼神之情狀

與天地相似 故不違 知周乎萬物 而道濟天下 故不過旁行而不流 樂天知命 故不憂 安土敦乎仁 故能愛 範圍天地之化而不過 曲成萬物而不遺通 乎晝夜之道而知 故神无方 而易无體

右第四章

《역(易)》은 천지에 비준하여 만들어진 것이다. 그런 까닭에 능히 천지의 법칙을 이 속에 미봉하고 성립할 수 있다. 우러러서는 천체(天體)의 현상을 관찰하고 굽어서는 땅 위의 모든 상태를 살피고 있다. 그러므로《주역(周易)》은 어둠과 밝음의 까닭을 알 수 있는 것이다. 사물(事物)의 처음을 근원으로 하여 사물의 종말을 생각한다. 그러므로 죽고 사는 수(數)를 알 수 있는 것이다. 정기(精氣)가 엉겨 모인 것이 유형의 생물이 되고 변하여진 것이 영혼인 것이다. 그러므로 귀신의 정상(情狀)을 알 수 있는 것이다.

《주역(周易)》의 법칙은 하늘과 땅과 더불어 서로 같으므로 어긋남이 없다. 지혜는 만물에 골고루 보편화되고 법칙은 천하를 구제할 수 있다. 그

러므로 허물됨이 없으며, 임기응변하여 널리 융통성이 있으되 방자함에
흐르지 않고 하늘의 도(道)를 즐겨하여 스스로 천명(天命)을 알고 있다. 그
러므로 근심하지 아니하고, 땅에서 편안히 있어 어진 일에 돈후(敦厚)하게
한다. 그러므로 능히 만물을 사랑할 수 있는 것이다.

　천지의 변화를 모범하여 둘러싸도 지나침이 없고, 형세의 변동에 따라
만물을 곡진하여도 남김이 없다. 낮과 밤의 법칙을 통하여 밝고(明), 그윽
함(幽)을 안다. 그러므로 신(神)은 어느 한 방면에 국한됨이 없고, 역(易)은
일정한 형체가 없다. 어떠한 방향도 어떠한 작용도 이에 포함되는 것이다.

第五章

一陰一陽之謂道 繼之者善也 成之者性也 仁者見之謂之仁知者
見之謂之知 百姓日用而不知 故 君子之道鮮矣 顯諸仁 藏諸用 鼓萬
物 而不與聖人同憂 盛德大業至矣哉

富有之謂大業 日新之謂盛德 生生之謂易 成象之謂乾 效法之謂
坤 極數知來之謂占 通變之謂事 陰陽不測之謂神

右第五章

한 번은 음기로 되기도 하고 한 번은 양기로 되기도 한다. 이것을 천지
자연의 도(道)라고 한다. 이것을 계속하는 것이 선(善)이요, 이것을 이룩하
는 것은 사람의 본성(本性)이다. 본성이 인(仁)한 자는 이 도(道)를 보고 인
(仁)이라고 하고, 본성이 지혜로운 자는 이 도(道)를 보고 지(知)라고 하나,
일반 백성들은 이 도(道)를 날마다 사용하고 있으면서도 그것이 무엇인지
를 알지 못한다. 인자(仁者)는 인(仁)만을 보고 지자(知者)는 지(知)만으로
규정하고 백성은 전연 자각하지 못하므로 천지자연의 도(道)를 완전히 이
해하는 군자(君子)의 도(道)를 갖춘 자는 드물다.

천지자연의 도(道)의 형체는 인(仁)에서 나타난다. 그러므로 그 공덕이
만물에 덮인다. 도(道)는 일상생활 속에 잘 나타나지 않으므로 날마다 사용

하면서도 그것이 도(道)인 것을 깨닫지 못한다. 만물을 고동(鼓動)하게 하고 있으나 아무런 하는 일도 노력하는 형적도 없다. 성인(聖人)이 도(道)를 체득(體得)하였으나 그것을 실용에 옮기기에는 항상 근심하고 두려워하고 있음과는 같지 않다. 천지자연의 도(道)의 성(盛)한 공덕과 위대한 업적은 더할 수 없이 지극한 것이다. 풍부하게 소유하는 것을 위대한 사업(事業)이라 하고 날마다 새로워지는 것을 성대한 덕이라고 하며, 낳고 또 낳는 것을 역(易)이라고 한다. 도(道)의 상이 이루어지는 것을 건(乾)이라고 하고, 도(道)의 법칙을 본받는 것을 곤(坤)이라고 한다. 수리(數理)를 극진히 하여 미래를 아는 것을 점(占)이라 한다. 변화를 통하여 발생하는 것을 일이라고 한다. 천하 만물이 모두 음양(陰陽)의 변화(變化)에 따라 생성 발전하여 미리 헤아릴 수 없는 것을 신(神)이라고 한다.

夫易廣矣大矣 以言乎遠則不禦 以言乎邇則靜而正以言乎天地
之間則備矣 夫乾其靜也專 其動也直 是以大生焉 夫坤其靜也翕 其
動也闢 是以廣生焉 廣大配天地變通配四時 陰陽之義配日月 易簡
之善配至德

右第六章

무릇 역(易)의 작용은 넓고 크다. 그것으로 먼 데를 말하면 무한대하
여 막힘이 없고, 그것으로 가까운 데를 말하면 눈앞의 모든 것이 고요하여
적당함을 얻고 있다. 역(易)의 작용은 천지 사이에 가득 차서 이지러짐이
없다.

대개 건(乾)의 작용은 고요하면 전일(專一)하여 편파함이 없고, 움직일
때에는 그 기운이 왕성하고 바르다. 그러므로 천지만물을 크게 만들어 내
고 있다.

대개 곤(坤)의 작용은 그것이 고요할 때는 기운을 거두어 내재(內在)하
고, 움직이기 시작하면 기운을 펴서 만물을 기른다. 그러므로 넓게 생양(生
養)한다. 역(易)의 작용은 넓고 큰 것은 천지와 배합하고, 변하고 통하는 것
은 춘하추동(春夏秋冬) 사계절(四季節)과 합치한다. 음양(陰陽)의 법칙은 해

와 달과 같고, 평이하고 간단한 것은 선(善)함이 천지(天地)의 지극한 덕성
(德性)에 합치한다.

第七章

子曰 易其至矣乎 夫易聖人所以崇德而廣業也 知崇禮卑 崇效天
卑法地 天地設位 而易行乎其中矣 成性存存 道義之門

右第七章

공자(孔子)께서 말씀하시길 ‘역(易)의 도(道)는 지상(至上)의 법칙이다.
역(易)은 성인(聖人)이 그 이치를 본받음으로써 덕(德)을 숭상하고 그 업적
을 광대(廣大)하게 하기 위한 것이다. 지혜는 높이고 예법은 몸을 낮게 가
지니 높은 지성은 하늘을 본뜬 것이요, 자신을 낮게 가지는 겸허한 마음은
땅을 법칙으로 한다.

하늘과 땅이 그 위치를 베풀어 놓으면 역(易)의 법칙은 그 가운데서 행
해진다.

만물이 각기 그 품성을 형성하여 생성 존재하니 역(易)은 도의(道義)의
문방(門房)인 것이다.’

聖人有以見天下之賾　而擬諸其形容　象其物宜　是故謂之象　聖人有以見天下之動　而觀其會通　以行其典禮　繫辭焉以斷其吉凶　是故謂之爻　言天下之至賾　而不可惡也　言天下之至動　而不可亂也　擬之而後言　議之而後動　擬議以成其變化

鳴鶴在陰　其子和之　我有好爵　吾與爾靡之　子曰　君子居其室　出其言　善則千里之外應之　況其邇者乎　居其室　出其言　不善則千里之外違之　況其邇者乎　言出乎身　加乎民　行發乎邇見乎遠　言行君子之樞機　樞機之發　榮辱之主也　言行君子之所以動　天地也　可不慎乎

同人先號咷而後笑　子曰　君子之道　或出或處　或默或語　二人同心　其利斷金　同心之言　其臭如蘭

初六　藉用白茅　无咎　子曰　苟錯諸地　而可矣　藉之用茅何咎之有　愼之至也　夫茅之爲物　薄而用可重也　愼斯術也　以往其无所失矣

勞謙　君子有終　吉　子曰　勞而不伐　有功而不德　厚之至也　語以其功下人者也　德言盛　禮言恭　謙也者　致恭以存其位者也

亢龍有悔　子曰　貴而无位　高而无民　賢人在下位　而无輔　是以動而有悔也

不出戶庭　无咎　子曰　亂之所生也　則言語以爲階　君不密　則失臣

臣不密則失身 幾事不密則害成 是以君子愼密 而不出也 子曰 作易
者 其知盜乎 易曰 負且乘 致寇至 負也者 小人之事也 乘也者 君子
之器也 小人而乘君子之器 盜思奪之矣 上慢下暴盜思伐之矣 慢藏
誨 盜冶容誨淫易曰 負且乘致寇至盜之招也

右第八章

성인(聖人)은 천하의 그윽하고 번잡하여 보기 어려운 것을 보는 방법이
있다. 그리하여 그것을 그 형상에 모의(模擬)하여 그 물건에 마땅하도록 본
뜬다. 그러므로 역(易)에서 이것을 상(象)이라고 하며 육십사괘(六十四卦)가
그것이다.

성인(聖人)은 천하의 움직임을 보는 방법이 있다. 그 모이고 통하는 변
화를 관찰하여 그에 적응한 전법(典法)과 예의를 시행한다.

설명을 붙여서 좋은 것(吉)과 나쁜 것(凶)을 단정한다. 그러므로 이것을
효(爻)라고 한다. 회통(會通)과 전례가 적정하면 길(吉)하고 그렇지 않으면
흉(凶)한 것이다.

천하의 지극히 심원한 것의 움직임을 말하여도 미워하지 못하며, 천하
의 지극한 움직임을 말하나 어지럽게 하지 못한다. 모의(模擬)하여 본 뒤에
말하고 헤아려 본 뒤에 행동하니, 모의(模擬)하고 헤아려서 그 변화의 도
(道)를 이룬다.

중부괘(中孚卦) 이양(二陽)의 효사(爻辭)에 '우는 학이 그늘에 있으니,
그의 새끼가 그 울음에 화답하도다. 내게 좋은 술잔이 있으니 내 그대와 더
불어 주고받는다' 고 하였다.

공자(孔子)께서 말씀하시기를 '군자(君子)가 집에 있으면서 입 밖에 내

보낸 말이 착한 것이면 천 리 밖에서도 이것에 호응한다. 하물며 그 가까운 곳이겠는가. 군자(君子)가 그 집에 있으면서 입 밖에 낸 말이 착하지 못한 것이면 천 리의 밖에서도 이것에 위반한다. 하물며 그 가까운 곳이겠는가. 말은 자신에게 나와서 널리 백성에게 영향을 미치게 하고 행실은 가까운 곳에서 발생하여서 먼 데까지 영향을 나타낸다. 말과 행동은 군자(君子)의 제동장치(制動裝置)와 같은 것이다. 제동기(制動機)가 발동하는 것은 영광과 치욕을 판가름하는 주요한 원인이 된다. 말과 행동은 군자(君子)가 천하를 움직이는 원인이 되는 것이니, 신중히 하지 않을 수 있겠는가'

동인괘(同人卦)의 오양(五陽)의 효사(爻辭)에 '먼저는 울부짖고, 나중에는 웃는다' 고 하였다. 마음을 같이하는 자를 얻었기 때문에 웃는 것이다.

공자(孔子)께서 말씀하시길 '군자(君子)의 도(道)는 세상에 나가 벼슬하기도 하고 물러나와 조용히 지키기도 한다. 침묵을 지킬 때도 있고 말할 때도 있다. 그 어느 때에나 두 사람의 마음이 같으면 서로 호응하는 것이다. 두 사람이 마음을 합하면 그 예리(銳利)함이 금이라도 끊고 또한 마음이 같은 그들의 말은 향기롭기가 난초와 같은 것이다' 라고 하셨다.

대과괘(大過卦)의 초음(初陰)의 효사(爻辭)에 제물의 밑에 사용하기 위하여 '흰 띠풀을 깔고 앉는다. 허물은 없다' 라고 하고 있다.

공자(孔子)께서 말씀하시길 '제물은 그냥 땅에 놓아도 좋은 것이다. 그런데 그 밑에 흰띠풀을 깔고 사용하고 있으니, 무슨 허물이 있겠는가? 삼가는 마음이 지극한 것이다. 대개 띠풀이란 물건은 하잘것없는 것이나, 사용하여 귀중한 것이 될 때가 있다. 이러한 술법으로 삼가며 나아가면 잃어버리는 일이 없을 것이다' 라고 하였다.

겸괘(謙卦) 삼양(三陽)의 효사(爻辭)에 '노고(勞苦)하고도 겸손한 군자

(君子)로구나, 끝까지 좋은 일이 있으리라’ 고 했다.

공자(孔子)께서 말씀하시길 ‘노고(勞苦)를 다하여 공헌하고도 자랑하지 않고, 공적이 있으면서도 그것을 공덕이라고 여기지 않는 것은 지극히 독후(篤厚)한 태도이다. 이것은 공덕이 있으면서도 남에게 자신을 낮게 가지는 자를 말한 것이다. 유덕(有德)한 말은 성대(盛大)하고, 예의 바른 말은 공손하는 것을 말하는 것이니 겸손이라고 하는 것은 공경을 이르게 함으로써 그 지위를 보존하는 것이다’ 라 하셨다.

건괘(乾卦) 상양(上陽)의 효사(爻辭)에 ‘함부로 정상(頂上)까지 치달은 용(龍), 즉 높고 굳센 용이니, 뉘우침이 있다’ 하고 있다.

공자(孔子)께서 말씀하기를 ‘건괘(乾卦) 상양(上陽)의 효(爻)는 지극히 존귀하나 상효(上爻)이므로 지위(地位)가 없고, 〔양(陽)에서는 오효(五爻)를 제왕(帝王)의 위(位)로 본다.〕 너무 높은 자리에 있어서 백성이 없다. 〔건괘(乾卦)에는 상효(上爻)의 밑에 음효(陰爻)는 하나도 없다.〕 현명(賢明)한 인사(人士)는 모두 자기보다 아래 위치에 있어도 보필함이 없다. 그러므로 너무 극한에 도달하면 겸손하고 근신해야 한다. 항룡(亢龍)으로서 행동하면 뉘우침이 있다는 것이다’ 고 하셨다.

절(節) 초양(初陽)의 효사(爻辭)에 ‘집 뜰을 나가지 않으면 허물은 없다’ 라 하고 있다. 근신하여 은밀한 것을 지키라는 가르침인 것이다.

공자(孔子)께서 말씀하시길 ‘어지러움이 일어날 때는 경솔한 말이 단서가 되는 것이다. 임금이 근신하지 아니하고 은밀한 일을 경솔히 누설하면 신하를 잃게 되고, 신하가 비밀히 하지 않고 발설하면 제 몸을 잃게 된다. 나라의 기밀을 근신하지 않고 누설하면 나라에 위해를 초래한다. 그러므로 군자(君子)는 비밀을 삼가하여 문밖에 나가지 않는 것이다’ 라 하였다.

　공자(孔子)께서 말씀하기를 ‘《역(易)》의 작자는 도둑의 생태를 살필 줄 아는 지혜를 가졌던가 보다. 해괘(解卦) 삼음(三陰)의 효사(爻辭)에 ‘등에 지고 또 탄(乘)다, 도둑을 오게 만드는구나’ 에 있다. 짐을 등에 지는 것은 소인이 하는 일이요, 수레는 군자가 타는 군자의 기물이다. 그런데 신분이 천한 소인 신분이 높은 군자가 타는 수레를 타고 있으니, 도둑이 약탈할 것을 꾀하게 되는 것이다. 즉 윗사람은 게을러서 기강을 세우지 않고 아랫사람은 횡포하여 허술한 틈이 생긴다. 도둑이 이 틈을 노리는 것이다.

　간수하는 물건을 허술히 하면 도둑에게 와서 도둑질하라고 가르치는 것이 되고, 얼굴의 화장을 난잡하게 하는 것은 남에게 와서 음탕한 짓을 하라고 가르치는 셈이 된다. 《주역(周易)》에 이르기를 ‘짊어지고 또 타면 도둑을 오게 만드는구나’ 고 한 것은 도둑은 스스로 불러들이는 일이 된다는 것이다’ 라고 하셨다.

第九章

天一地二 天三地四 天五地六 天七地八 天九地十 天數五 地數五 五位相得 而各有合 天數二十有五 地數三十 凡天地之數 五十有五 此所以成變化 而行鬼神也 大衍之數五十 其用四十有九 分而爲二 以象兩 掛一以象三 揲之以四 以象四時 歸奇於扐 以象閏 五歲再閏 故再扐而後掛 乾之策 二百一十有六 坤之策 百四十有四 凡三百有六十 當期之日 二篇之策 萬有一千五百二十 當萬物之數也 是故四營而成易 十有八變而成卦 八卦而小成 引而伸之 觸類而長之 天下之能事畢矣 顯道神德行 是故可與酬酢 可與祐神矣 子曰 知變化之道者 其知神之所爲乎

右第九章

하늘(天) 하나, 땅(地) 둘, 하늘(天) 셋, 땅(地) 넷, 하늘(天) 다섯, 땅(地) 여섯, 하늘(天) 일곱, 땅(地) 여덟, 하늘(天) 아홉, 땅(地) 열이니, 하늘(陽)을 상징하는 천수(天數)는 홀수이다. 일(一), 삼(三), 오(五), 칠(七), 구(九)가 그것이다. 땅(陰)을 상징하는 지수(地數)는 짝수이다. 이(二), 사(四), 육(六), 팔(八), 십(一〇)이 그것이다.

이와 같이 천수(天數)와 지수(地數)는 각각 다섯씩 있다. 이 다섯씩 있는 천수(天數)와 지수(地數)는 서로 조화를 얻으면 각각 그 배합되는 것이 있다. 〔천수(天數)인 일(一)과 지수(地數)인 육(六)이 서로 만나서 합하여 수(水)가 되고 칠(七)과 이(二)가 만나면 화(火)가 되고, 삼(三)과 팔(八)이 만나면 목(木)이 되고, 사(四)와 구(九)가 만나면 금(金)이 되고, 오(五)와 십(一〇)이 만나면 사(土)가 된다고 한다.〕

천수(天數)인 일(一), 삼(三), 오(五), 칠(七), 구(九)를 합계하면 이십오(二十五)가 되고 지수(地數)인 이(二), 사(四), 육(六), 팔(八), 십(一〇)을 합계하면 삼십(三〇)이 된다.

무릇 천수(天數)와 지수(地數)를 합하면 오십오(五十五)가 된다. 이 오십오(五十五)라는 천지(天地)의 수(數), 여기에서 음양(陰陽)의 변화가 생기고, 신(神)의 작용이 일어나는 것이다.

대련의 수(數, 大衍之數)를 상징하는 서죽(筮竹)은 오십(五〇)개지만 그 중에서 태극을 상징하는 한 개는 제외하고 사용하지 아니한다. 태극은 천지만물의 가장 근원으로서 변동하지 않음, 즉 부동(不動)을 의미한다.

서죽 사십구(四十九) 개를 둘로 나누어 두 손에 가진다. 하늘(陽)과 땅(陰)의 이원(二元)을 상징한다. 그중의 한 손에서 한 개를 떼 내어 따로 가진다. 둘로 나누고 또 하나를 따로 떼 내어 가지는 것은 천(天), 지(地), 인(人) 세 가지(三才)를 상징하는 것이다. 나머지 서죽을 네 개씩 덜어낸다. 사계절(四季節)을 상징하는 것이다. 네 개씩 떼어 내고 나머지를 손가락 사이에 끼운다. 이것은 음력(陰曆)에 있어서 일(一) 년을 삼백육십(三六〇)일로 하고 남는 수를 모아 윤(閏)달을 만듦과 같은 이치를 본뜬 것이다. 다음은 다른 손에 가지고 있던 서죽을 네 개씩을 덜어내고 나머지를 또 손가락 사이에 끼운다. 이것은 윤달이 오(五) 년에 두 번 있는 것이므로 그 이치를 상징하여 잔수(殘數)를 두 번 손 사이에 끼우는 것이다.

건(乾)의 책의 수(數)(策數)는 이백십육(二一六) 개요, 곤(坤)의 책의 수(數)는 백사십사(一四四) 개라, 합하면 삼백육십(三六〇) 개로서 일(一) 년의 삼백육십(三六〇) 일의 수와 일치한다.

《주역(周易)》 상하(上下) 이(二)편의 총 육십사괘(六十四卦)에 대한 책(策)의 수(數)는 만 천오백이십(一一, 五二〇)으로 만물(萬物)의 수(數)와 같다.

하늘은 육육지절(삼음삼양)로 구획지어져 있으므로

36×6=216이 된다.

땅은 24절기로 나누어져 있으므로

24×6=144가 된다.

216(陽)+144(陰)=360 일(一) 년 일수(日數)와 같다.

육십사괘(六十四卦)의 효수(爻數)는 음효(陰爻), 양효(陽爻)가 각각 백구십이(一九二) 개씩 있다. 그러므로

36×192=6,912(乾) 24×192=4,608(坤)

6,912+4,608=11,520 만물의 수(數)와 같다.

그러한 고로 사상이 역을 이루며, 천지인(天地人) 삼재(三才)가 삼음삼양(三陰三陽)의 변화로 한 괘(卦)를 작성한다.

팔괘(八卦)는 천(天), 지(地), 뢰(雷), 풍(風), 일(日), 월(月), 산(山), 택(澤)을 상징한 소성괘(小成卦)다. 이것을 육십사괘(六十四卦)로 확대하고 동류끼리 서로 만나 커지니, 이것으로 천하에 못할 일이 없다.

이러한 《주역(周易)》의 이치는 천지(天地) 음양(陰陽)의 법칙을 밝히고, 덕행을 신령하게 한다. 그러므로 천지 만물이 하는 것이 있으면 더불어 응

대 보답할 수 있고 더불어 신(神)의 조화를 도울 수 있는 것이다.

공자(孔子)께서 말씀하시길, "변화의 도를 아는 자는 신(神)이 행하는 바를 알 수 있으리라!"고 하였다.

子曰 知變化之道者其知神之所爲乎 易有聖人之道四焉 以言者
尙其辭 以動者尙其變 以制器者尙其象 以卜筮者尙其占

是以君子將有爲也 將有行也 問焉以言 其受命也如嚮 无有遠近
幽深 遂知來物 非天下之至精 其孰能與於此 參伍以變 錯綜其數 通
其變 遂成天地之文 極其數 遂定天下之象 非天下之至變 其孰能與
於此

易无思也 无爲也 寂然不動 感而遂通 天下之故 非天下之至神
其孰能與於此

夫易聖人之所以極深而研幾也 唯深也故能通天下之志 唯幾也
故能成天下之務 唯神也 故不疾而速 不行而至 子曰 易有聖人之道
四焉者 此之謂也

右第十章

공자(孔子)께서 말씀하길 ‘음양변화(陰陽變化)의 법칙을 아는 자의 신
의 조화를 알 것이다’ 라 하였다.

《주역(周易)》에 성인(聖人)의 도(道)가 네 가지 있다. 이것을 가지고 말
을 하려 할 때는《주역(周易)》의 괘사(卦辭) 효사(爻辭)를 숭상하고, 행동을

하려 할 때는 음양변화(陰陽變化)의 법칙을 중시(重視)하고, 이것을 가지고 기구를 만들려 할 때는《주역(周易)》의 상(象)을 존중하고, 점을 치려 할 때는《주역(周易)》의 법칙에 의한 점괘를 중시한다.

이런 까닭으로 군자(君子)는 장차 하려는 일을 하고, 무슨 행동을 하려 할 때는《주역(周易)》에 묻는다. 점괘(占卦)가 사람의 명령을 받아 길흉(吉凶)을 알려줌이 마치 울림이 소리에 응답함과 같아서 원근(遠近), 유심(幽深)을 물론하고 그윽하고 깊음의 구별이 없이 곧 미래의 일을 알게 된다. 천하의 지극한 정묘함이 아니면 그 누가 능히 이러한《주역(周易)》의 이치에 참여할 수 있겠는가.

서죽(筮竹)의 수(數)를 변통하여 십팔변(十八變)을 거치니 그 수(數)를 교착(交錯)하기도 하고 종합(綜合)하기도 한다. 그 변화를 통하여 드디어 천지의 문채를 이루고 음양(陰陽)의 수가 서로 교착되므로 하늘은 푸르고 땅은 누른 것이니 청(靑)과 황(黃)이 문채를 지음과 같다. 음양(陰陽)의 수리를 궁극히 하여 천하만물(天下萬物)의 상(象)을 정한다. 〔이백십육 책(二一六策)으로 천(天)의 삼음삼양(三陰三陽)의 상을 정하고 백사십사 책(一四四策)으로 지(地)의 삼음삼양(三陰三陽)의 상을 정하는 예와 같다.〕 천지음양(天地陰陽)의 지극한 변화의 법칙이 아니고서야 어느 것이 능히 여기에 참여할 수 있겠는가.

《주역(周易)》의 법칙은 생각하는 일이 없고 만들어 하는 일이 없다. 심원하여서 움직이지 아니하건마는 감동하여 드디어 천하만사의 일에 통달한다. 천하의 지극히 신비함이 아니면 어느 것이 능히 이러한《주역(周易)》의 법칙에 참여할 수 있겠는가.

그러므로 성인(聖人)은《주역(周易)》에서 천지음양(天地陰陽)의 심오한 이치를 궁구하고 천지만물의 기미(機微)를 관찰하는 것이다.

그 이치가 오직 심원하기 때문에 성인이 그것을 관찰하므로 능히 천하의 뜻에 통할 수 있다. 기미에 밝기 때문에 천하의 일을 이룰 수 있는 것이다. 그 작용이 신비하기 때문에 서두르지 않아도 빠르고 가지 않아도 이르를 수 있는 것이다.

공자(孔子)께서 말씀하시길 '《주역(周易)》에 성인(聖人)의 도(道)가 네 가지 있다' 함은 바로 이것을 말한 것이다.

第十一章

上

天一地二天三地四 天五地六 天七地八 天九地十 子曰 夫易何
爲者也 夫易開物成務 冒天下之道 如斯而已者也 是故聖人以通天
下之志 以定天下之業 以斷天下之疑

是故蓍之德圓而神 卦之德方以知 六爻之義易以貢 聖人以此洗
心 退藏於密 吉凶與民同患 神以知來 知以藏往 其孰能與於此哉 古
之聰明叡知 神武而不殺者夫

是以明於天之道 而察於民之故 是興神物 以前民用聖人以此齊
戒 以神明其德夫

是故闔戶謂之坤 闢戶謂之乾 一闔一闢謂之變 往來无窮謂之
通 見乃謂之象 形乃謂之器 制而用之謂之法 利用出入 民咸用之 謂
之神

상(上)

하늘은 일(一), 땅은 이(二), 하늘은 삼(三), 땅은 사(四), 하늘은 오(五), 땅
은 육(六), 하늘은 칠(七), 땅은 팔(八), 하늘은 구(九), 땅은 십(十)이다.

공자(孔子)께서 말씀하시길 '대체 《주역(周易)》이란 어떤 것인가? 대체 《주역(周易)》은 만물의 뜻을 열어 놓고 천하의 모든 일을 이룩하여 놓는다. 그 도(道)는 천하를 덮는다. 《주역(周易)》이란 그저 이러할 뿐인 것이다. 그러므로 성인(聖人)은 《주역(周易)》에 의하여 천하 만민의 뜻에 통달할 수 있고 천하의 모든 사업(事業)을 정할 수 있고, 천하의 모든 의심된 것을 판단할 수 있는 것이다. 그러므로 서죽(筮竹)을 사용하여 천지음양(天地陰陽)의 법칙을 가늠하는 것은 마치 둥근 물건이 극한이 없고 막힘이 없음과 같이 변화 무궁하여 신기롭고, 신령한 음양 운수의 덕을 보인다. 괘(卦)를 이루어 놓으면 마치 모난 것은 한정된 경계가 있는 것처럼 음양의 법칙이 한 괘상(卦象)으로 한정되어 나타나 사람이 알 수 있게 되어 지(知)의 덕(德)을 나타낸다. 여섯 개의 권의 뜻은 변역(變易)함으로써 길흉(吉凶)을 일러준다.

성인(聖人)은 《주역(周易)》의 점으로 사람의 마음에 있는 의심을 씻어주고, 물러 나와서는 《주역(周易)》의 심오한 이치를 비밀리에 간직하여 둔다. 그리하여 좋은 일과 나쁜 일은 백성과 더불어 근심을 같이한다.

신비함으로써 미래(未來)를 알고 지혜로운 것으로 지나간 일을 아는도다. 그 누가 능히 이에 참여할 것인가. 옛날의 총명하고 예지(叡知)있는 군왕(君王)은 이 《주역(周易)》의 법칙으로 정치를 행하여 천하만민을 신비스러운 무용(武勇)으로 위복(威服)시키면서도 형살(刑殺)을 쓰지 아니하였던 것이다.

그러므로 군주(君主)는 하늘의 도(道)를 밝히고 백성의 일을 살피고 《주역(周易)》의 법칙에 의해서 신비로운 이치를 일으켜 모든 사물(事物)의 규범을 정하여서 백성의 쓰임에 미리 앞장선다.

성인(聖人)은 이러한《주역(周易)》의 법칙으로 마음을 재계(齋戒)하여 자신의 덕화(德化)를 신비롭고 밝게 한다.

그러므로 문을 닫는 것은 곤(坤)(陰)이라고 할 수 있고 문을 여는 것은 건(乾)(陽)이라고 할 수 있다. 닫기도 하고 열기도 하는 것을 변화라고 말하고, 들어가고 나가고 하여 막힘이 없는 것을 통한다고 말하고, 형태가 있는 것을 기물(器物)이라고 하고, 제작하여 사용하게 하는 것을 규범이라고 한다. 만민이 이것을 이용하여 그 문으로 나아가서나 들어와서 이것을 다 쓰는 것 그 작용이야말로 신비함인 것이다' 라 하였다.

下

易故易有太極 是生兩儀 兩儀生四象 四象生八卦 八卦定吉凶 吉凶生大業 是故法象莫大乎天地 變通莫大乎四時 縣象著明 莫大乎日月 崇高莫大乎富貴 備物致用 立成器以爲天下利 莫大乎聖人 探賾索隱 鉤深致遠 以定天下之吉凶 成天下之亹亹者 莫大乎蓍龜

是故天生神物 聖人則之 天地變化 聖人效之 天垂象見吉凶 聖人象之 河出圖 洛出書 聖人則之 易有四象 所以示也 繫辭焉 所以告也 定之以吉凶 所以斷也

右第十一章

하(下)

이러므로《주역(周易)》의 이치에는 태극이 있으니, 이것이 하늘과 땅 두 형상을 낳고, 하늘과 땅은 양중의 양, 양중의 음, 음중의 음, 음중의 양의 사상(四象)을 낳고, 사상(四象)은 팔괘(八卦)를 낳고, 팔괘(八卦)는 좋고(吉) 나쁜 일(凶)을 정한다.

인간 만사에 길(吉)한 것과 흉(凶)한 것이 있으므로 군주(君主)가 천하를 다스려 길흉(吉凶)을 보살피는 큰 사업을 낳게 되는 것이다.

그런 까닭에 법상(法象)은 하늘과 땅보다 더 큰 것이 없고, 변하고 통하는 일은 사계절(四季節)이 서로 교체 변화하는 것보다 더 큰 것이 없고, 달려 있는 천체의 현상(해와 달과 별 따위)이 드러나고 밝기로는 해와 달보다 더 큰 것이 없고, 숭고(崇古)한 것은 군주(君主)가 부귀한 지위에 있어서 천하를 다스리는 일보다 더 큰 것은 없고, 온갖 물건을 갖춰 천하만민이 쓰임을 다하게 하고 상을 세워 모든 시설과 기물을 건설하고 이룩하여 천하를 이(利)롭게 하는 데는 성인(聖人)보다 더할 수는 없고, 깊숙한 것을 탐구하고 은밀한 것을 찾아서 깊은 데 것을 탐구하여 먼 데 것을 극치하게 하여 천하의 길(吉)하고 흉(凶)한 것을 판정함으로써 천하만민이 이에 대처하려고 부지런히 노력하는 상태를 이루어 놓는 일은 시귀(蓍龜)의 신묘한 것보다 더 큰 것은 없다.

그러므로 하늘이 시귀(蓍龜)와 같은 신묘(神妙)한 물건을 내놓으니 성인(聖人)이 이러한 것을 본떠서 무꾸리하는 법을 만들었다. 하늘과 땅이 변화를 나타내니(봄과 여름에는 만물을 번영하게 하고 가을과 겨울에는 만물이 시들어 떨어지게 하고 또한 위축하게 하여 은혜와 위험을 보이니) 성인(聖人)이 이를 본받아 정사(政事)함에 옮겼다. 하늘이 상(象)을 드리워 길흉(吉凶)을 보이니 성인(聖人)이 이것을 형상화하였다. 하도(河圖)와 낙서(洛書)가 나타나니 성인(聖人)이 이것을 본떠서 법칙으로 삼았다.

《주역(周易)》에서 사상(四象)이 있다 함은 보이기 위함이요, 괘사(卦辭)

와 효사(爻辭)가 있는 것은 괘(卦)의 내용을 일러 주기 위함이요, 좋고 나쁨

으로 정하여 놓은 것은 사람의 의심을 판단하기 위함이다.

易曰 自天祐之 吉无不利 子曰 祐者助也 天之所助者順也 人之
所助者信也 履信思乎順 又以尙賢也 是以自天祐之 吉无不利也

子曰 書不盡言 言不盡意 然則聖人之意 不可見乎 子曰 聖人立
象以盡意 設卦以盡情僞 繫辭焉以盡其言變而通之 以盡利 鼓之舞
之 以盡神

乾坤其易之縕耶 乾坤成列 而易立乎其中矣 乾坤毁則无以見易
易不可見 則乾坤或幾乎息矣 是故形而上者謂之道形而下者 謂之
器 化而裁之 謂之變 推而行之 謂之通 擧而措之天下之民 謂之事業

是故夫象 聖人有以見天下之賾 而擬諸其形容 象其物宜 是故謂
之象 聖人有以見天下之動 而觀其會通以行其典禮 繫辭焉以斷其
吉凶 是故謂之爻

極天下之賾者存乎卦 鼓天下之動者存乎辭 化而裁之存乎變推
而行之 存乎通 神而明之 存乎其人 默而成之不言而信存乎德行

右第十二章

《주역(周易)》에 이르기를 '하늘로부터 도우니 길(吉)하여 이롭지 않은

것이 없다’ 고 하였다. 공자(孔子)께서 설명하여 말씀하시길 ‘보우한다는
것은 조력한다는 뜻이다. 하늘이 돕게 되는 것은 순응하기 때문이요, 사람
이 돕게 되는 것은 신실하기 때문인 데 있다. 스스로 믿음을 이행하여 하늘
에 순응하기를 생각하며, 그리고 또 그것으로 어진 이를 존경하니 이 까닭
에 하늘로부터 돕게 되어 길(吉)하여 이롭지 않음이 없다’ 라고 했다.

공자(孔子)께서 말씀하시길 ‘글로써 말을 극진히 하지 못하고, 말로써
뜻을 극진히 하지 못한다’ 하였다. 그렇다면 성인(聖人)의 뜻은 전혀 알아
볼 길이 없는 것일까.

공자(孔子)께서 말씀하시길 ‘그렇지 않다. 성인(聖人)은《주역(周易)》의
상(象)을 세움으로써 뜻을 남김 없이 표시하고, 육십사괘(六十四卦)를 만들
어 진실과 거짓을 다 알게 하였고, 괘(卦)와 효(爻)에 설명을 붙여 할 말을
다하고, 음양의 변화하고 통달하는 법칙을 옮겨 천하 모든 사람의 이(利)로
움을 다한다. 이렇게 하여 백성의 마음을 고무(鼓舞)하게 하여 신묘(神妙)
함을 정성껏 다하고 있는 것이다. 그럼으로써《주역(周易)》에서 성인(聖人)
의 뜻을 볼 수가 있다.

건괘(乾卦)와 곤괘(坤卦)는《주역(周易)》의 인온(絪縕)[4]이다. 하늘과 땅
이 벌려 있으니《주역(周易)》이 그 가운데서 성립하였다. 건괘(乾卦)와 곤
괘(坤卦)가 무너져 헐어 없어진다면《주역(周易)》의 법칙을 볼 수 없게 된
다. 그렇다면 건괘(乾卦)와 곤괘(坤卦)의 작용이 아마 거의 멸식될지도 모
른다.

그러므로 형이상(形而上)의 것을 도(道)(법칙)라고 하고 형이하(形而下)

---

4) 絪縕 : 무명 솜. 즉 천지 간의 음양(陰陽)의 기(氣)가 솜이불처럼 고루 펼쳐져 있음을 비유
   한 말이다.

의 것을 기(器)(그릇)라고 한다. 음양이 서로 움직임으로써 변화하고 견제함을 변한다고 하고, 음양 변화의 법칙을 추진(推進)하여 진행하는 것을 통(通)한다고 한다. 그러할진대 천하 백성에게 실행하는 것을 사업(事業)이라고 한다.

그렇기 때문에 대체 상(象)이라고 하는 것은 성인(聖人)이 천하의 눈에 보이지 않는 심오한 법칙을 보고 그 형용을 모방하여 물건을 마땅하게 형상화한 것이다. 이런 까닭에 이것을 상(象)이라고 하는 것이다.

성인(聖人)이 천하의 움직임을 보는 방법에 있어서 그 모이고 변하고 또 통하는 법칙을 관찰하여 문물제도를 운용한다. 괘사(卦辭)와 효사(爻辭)를 붙여 그 길(吉)하고 흉(凶)한 것을 판단한다. 그런 까닭에 이것을 효(爻)라고 한다. 효(爻)는 움직이는 것을 보이는 것이다.

천하의 심오한 이치를 극진하게 알아내는 일은 괘(卦)에 있고 천하 만사의 변동하는 현상을 드러내 보이는 것은 계사(繫辭)에 있고, 서로 변화하고 견제하는 것은 음양의 변하는 데에 있고, 이 이치를 미루어 추진하고 진행하는 것은 통하는 데 있고, 이러한《주역(周易)》의 이치를 신비하게 밝히는 일은 사람에게 있는 것이다. 묵묵한 가운데 이루어 놓고 말하지 않아도 인민이 신실한 것은 성인(聖人)의 덕행(德行)에 있는 것이다' 라 하였다.

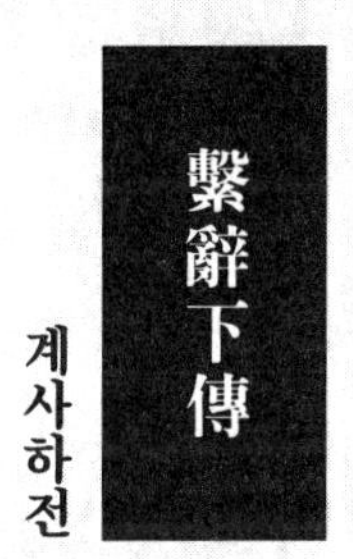

繫辭下傳

계사하전

第一章

八卦成列 象在其中矣 因而重之 爻在其中矣 剛柔相推 變在其中矣 繫辭焉而命之 動在其中矣 吉凶悔吝者 生乎動者也 剛柔者 立本者也 變通者 趣時者也 吉凶者 貞勝者也

天地之道貞觀者也 日月之道貞明者也 天下之動貞夫一者也 夫乾確然示人易矣 夫坤隤然示人簡矣 爻也者效此者也 象也者像此者也 爻象動乎內 吉凶見乎外 功業見乎變 聖人之情 見乎辭 天地之大德曰生 聖人之大寶曰位 何以守位 曰仁 何以聚人 曰財 理財正辭 禁民爲非曰義

右第一章

팔괘(八卦)가 모두 열려 있으니 천지만물의 상이 그 가운데 있다. 소성괘(小成卦)를 둘씩 겹쳐 육십사괘(六十四卦)를 만드니 천지만물의 상태를 동적(動的)으로 표현하는 효(爻)가 그 가운데에 있다. 음양이 서로 교체하여 움직이니 변화가 그 가운데에 있다. 괘(卦)와 효(爻)에 설명을 붙여 명명(命名)하니 움직이는 것이 그 속에 있다. '길(吉)' 하다, '흉(凶)' 하다, '회(悔)' 다, '린(吝)' 이라고 하는 것은 음양(陰陽)의 움직이는 변화에서 오는 것이다. 강(剛)(陽)과 유(柔)(陰)는 근본을 세우는 것이요, 변하고 통하는 것이란 시기에 맞춘다는 뜻이다. 좋고(吉) 나쁜 것(凶)이란 항상 바르게 한다면 극복할 수 있는 것이다.

천지의 법칙은 한결같이 발라서 볼 수 있는 것이요, 해와 달의 법칙은 한결같이 바르고 밝은 것이다. 천하의 모든 움직이는 것은 한결같고 바른 것이다.

하늘의 현상(乾卦)은 정확하여 사람에게 평이한 것을 보여주고, 땅의 태도(坤卦)는 유순하여 사람에게 편리한 것을 보여준다. 효(爻)라고 하는 것은 이러한 법칙을 본받은 것이, 상(象)이라고 하는 것은 이러한 상태를 본떠서 형상화한 것이다. 상효(象爻)가 이 내면에 움직이면 길(吉)하고 흉(凶)한 것이 표면에 나타나는 것이다. 변화하는 길흉(吉凶)의 상태에 대비하여 공업(功業)이 성취되고 괘사(卦辭), 효사(爻辭)를 통하여서 인간이 길흉(吉凶)에 대비해야 할 바른 길을 가르친 성인(聖人)의 심정이 나타나는 것이다.

천지의 큰 덕(德)을 '생(生)'이라고 하니, 만물을 항상 생성하게 하는 것을 말한다. 성인(聖人)의 큰 보배는 '위(位)'라고 한다. 성인(聖人)이《주역(周易)》의 법칙을 본받아 옮겨서 천하만민을 다스릴 수 있는 지위를 말하는 것이다.

무엇으로 어떻게 하면 위(位)를 지킬 수 있을까. 그 길을 '인(仁)'이라고 한다. 이는 어진 정치를 행함을 말한다. 어떻게 하면 천하의 모든 사람들이 모여들게 할 수 있을까. 그것을 '재물(財物)'이라고 한다. 재물은 인간이 생활하는 자재이기 때문이다. 재물을 처리하는 데 바른 명령을 내리고 백성에게는 불의한 일을 금(禁)하는 것을 '의(義)'라고 한다. 의(義)는 도리에 합당하다는 뜻이다.

古者包犧氏之王天下也 仰則觀象於天 俯則觀法於地 觀鳥獸之
文 與地之宜 近取諸身 遠取諸物 於是始作八卦 以通神明之德 以類
萬物之情 作結繩而爲網罟以佃以漁 蓋取諸離

包犧氏沒 神農氏作 斲木爲耜 揉木爲耒 耒耨之利 以敎天下 蓋
取諸益

日中爲市 致天下之民 聚天下之貨 交易而退 各得其所 蓋取諸
噬嗑

神農氏沒 黃帝堯舜氏作 通其變 使民不倦 神而化之 使民宜之
易窮則變 變則通 通則久 是以自天祐之 吉无不利

黃帝堯舜垂衣裳 而天下治 蓋取諸乾坤

刳木爲舟 剡木爲楫 舟楫之利 以濟不通 致遠以利天下 蓋取
諸渙

服牛乘馬 引重致遠 以利天下 蓋取諸隨

重門擊柝 以待暴客 蓋取諸豫

斷木爲杵 掘地爲臼 臼杵之利 萬民以濟 蓋取諸小過

弦木爲弧 剡木爲矢 弧矢之利 以威天下 蓋取諸睽

上古穴居而野處 後世聖人 易之以宮室 上棟下宇 以待風雨 蓋

取諸大壯

古之葬者 厚衣之以薪 葬之中野 下封不樹 喪期无數 後世聖人 易之以棺槨 蓋取諸大過

上古結繩而治 後世聖人 易之以書契 百官以治 萬民以察 蓋取諸夬

右第二章

옛날 포희씨(包犧氏)가 천하에서 임금 노릇을 할 때, 우러러 천체의 현상을 관찰하고 굽어서는 땅의 법칙을 관찰하였으며, 새와 짐승의 문채와 땅의 마땅한 바를 관찰하여 가까이는 몸에서 취하고 멀리는 천지만물에서 가져다가 처음으로 팔괘(八卦)를 만드니 신명(神明)한 덕(德)에 통달하고, 만물의 정상(情狀)을 유추(類推)하여 알게 되었다. 노끈으로 매듭을 지어 그물을 만들어서는 짐승을 사냥하고 물고기를 어획(漁獲)하게 하였으니, 그것은 이괘(離卦)의 이치에서 취한 것이다. 이(離)는 붙는다는 뜻이니 새와 짐승이 어느 곳에 부착(附着)하는가를 알아내는 것이 그물질하는 데 전제조건인 것이다.

포희씨(包犧氏)가 죽으니 신농씨(神農氏)가 일어나서, 신농씨(神農氏)는 나무를 깎아서는 보습(耜)을 만들고 나무를 휘어 잡아서는 훌칭이를 만들어 갈고 매는 이(利)를 천하만민에게 가르쳤다. 이것은 대개 익괘(益卦)에서 취한 것이다. 익(益)은 백성을 이익되게 하는 것을 가르친 괘다.

또 신농씨(神農氏)는 한낮에 시장을 열어 천하의 백성들을 오게 하고 천하의 모든 물화를 모아 서로 바꿔서 갖고 가게 하여 각각 그 필요한 것을 얻게 하였다. 이것은 대개 서합(噬嗑)괘의 이치에서 힌트를 얻은 것이다.

서합은 아래윗니(齒)가 서로 한 곳에 모여 음식물을 씹는 것을 표현한 괘(卦)다.

신농씨(神農氏)가 죽고 뒤에는 황제(黃帝), 요(堯), 순(舜) 등의 어진 군왕(君王)들이 일어나서 천지만물의 변화하는 사리에 통달하여 백성들로 하여금 게으르지 않게 하고 움직여 활동하게 하고 신비스러운 음양의 법칙으로 변화를 행하여서 백성들로 하여금 각각 그 마땅한 바를 얻게 하였다.

《주역(周易)》의 법칙은 사물이 궁극에 도달하면 변하고, 변화하면 통하는 길이 열린다는 것이다. 변하면 통하는 길이 열리기 때문에 이 음양 변화의 법칙은 오래 지속할 수 있는 것이다. 그렇기 때문에 하늘로부터 돕게 되니 길(吉)하여 이(利)롭지 않은 것이 없다는 것이다.

황제(黃帝), 요(堯), 순(舜)은 의상(衣裳)을 움직이지 않고 드리운 채 앉아 있어도 천하가 잘 다스려졌던 것이다. 그것은 건(乾)·곤괘(坤卦)에서 그 법칙을 본받았기 때문이다. 하늘과 땅은 자연스럽고 순탄하여서 작위(作爲)하는 일도 없고 요란한 일이 없어도 천지만물을 크게 생성 화육하는 것이다.

나무를 쪼개서 배를 만들고 나무를 깎아서 노를 만드니 배와 노의 이(利)로움으로 인하여 통하지 못하던 곳에 건너가게 되니 먼 데의 것을 가져오게 되어 천하에 이익이 되게 하였다. 이것은 대개 환괘(渙卦)에서 그 법칙을 취하여 온 것이다. 환괘(渙卦)에는 큰 강을 건너는 데 나무를 타기 때문에 성공한다는 말이 있다.

소를 길들이고 또 말을 타게 하여 무거운 것을 끌어 먼 곳에 운반함으로 인하여 천하를 이(利)롭게 하였다. 이것은 대개 수괘(隨卦)에서 취하여 온 것이다. 수괘(隨卦)는 시의(時宜)를 따르라는 괘이다. 때를 따라 모든 것이 각각 그 정당한 바를 얻는 것이다.

이중(二重)의 문을 세우고 밤에 딱딱이를 쳐서 난폭한 외인이 오는 것을 대비하게 하였다. 이것은 대개 예괘(豫卦)에서 취하여 온 것이며, 예(豫)는 미리라는 뜻이다.

나무를 잘 타서 공이(杵)를 만들고 땅을 파서 호박을 만드니, 공이와 호박의 이(利)됨이 만민을 구제케 되었다. 또한 이것은 대개 소과괘(小過卦)에서 취하여 온 것이다. 소과괘(小過卦)는 간괘(艮卦)가 아래에 있고 진괘(震卦)가 위에 있다. 간(艮)은 산(山)이니 정지하는 것으로서 호박을 상징하고 진(震)은 우레로써 움직이는 것이니 공이를 의미하는 것이다.

나무를 구부려 시위를 메워 활을 만들고 나무를 깎아서 화살을 만들어 활과 화살의 이(利)로움으로써 천하를 위압하게 하니 이것은 대개 규괘(睽卦)에서 암시를 받은 것이다. 규괘(睽卦)는 반목질시(反目疾視)를 표현한 괘(卦)다.

옛날에는 사람이 바위틈이나 구멍에서 살았고 들에서 거처하였다. 후에 성인(聖人)이 훌륭한 궁실을 지어 옛날의 생활방식을 바꾸게 하니 위에는 마룻대를 세우고 아래에는 서까래를 놓아 바람과 비에 대비하게 되었다. 이것은 대개 대장괘(大壯卦)에서 취하여 온 것이다. 대장(大壯)은 궁실의 장대한 것을 연상케 한다.

옛날에 장사를 지낼 때 시체를 섶으로 두텁게 싸서 들 한복판에 장사하고 봉분을 만들거나 묘에 나무를 심지도 않았으며, 상기(喪期)도 일정한 시일이 없었다. 후세의 성인(聖人)이 섶 대신에 관을 쓰는 것으로 바꿔 놓았다. 이것은 대개 대과괘(大過卦)에서 연상한 것이다. 대과(大過)는 성대하기가 매우 지나치다는 뜻이다. 관을 사용하여 죽은 사람의 장사를 지낼 만큼 후(厚)한 예(禮)로 한다는 것이다.

옛날에는 노끈 마디를 맺어 의사를 표시함으로써 다스리던 것을 후세에 성인(聖人)이 서계(書契)로 바꾸어 모든 관원과 만민이 그로 인하여 다스리고 알게 되었다. 이것은 대개 쾌괘(夬卦)에서 취하여 온 것이다. 쾌(夬)는 결단한다는 뜻이니 문자(文字)로써 모든 일을 처리 결단한다는 것이다.

是故易者象也 象也者像也 彖者材也 爻也者效天下之動者也 是
故吉凶生 而悔吝著也

右第三章

　그러므로 《주역(周易)》의 괘(卦)는 상(象)이다. 상(象)이란 것은 천지만
물을 형상화시킨 것이다. 상사(象辭)(괘[卦]를 설명한 것)는 괘(卦)의 재덕(才
德)을 말한 것이다. 효(爻)란 것은 천하만물의 움직임을 본받은 것이다. 그
러므로 길(吉)하고 흉(凶)한 것이 생기고 뉘우치는 일과 조심되는 일이 나
타나는 것이다.

陽卦多陰 陰卦多陽 其何故也 陽卦奇 陰卦耦 其德行何也 陽一
君而二民 君子之道也 陰二君而一民 小人之道也

右第四章

양괘(陽卦)에는 음효(陰爻)가 많고 음괘(陰卦)에는 양효(陽爻)가 많다. 그
까닭은 무엇 때문인가? 이는 양괘(陽卦)에는 양효(陽爻)가 홀수(奇數)이고
음괘(陰卦)에는 음효(陰爻)가 짝수(偶數)로 되어 있음을 말한다. (坤 ☷, 坎
☵, 震 ☳은 陽卦요, 兌 ☱, 離 ☲, 巽 ☴는 陰卦인 것이다) 일(一)은 여럿의 근원
이요, 처음이다. 음(陰)은 양(陽)의 다음이니 둘째를 말한다. 그러므로 양효
(陽爻)가 하나인 것은 양괘(陽卦), 둘인 것은 음괘(陰卦)이다.

양괘(陽卦)와 음괘(陰卦)의 덕행(德行)은 어떠한가? 양괘(陽卦)는 한 군
주(君主)(陽)에 많은 백성이 좇는 형상이므로 군자(君子)의 도(道)요, 음괘(陰
卦)는 두 군주(君主)(陽)를 좇는 백성은 수소(數少)인 모습이니 소인(小人)의
도(道)를 말한다.

第
五
章

易曰 憧憧往來 朋從爾思 子曰 天下何思何慮 天下同歸而殊塗 一致而百慮 天下何思何慮 日往則月來月往則日來 日月相推 而明生焉 寒往則暑來 暑往則寒來 寒暑相推 而歲成焉 往者屈也 來者信也 屈信相感而利生焉 尺蠖之屈 以求信也 龍蛇之蟄 以存身也 精義入神 以致用也 利用安身 以崇德也 過此以往 未之或知也 窮神之化 德之盛也

易曰 困于石 據于蒺藜 入于其宮 不見其妻 凶子曰 非所困而困焉 名必辱 非所據而據焉 身必危 既辱且危 死期將至 妻其可得見邪

易曰 公用射隼于高墉之上 獲之无不利 子曰 隼者禽也 弓矢者器也 射之者人也 君子藏器於身 待時而動 何不利之有 動而不括 是以出而有獲 語成器而動者也

子曰 小人不恥不仁 不畏不義 不見利不勸 不威不懲 小懲而大誡 此小人之福也 易曰 屨校滅趾 无咎此之謂也

善不積 不足以成名 惡不積 不足以滅身 小人以小善爲无益而弗爲也 以小惡爲无傷 而弗去也 故惡積而不可掩 罪大而不可解 易曰 何校滅耳 凶

子曰 危者安其位者也 亡者保其存者也 亂者有其治者也 是故君

子安而不忘危 存而不忘亡 治而不忘亂是以 身安而國家可保也 易
曰 其亡其亡 繫于苞桑

　　子曰 德薄而位尊 知小而謀大 力小而任重 鮮不及矣 易曰 鼎折
足 覆公餗 其形渥 凶 言不勝其任也

　　子曰 知幾其神乎 君子上交不諂 下交不瀆 其知幾乎 幾者動之
微 吉之先見者也 君子見幾而作 不俟終日 易曰 介于石不終日 貞吉
介如石焉 寧用終日 斷可識矣 君子知微知彰 知柔知剛 萬夫之望

　　子曰 顏氏之子 其殆庶幾乎 有不善未嘗不知 知之未嘗復行也
易曰 不遠復 无祗悔 元吉

　　天地絪縕 萬物化醇 男女構精 萬物化生 易曰 三人行則損一人
一人行則得其友 言致一也

　　子曰 君子安其身而後動 易其心而後語 定其交而後求 君子修此
三者 故全也 危以動 則民不與也 懼以語 則民不應也 无交而求 則
民不與也 莫之與 則傷之者至矣 易曰 莫益之 或擊之 立心勿恒 凶

　　右第五章

　　함괘(咸卦)는 효사(爻辭)에 말하기를 ‘벗을 그리워하는 마음으로 밀거
니 당기거니 생각하여 벗이 그대의 생각대로 좇는다’ 고 하였다.

　　공자(孔子)가 말씀하시기를 ‘천하가 무엇을 생각하고 무엇을 걱정한단
말인가. 천하의 일백 가지 일이 모두 돌아가지만 길은 다르고, 마침내는 한
곳으로 일치(一致)하는 것이다. 하나로 일관(一貫)한다면 백 가지의 생각도
마침내는 일치하는 것이니, 무엇을 생각하고 무엇을 걱정한단 말인가. 오
직 일관(一貫)의 도(道)를 깨닫는다면 생각하지 않더라도 저절로 얻을 수

있기 때문이다.

해가 지면 달이 뜨고 달이 지면 해가 뜬다. 해와 달이 서로 교체하여 밝은 빛이 생긴다. 추위가 가면 더위가 오고 더위가 가면 추위가 온다. 추위와 더위가 서로 교체하여서 해(歲)를 이룬다. 가는 것은 굽히는 것이요, 오는 것은 펴는 것이다. 굽히는 것과 펴는 것이 서로 느끼어 이(利)로움이 생기는 것이다. 자벌레가 몸을 움츠리는 것은 펴기 위함이요, 용과 뱀이 조용하게 엎드려 있는 것은 몸을 보존하기 위함이다. 사물의 이치의 정미(精微)한 뜻을 고요한 정신으로 인하여 깨닫는다면, 조용하게 움직이지 않더라도 그것으로써 모든 작용을 일으킬 수 있는 것이다. 먼저 자신의 몸을 수월하게 하여 모든 쓰임을 이(利)로움이 되게 하는 것은 덕(德)을 높이는 것이다.

이상의―사물의 정미(精微)한 이치를 깨달아 움직이지 않고도 모든 쓰임의 작용을 일으키는 것과, 자신의 몸을 수월하게 하며 쓰임을 이(利)롭게 함으로써 덕(德)을 높이는 것―두 가지 일의 한계선을 지나치면 그 이상의 일은 너무나 깊고 멀고 미요해서 알 수 없다. 변화함의 법칙을 알아낸다는 것은 덕(德)의 가장 성대(盛大)한 것이기 때문에 성인(聖人)이나 가능한 것이다' 라 하였다.

《주역(周易)》〔곤괘(困卦)의 효사(爻辭)〕에서 말하기를 '돌에 차이어 곤란을 받고 납가새풀(蒺藜)에 의거(依據)한다. 그 궁(宮)에 들어가서 그의 아내를 보지 못하니, 흉(凶)하다' 고 하였다.

〔이것은 곤괘(困卦)의 삼음(三陰)의 효사(爻辭)이다. 곤괘(困卦)의 삼효(三爻)는 밑에 있는 이효(二爻)의 양효(陽爻)요, 바로 위에 있는 사효(四爻)도 양효(陽爻)이므로 본시 삼효(三爻)는 양효(陽爻)의 위치이다. 그런데 음효

(陰爻)로서 양효(陽爻)의 위치에 있는 것은 제 신분에 지나치게 맞지 않다. 위로 사양(四陽)에 상비(相比)의 관계를 맺고자 하나 사양(四陽)은 초음(初陰)과 음양 상응의 관계에 있기 때문에 삼음(三陰)에게는 돌처럼 차갑고 강경하기 때문에 친근할 수 없는 모습이다. 그래서 돌에 차이어 곤란을 받는다는 것이다. 또 밑에 있는 이효(二爻)는 양효(陽爻)이기 때문에 음효(陰爻)가 양효(陽爻)의 위에 타고 있는 것은 그 자리가 편안하지 않다. 마치 가시덤불에 기대하고 있는 것과 같은 것이다. 이렇게 삼음(三陰)은 위로 대응관계에 있는 상음(上陰)과는 서로 대립의 관계에 있고 사양(四陽)과의 비(比)관계도 거부되고 밑에 있는 이양(二陽)은 강효(剛爻)에서 삼음(三陰)에 심복하지 않으니, 삼음(三陰)은 그 위치가 몹시 외롭다. 마치 그 궁에 들어가도 아내를 보지 못함과 같다는 것이다.〕

공자(孔子)가 이 효사(爻辭)에 대해 말씀하시길, '곤란(困難)을 받지 않아도 좋을 때 곤란(困難)을 받으니, 그 이름은 반드시 욕될 것이요, 의지할 수 없는 것에 의지하니 몸이 반드시 위태하게 되는 것이다. 이미 이름이 욕되고 또 몸이 위태하므로 죽을 시기가 곧 오는 데, 그 아내를 볼 수 있겠는가' 하였다.

〔곤괘(困卦)의 삼음(三陰)이 위로 사음(四陰)에게 가서 눈짓하지 않았다면 사양(四陽)에게 냉대를 받는 쓰라림을 당하지 않아도 되었을 것이요, 또 삼음(三陰)이 이양(二陽)에게 스스로 겸손한 태도로 자신을 낮춰서 대하였다면 이양(二陽)의 태도가 마치 가시처럼 표독스럽지는 않았을 것이다. 먼저 자신의 몸을 안전하게 보전할 줄 알아야 한다는 것을 말한 것이다.〕

《주역(周易)》〔해괘(解卦) 상육(上六)의 효사(爻辭)〕에 이르기를 '공작(公爵) 벼슬을 하는 사람이 높은 담 위에 앉은 새매를 쏜다. 이것을 잡았으니 이(利)롭지 않은 것이 없다'고 하였다.

　공자(孔子)께서 이에 대하여 말씀하길 '새매라는 것은 새고, 활과 살은 기물(器物)이며 이것을 쏘는 자는 사람이다. 군자(君子)는 기물을 몸에 간직하고 있다가 때를 기다려 움직이면 무슨 불리(不利)한 것이 있겠는가, 움직여 방해됨이 없다. 그러므로 나가서는 얻는 것이 있는 것이다'고 하였다. 이러한 것은 그릇이 이루어진 다음에 움직이라는 것을 말한다. 군자(君子)가 어진 도(道)를 몸에 지니고 움직여야 할 때를 기다렸다가 일어나 움직인다면 구애됨이 없이 그 도(道)가 행하여진다는 것을 비유한 것이다.

　공자께서 말씀하기를 '소인(小人)은 인(仁)하지 못한 것을 부끄러워하지 않고 의롭지 못한 일을 두려워하지 않는다. 이(利)를 보지 않으면 힘쓰려 하지 않고 위엄을 보이지 않으면 징계되지 않는다. 이러한 소인(小人)에게는 작은 죄에 형벌을 가하여 큰 잘못을 범하지 않도록 경계하는 것이 그들을 위하여 복이 되는 것이다.

　《주역(周易)》〔서합괘(噬嗑卦)의 초양(初陽)의 효사(爻辭)〕에 이르길 '발에 차꼬(足枷)를 채워 걷지 못하게 한다. 허물은 없다'고 한 것은 이것을 이르는 것이다.

　(발에 차꼬를 채워 걷지 못하게 하는 것은 작은 죄에 대한 형벌이며, 작은 죄과를 형벌하여, 다음에 큰 죄를 범하지 못하게 하는 것이다.)

　선(善)한 일도 누적(累積)하지 않으면 이름을 이룰 수 없고 악(惡)한 일도 누적(累積)되지 않으면 몸을 멸망시키지는 않을 것이다. 소인(小人)은 작은 선행은 도움될 것이 없다고 하여 하지 아니하며, 작은 악행은 해 될 것이 없다고 하여 버리지 않는다. 그런 까닭에 악이 누적(累積)되어 덮을 수 없고 죄가 커져서 풀어줄 수 없게 되는 것이다'라 하였다.《주역(周易)》

〔서합괘(噬嗑卦)의 상양(上陽)의 효사(爻辭)〕에 말하길 '목에 칼을 쓰고 귀를 베인다. 흉하다' 고 하였다.

공자(孔子)께서 말씀하길 '지금 위태한 자는 전에 그 지위에 안일하여 경계하는 마음이 없었던 자요, 지금 멸망된 자는 그가 전에 존재를 보유(保有)하여 영원히 존속할 것으로 생각하고 경계하는 마음을 지니지 않았던 자요, 지금 그 나라가 어지럽게 된 자(者)는 전에 그 나라가 다스려졌을 때 스스로 그 다스려지는 것을 자만하여 경계하는 마음이 없었던 자인 것이다. 그러므로 군자(君子)는 자기가 편안할 때 위태함을 잊지 않고, 존재할 때 멸망하는 일을 잊지 않고, 다스려질 때 어지러워지는 일을 잊지 않고 경계하는 것이다. 그러므로 몸이 편안할 수 있고 국가를 보전할 수 있는 것이다' 고 하였다.

《역(易)》〔부괘(否卦)의 오양(五陽)의 효사(爻辭)〕에 말하기를 '혹시 망하지나 않을까, 망하지나 않을까 하여 무더기로 뽕나무의 떨기에 매어둔다' 고 하였다.

공자(孔子)께서 말씀하길 '덕(德)은 박약한데 지위는 높고, 지혜는 적은데 큰일을 도모하고, 능력은 적은데 책임이 무겁다면 화가 미치지 않는 일이 드문 것이다' 라 하였다.

《역(易)》〔정괘(鼎卦)의 사양(四陽)의 효사(爻辭)〕에 이르기를 '솥발이 부러져서 임금의 진찬(珍饌)을 엎질러 버렸다. 그 얼굴이 부끄러워 땀이 나서 젖는다. 흉(凶)하다' 고 하였다. 이것은 그 직임(職任)을 감당해 내지 못함을 말한 것이다.

공자(孔子)께서 말씀하길 '기미(機微)를 안다는 것은 그야말로 신비로운 일이다. 군자(君子)는 윗사람과 사귀나 아첨하지 아니하고 아래와 사귀나 더럽혀지지 않는 것이다. 기미(機微)라고 하는 것은 사물의 움직임이 극히 미세한 징조로서 거기에는 이미 길흉(吉凶)의 단서가 제일 먼저 나타난다. 군자(君子)는 미세(微細)한 징조를 보면 당장에 일어나 일을 하되 종일토록 기다리지도 않는 것이다' 라 하였다.

《역(易)》〔예괘(豫卦)의 이음(二陰)의 효사(爻辭)〕에 이르기를 '돌 사이에 끼어 있는 물건과 같이 기밀을 굳게 지킨다. 종일토록 기다리지 않는다. 이 마음이 항상 같다면 길(吉)하리라' 고 하였다. 마음이 돌 사이에 굳게 끼어 있으니, 어찌 종일토록 기다릴 것인가. 그 과단성을 알 수 있다.

군자(君子)는 미세(微細)한 것도 알고 드러난 것도 알며 유순한 것도 알고 강강(剛强)한 것도 안다. 그러므로 모든 사람들이 미망(美望)하는 것이다.

공자(孔子)께서 말씀하길 '안씨(顔氏)의 아들〔안연(顔淵)〕이 거의 도(道)를 통하는 데 가깝구나, 선치 못한 일이 있었을 때는 일찍이 그것을 알지 못하는 일이 없었으며, 그것이 선치 못한 일인 줄 알면 두 번 다시 하는 일도 일찍이 없었다' 라 하였다.

《역(易)》〔복괘(復卦)의 초양(初陽)의 효사(爻辭)〕에서 말하기를 '멀지 않아서 돌아온다. 뉘우칠 일이 없을 것이다. 크게 길(吉)하다' 고 하였다.

하늘과 땅의 기운이 서로 밀접하게 화합하여 만물이 화육(化育)하고 번영하며 남성(男性) 여성(女性)의 정기(精氣)가 합하여 온갖 생명이 변화 생성하는 것이다.

《역(易)》〔손괘(損卦)의 삼음(三陰)의 효사(爻辭)〕에 말하기를 '세 사람이 동행하면 한 사람은 따돌려지고 혼자서 가면 벗을 얻게 된다' 고 하였다. 이것은 하나로 일치하는 것을 말한 것이다.

공자(孔子)께서 말씀하길 '군자(君子)는 그 몸을 안전하게 한 뒤에 움직이고, 그 마음을 수월하게 가진 뒤에 말하고, 그 사귈 것을 정(定)해 놓은 뒤에 구(求)하는 것이다. 군자(君子)는 이 세 가지를 수양한다. 그러므로 온전한 것이다' 하였다. 이것은 몸이 위태함에도 불구하고 움직이면 백성들이 참여하지 아니하고, 두려워하면서 말하면 백성들이 호응하지 아니하고, 사귐이 없이 요구하면 백성들이 주지 아니하는 것이다. 참여하지 아니하면 혹은 이를 해치는 자가 생기기 마련인 것이다.

《역(易)》〔익괘(益卦)의 상양(上陽)의 효사(爻辭)〕에 이르기를 '유익하게 하지 않는다. 혹은 공격해 올는지도 모른다. 내 자신의 마음을 한결같이 떳떳한 것으로 세우지 못하였기 때문이다. 흉(凶)하다' 고 하였다.

子曰 乾坤其易之門邪 乾陽物也 坤陰物也 陰陽合德 而剛柔有

體 以體天地之撰 以通神明之德 其稱名也 雜而不越 於稽其類 其衰

世之意邪

夫易彰往而察來 而微顯闡幽 開而當名 辨物正言 斷辭則備矣其

稱名也小 其取類也大 其旨遠 其辭文其言曲而中 其事肆而隱 因貳

以濟民行 以明失得之報

右第六章

공자(孔子)께서 말씀하길 '건괘(乾卦)(하늘의 상징)와 곤괘(坤卦)(땅의 상

징)는 《주역(周易)》의 문(門)인가.《주역(周易)》의 모든 변화가 거기로부터

나온다. 건(乾)은 양기(陽氣)의 물건이요, 곤(坤)은 음기(陰氣)의 물건이다.

양(陽)과 음(陰)이 서로 덕성(德性)을 합하여 만물을 낳으니, 강(剛)과 유(柔)

가 형체를 나타낸다.《주역(周易)》은 이러한 천지의 이치를 형상화한 것이

다. 그렇기 때문에 사람은《주역(周易)》으로 만물 생성(生成)의 신명(神明)

한 덕(德)에 통달할 수 있는 것이다.

《주역(周易)》은 그 괘효(卦爻)의 이름과 말들이 잡다(雜多)하지만 모든

것은 일정한 법칙이 있어서 질서를 벗어나지 아니한다. 그 괘(卦)와 계사

(繫辭)의 종류를 고찰하여 보면 걱정하고 근심하는 것이 많다. 이것은《주역(周易)》이 저작된 당시의 혼란한 사회상이 반영된 것인지도 모른다.

무릇《주역(周易)》은 지나간 일을 밝혀 장차 올 일을 살피고, 미세(微細)한 것을 보고 깊숙한 것을 드러내어 밝히는 것이다. 괘(卦)와 효(爻)를 열어 명칭을 붙이되 물건의 성질을 분변(分辨)하여 가려 놓으며 바르게 말을 하여 언사를 단정(斷定)한다.〔강건(剛健)을 의미하는 건괘(乾卦)는 용으로 상징하고 유순을 의미하는 곤괘(坤卦)에는 말로써 상징하는 것과 같다.〕

그러므로 괘사(卦辭), 효사(爻辭)는 구비되어 있는 것이다.

《주역(周易)》은 그 이름으로 일컫는 것은 작은 것이지만 그것이 동류(同類)를 취하면 그 범위는 크게 확대되는 것이다. 그래서 그 뜻은 함성축이 있어 심원(深遠)하고 그 글은 변화를 내포(內包)하여 수식하는 문채가 있다. 그 말은 직접적(直接的)인 표현을 피하고 추상적으로 돌리어 간곡하게 설명하여 모든 사상(事象)으로 이치에 맞는다.《주역(周易)》이 설명하고 있는 일은 꺼림이 없지마는 그 논의하는 이치는 깊고 은미한 것이다. 길(吉)하고 흉(凶)한 두 가지의 생각하는 이치를 보여 줌으로써 백성의 행동이 선하지 못한 데 빠지지 않도록 건져준다. 선하지 못한 행동에는 흉(凶)한 응보가 오고 선(善)한 행동에는 길(吉)한 응보가 온다는 것을 설명하여 잃고 얻는 갚음을 밝혀 주는 것이다.

易之興也 其於中古乎 作易者 其有憂患乎 是故 履德之其也 謙德之柄也 復德之本也 恒德之固也 損德之修也 益德之裕也 困德之辨也 井德之地也 巽德之制也

履和而至 謙尊而光 復小而辨於物 恒雜而不厭 損先難而後易 益長裕而不設 困窮而通 井居其所而遷 巽稱而隱

履以和行 謙以制禮 復以自知 恒以一德 損以遠害 益以興利困以寡慾 井以辯義 巽以行權

右第七章

《주역(周易)》이 저작된 것은 중고시대(中古時代)인가.《주역(周易)》의 작자는 근심과 걱정이 있었을 것이다.〔그러므로《주역(周易)》은 항상 근심하고 걱정하여 반성하고 계신(戒愼)하고 덕(德)을 닦고 노력함으로 인하여 극복하는 길을 설명하고 있다.〕

그러므로 이괘(履卦)는 덕(德)의 기본이 된다. 이괘(履卦)는 항상 두려워하고 조심하여 반성하고 수양하는 것을 상징한 괘(卦)다.

겸괘(謙卦)는 덕(德)을 실행하는 데 자루(柄)와 같은 것이다. 겸괘(謙卦)는 항상 마음과 태도를 겸손하게 하여 덕행(德行)을 실천할 것을 가르친 괘

(卦)다. 덕(德)을 실행하는 데 겸손한 태도를 가지는 것은 도끼와 괭이를 쓸 때 자루를 잡는 것과 같이 없어서는 안 될 것이기 때문이다.

복괘(復卦)는 덕(德)의 근본이다. 복(復)은 처음으로 되돌아간다는 것을 의미하므로, 덕(德)이 아주 쇠퇴한 상태에 빠지게 되면 덕(德)은 반드시 뿌리에서 새싹이 돋아나듯 다시 재생하는 것이다. 그렇게 처음으로 되돌아가는 것은 덕(德), 그 자체에 영원히 소멸되지 않는 뿌리가 있기 때문이다.

항괘(恒卦)는 덕(德)을 고수(固守)할 것을 가르친다. 항(恒)은 한결같이 변하지 아니하는 것을 의미하므로 덕(德)은 꾸준히 지켜서 한결같아야 하는 것이다.

손괘(損卦)는 덕(德)을 닦는 것을 가르친 괘(卦)다. 덕(德)을 실행할 때, 항상 스스로를 낮추고 스스로를 감손(減損)하는 겸허한 태도를 가지면 그것은 곧 덕(德)을 수양(修養)하는 길이 되는 것이다.

익괘(益卦)는 덕(德)의 여유 있는 상태를 설명한 괘(卦)다. 덕(德)을 실천하는 자(者)는 항상 남에게 이익이 되게 하기를 힘쓴다. 남에게 이익됨이 있게 하는 것은 관대하고 느긋한 마음에서 오는 것이다.

곤괘(困卦)는 덕(德)의 분변(分辨)을 가르친 괘다. 곤란(困難)한 때를 당하여 절조를 지켜 굽히지 아니하는 것은 분변(分辨)하는 마음이 있기 때문이다.

정괘(井卦)는 덕(德)의 확고한 신념을 가진 상태를 상징한 괘(卦)다. 정(井)은 고정된 위치에 있어 변화하지 않는다. 덕(德)도 그가 있어야 할 일정한 위치를 옮기지 않는 것이다.

손괘(巽卦)는 호령(號令)을 거듭하여 법제(法制)를 행(行)하는 괘(卦)다. 그러므로 덕(德)과 더불어 인간의 규범이 되는 것이다.

이괘(履卦)는 몸가짐을 신중히 하기 때문에 남과 화합할 수 있으며, 화합하면서도 자기의 지켜가야 할 마땅한 바에 도달할 수 있는 것이다.

겸괘(謙卦)는 자신을 겸손하게 낮춤으로 인하여 그 덕(德)은 더욱 높아지고 광채가 나는 것이다.

복괘(復卦)는 시초(始初)의 미세(微細)한 때에 이미 사물의 길흉(吉凶)을 분변(分辨)하기 때문에 오래지 않아 바른 도(道)에 회복할 수 있는 것이다.

항괘(恒卦)는 모든 잡다(雜多)한 사물(事物)과 공존(共存)하면서도 바른 도(道)를 지켜 현혹되지 아니한다.

손괘(損卦)는 자신을 손(損)하여 남에게 익(益)되게 함으로써 덕(德)을 기르는 것이므로 처음은 곤란하지만 나중에는 순탄한 것이다.

익괘(益卦)는 남에게 유익하게 함으로써 저절로 느긋하고 관대한 덕(德)을 이룩할 수 있는 것이다. 새삼스레 작위(作爲)하지 아니한다.

곤괘(困卦)는 곤궁한 때에 있으면서 절조(節操)를 지켜 마침내 형통함을 얻는 것이다.

정괘(井卦)는 확고부동한 정도(正道)의 위치를 지키면서 도(道)의 공덕(功德)이 세상에 베풀어지게 하는 것이다.

손괘(巽卦)는 호령(號令)을 칭양(稱揚)하면서 스스로 자신을 나타내어 내세우지 아니하는 것이다.

그러므로 이괘(履卦)는 사람의 행동을 조화시키고 겸괘(謙卦)는 예절을 제정하는 기초가 되고 이괘(履卦)는 스스로를 깨닫게 되고, 항괘(恒卦)는 덕(德)을 한결같이 하게 하고, 손괘(損卦)는 자신의 이익을 추구하지 않기 때문에 박해를 피할 수 있고, 익괘(益卦)는 세상의 복리를 진흥시키고, 곤괘(困卦)는 곤궁(困窮)함에도 불구하고 절조를 지키므로 다른 사람에게 원망을 사는 일이 적고, 정괘(井卦)는 널리 은택을 베풀면서 화(和)를 생각함이 없으니 의(義)를 변명(辯明)할 수 있고, 손괘(巽卦)는 때에 순응하고 마땅한 바를 따르기 때문에 임기응변할 수 있는 것이다.

易之爲書也 不可遠 爲道也屢遷 變動不居 周流六虛 上下无常
剛柔相易 不可爲典要 唯變所適 其出入以度 外內使知懼 又明於憂
患與故 无有師保 如臨父母 初率其辭而揆其方 既有典常 苟非其人
道不虛行

右第八章

《주역(周易)》이라는 책은 그 됨됨이가 멀리할 수 없는 것이다.《주역(周
易)》의 법칙은 자주 바뀌는 것이다. 항상 변동하여 한 곳에 머물러 있지 않
으며, 음(陰)과 양(陽)은 육효(六爻) 사이를 돌고 돈다. 올라가기도 하고 내
려오기도 하여 일정(一定)하지 않고, 강효(剛爻)와 유효(柔爻)가 서로 바뀌
어 일정(一定)한 방식을 세울 수가 없다. 그것은 오직 변화하는 것만이 적
당한 것이다. 그 고정(固定)되지 아니한 움직임에는 나가고 들어감의 법도
(法度)가 있다. 들어감이 정당할 때는 들어가고 나감이 정당할 때는 나가는
것이다. 그러므로 사람으로 하여금 밖과 안이 두려움을 알게 한다. (밖에 있
어야 할 때 안에 들어가고, 안에 있어야 할 때에 밖에 나오는 것은 그 결과가 흉한
것이기 때문에) 또 우환과 까닭을 밝혀 주어서 스승처럼 하나하나 가르치는
일이 없어도 저절로 부모의 앞에 내임(來臨)하여 있는 것처럼 신뢰와 공경

하는 마음을 지니게끔 만든다.

처음에는 계사(繫辭)를 따라 그 의미를 살피도록 한다. 《주역(周易)》에는 일정하지 않은, 그러나 일정 불변한 법칙이 있다. 만약 이러한 《주역(周易)》의 이치를 깨닫고 이것을 본받을 만한 사람이 아니라면 《주역(周易)》의 법칙은 제 혼자서 헛되게 행하여지지는 않는다.

易之爲書也 原始要終 以爲質也 六爻相雜 唯其時物也 其初難知 其上易知 本末也 初辭擬之 卒成之終 若夫雜物撰德 辨是與非則非其中爻不備 噫亦要存亡吉凶 則居可知矣 知者觀其彖辭 則思過半矣

二與四同功而異位 其善不同 二多譽 四多懼 近也 柔之爲道 不利遠者 其要无咎 其用柔中也

三與五同功而異位 三多凶 五多功 貴賤之等也 其柔危其剛勝耶

右第九章

《주역(周易)》이란 서적의 됨됨이는 시초(始初)를 찾아서 종말(終末)을 살피는 것이 그 본질이다.

육효(六爻)가 서로 섞여 있어서 그 한 효(爻) 한 효(爻)는 각각 그 한 때의 일을 보여주는 것이다.

초효(初爻)의 뜻은 알기 난해하고 상효(上爻)의 뜻은 알기 쉬운 것이다. 초효(初爻)는 사물의 근본이요, 상효(上爻)는 사물의 말단인 것이다. 초효(初爻)는 근본이기 때문에 사물(事物)의 미세한 시작으로서 아직 나타나지 않은 것이다. 그러므로 초효(初爻)의 효사(爻辭)를 비유하여 설명한다. 그래서 알기가 난해한 것이다. 상효(上爻)는 일의 이루어진 결말이므로 나타난 것이어서 알기 쉬운 것이다.

만약 천하의 사물을 섞어서 길흉을 가려내고 옳고 그른 것을 분변(分辨)하려면 중효(中爻)가 아니면 다른 어느 한 효(爻)에서도 갖추어져 있지 않는 것이다.

존망(存亡)과 길흉을 찾아본다면 중효(中爻)를 보면 앉은 자리에서 알 수 있는 것이다. 총명한 지혜 있는 사람이 그 단사(彖辭)를 관찰하면 곧 생각하여 깨닫는 바가 많을 것이다.

이효(二爻)와 사효(四爻)는 같은 음효(陰爻)로서 그 작용하는 바는 같으나 위치가 전혀 다르기 때문에 선(善)을 위한 마음가짐이 상이(相異)하다. 이효(二爻)는 하괘(下卦)의 중앙(中央)의 지위에 있으므로 칭찬과 기림을 받는 경우가 많지만, 사효(四爻)는 제왕(帝王)(五爻)의 측근(側近)에 있기 때문에 두려워하고 신중히 한다고 한 경우가 많다. 유(柔)(臣)의 도리는 오효(五爻)(帝王)에서 멀리 있다고 함은 불리(不利)한 것이다. 그러나 이효(二爻)가 허물이 없는 것은 유순한 마음으로 중립(中立)에 있기 때문인 것이다.

삼효(三爻)와 오효(五爻)는 같은 양효(爻)의 위치로서 작용은 같으나 위치가 다르다. 삼효(三爻)는 나쁜 경우가 많고 오효(五爻)는 성공하는 경우가 많다. 귀천(貴賤)의 등분이 다르기 때문이다.

〔오효(五爻)는 제왕(帝王)의 지위로서 존귀하고 삼효(三爻)는 하괘(下卦)의 효(爻)로서 오효(五爻)에 비해 비천한 것이다.〕

삼효(三爻)와 오효(五爻)에 음효(爻)가 있으면 위태롭고 양효(爻)가 있으면 건전한 작용을 드러낼 것이다. 〔삼효(三爻)와 오효(五爻)는 양효(爻)

의 위치인지라 음효(爻)가 양효(爻)의 위치에 있게 되면 위치가 마땅하지
않다.〕

易之爲書也 廣大悉備 有天道焉 有人道焉 有地道焉 兼三才而
兩之 故六 六者非他也 三才之道也 道有變動 故曰爻 有等 故曰物
物相雜 故曰文 文不當 故吉凶生焉

右第十章

《주역(周易)》이라는 서적은 그 책 됨의 내용이 넓고 커서 모든 것이 다
갖추어져 있다. 천도(天道)도 있고 인도(人道)도 있고 지도(地道)가 있어 모
든 법칙이 그 속에 포함되어 있다. 천(天), 지(地), 인(人) 세 가지를 각각 두
효(爻)씩으로 상징하니 육효(六爻)가 된다. 그러므로 육효(六爻)라는 것은
딴 것이 아니다. 하늘과 땅과 사람의 법칙, 즉 삼재(三才)의 법칙을 보인 것
이다. 〔상효(上爻), 오효(五爻)는 천(天)을 사효(四爻), 삼효(三爻)는 인(人),
이효(二爻), 일효(一爻)는 지(地)를 상징한다.〕

법칙은 언제나 변화한다. 그러므로 효(爻)는 그 변화를 표시하는 것이
다. 효(爻)에는 등급이 있으므로 양효(陽爻)라고 하고, 음효(陰爻)라고 한다.
양효(陽爻)와 음효(陰爻)가 서로 섞여 있기 때문에 문채라고 한다. 〔양은 하
늘, 음은 땅을 상징하는 것으로 하늘은 검은 것, 땅은 누런 것. 검고 누런

것이 교착하기 때문에 문채를 이룬다는 것이다.] 음양의 서로 뒤섞임만이
마땅한 것이 아닌지라 길하고 흉한 일이 발생하는 것이다.

易之興也 其當殷之末世 周之盛德邪 當文王與紂之事邪 是故其辭危 危者使平 易者使傾 其道甚大 百物不廢 懼以終始其要无咎 此之謂易之道也

右第十一章

《주역(周易)》이 일어난 시기는 은(殷)나라의 말세(末世), 주 나라의 성덕시대(盛德時代)의 무렵일 것이다. 주 나라의 문왕(文王)과 은(殷)나라의 주왕(紂王)의 일에 해당하는 것일까. 왜냐하면 그 당시에 위태로워 하는 것이 많았다. 또한 위험스럽다고 조심하는 자는 평안하게 하고, 자만하여 안이(安易)해하는 자는 멸망하게 된다는 것을 늘 설명하고 있기 때문이다.

《주역(周易)》의 이치는 심히 광대하여서 모든 사물을 폐하는 것이 없다.

항상 두려워하고 근심하는 마음으로 시종(始終)하는 것은 그 요구하는 것이 허물없기를 바라기 때문이다. 그렇기 때문에 이를《주역(周易)》의 도(道)라 하는 것이다.

夫乾天下之至健也 德行恒易以知險 夫坤天下之至順也 德行恒
簡以知阻 能說諸心 能研諸(侯之)慮 定天下之吉凶 成天下之亹亹者
是故變化云爲 吉事有祥 象事知器 占事知來 天地設位聖人成能 人
謀鬼謀 百姓與能

八卦以象告 爻象以情言 剛柔雜居 而吉凶可見矣 變動以利言
吉凶以情遷 是故愛惡相攻 而吉凶生 遠近相取 而悔吝生 情僞相感
而利害生 凡易之情 近而不相得則凶 或害之悔且吝

將叛者其辭慙 中心疑者其辭枝 吉人之辭寡 躁人之辭多 誣善之
人其辭游 失其守者其辭屈

右第十二章

건(乾)은 천하(天下)의 지극한 강건(剛健)의 극치이다. 그 작용은 항상
간단 평이(平易)하다. 간단 평이(平易)한 법칙을 미루어 위험스러운 것을
깨닫게 한다.

곤(坤)은 천하(天下)의 지극한 유순(柔順)의 극치이다. 그 작용은 항상
간단하다. 간단한 법칙을 미루어 그 저지되는 것을 깨닫게 한다.

군왕(君王)은 평이(平易)하고 간단한 법칙을 본떠 능히 천하 모든 사람의 마음을 기쁘게 하고 제후(諸侯)들은 위험스럽고 저지되는 것에 대한 염려하는 마음을 연습하게 된다. 선(善)의 응보는 길하고 악(惡)의 응보는 흉하다는 길흉의 법칙을 정립(定立)하여 천하만민의 근면성을 분발시키는 것이다.

그런 까닭에 변화라고 하는 것은 길한 일에는 상서스러운 징조가 나타나고 악자(惡者)에는 흉조가 보이는 것이다.

사물(事物)의 형상을 본떠서 기물제작(器物製作)의 방법을 알고 점을 쳐서는 미리 미래(未來)를 알게 된다.

하늘과 땅의 그 위치가 설정되어 성인(聖人)이 그 가운데 있어서 천지의 법칙을 본받아 천지와 같은 재능을 성취한다. 성인(聖人)이 일을 영위(營爲)할 때는 먼저 사람의 지혜를 다하여 꾀하고 다시 점을 쳐서 길흉의 계시를 받는다. 즉 귀신과 더불어 꾀하는 것이다. 그러므로 백성들이 그 재능에 호응하게 된다.

팔괘(八卦)는 물상(物象)을 일러주고 괘사(卦辭)는 정황(情況)을 말하여준다. 강효(剛爻)와 유효(柔爻)는 서로 섞이어 길흉을 보여주고 있다.

변동한다는 것은 이(利)롭게 된다, 불리(不利)하게 된다는 뜻이다. 좋고 나쁨이라는 것은 사람의 심정에 따라 정황(情況)이 옮겨지는 것이다. 심정(心情)이 선(善)에 옮겨지면 길, 악(惡)에 옮겨지면 흉하게 되는 것이다.

그런 까닭에 사랑하고 미워하는 것이 서로 뒤섞이어 길흉이 생기고, 멀고 가까운 것이 서로 경합(競合)하여 뉘우침과 부끄러움이 생기고 참된 것과 거짓된 것이 서로 감동하여 이해(利害)가 생기는 것이다.

모든 효(爻)의 상호 관계는 가까이하여 있으면서도 비(比)의 관계를 서

로 이루지 못하는 등의 맺어지지 않는 것은 흉한 것이다. 또한 비효(比爻)
과 응효(應爻)를 방해하는 것 같은 경우는 뉘우침과 부끄러움이 생기는 것
이다.

　　장차 남을 배반하려는 자의 말은 어딘지 자신이 없어 보이고, 마음속에
의심이 있는 자의 말은 논리가 질서정연하지 않고, 덕(德)이 있는 자는 말
이 적고, 조급한 자는 말이 많고, 악(惡)한 것을 선(善)한 것으로 속이려는
자의 말은 지리멸렬(支離滅裂)하고, 자기의 굳은 지조를 잃어버린 자는 그
말이 비굴하기 이를 데 없다.

說卦傳

설괘전

第一章

昔者聖人之作易也 幽贊於神明 而生蓍 參天兩地而倚數 觀變於
陰陽 而立卦 發揮於剛柔 而生爻

和順於道德 而理於義窮理盡性 以至於命

右第一章

옛날 성인(聖人)이 《주역(周易)》을 만드실 때, 천지자연의 이치를 깊이
밝혀서 신명(神明)을 돕고자 하여 기초(蓍草)를 사용하는 방법을 생각해 내
었다.

천수(天數)를 삼(三)으로 하고 지수(地數)를 이(二)로 하여 수(數)를 세우
고, 음양(陰陽)의 변화를 자세히 관찰하여 괘(卦)를 정하고 음양(陰陽)의 변
화가 강(剛), 유(柔)로 발동되는 것을 효(爻)로 정하였다.

성인(聖人)은 이 이치를 옮겨 사용함으로써 도덕을 협화순성(協和順成)
케 하고 인검(人儉)의 정의(正義)를 다스리게 된다. 만물의 오묘한 법칙을
다 알아내고 모든 생령(生靈)의 천성(天性)을 정확히 규명하여 사람의 천명
을 알기에 이르렀다.

昔者聖人之作易也 將以順性命之理 是以立天之道曰陰與陽立
地之道 曰柔與剛 立人之道 曰仁與義 兼三才而兩之故易六畫而成
卦 分陰分陽迭用柔剛 故易六位成

右第二章

옛날 성인이《주역(周易)》을 만드실 때, 천성(天性)과 천명(天命)의 이치
에 순응하고자 하였다. 그러므로 하늘의 이치를 표현하여 음(陰)과 양(陽)
이라고 하였다. 땅의 법칙을 세워서 유(柔)와 강(剛)이라고 하였다. 사람의
도리를 세워 인(仁)과 의(義)라고 하였다. 이처럼 천(天), 지(地), 인(人) 세 가
지[三才]를 겸하여 포함하였으되 모두 둘씩으로 표현하였다. 그런지라《주
역(周易)》에는 한 괘를 여섯 획으로 이루게 되었다.

그 여섯 획은 각각 그 위치에 따라 양(陽)이 있어야 할 위치[초효(初爻),
삼효(三爻), 오효(五爻)]와 음(陰)이 있어야 할 위치[이효(二爻), 사효(四爻),
상효(上爻)]로 갈라져 있다. 그러나 이 여섯 개의 음양(陰陽)의 위치에는 때
로는 강효(剛爻)(陽爻)가 오기도 하고 유효(柔爻)(陰爻)가 오기도 하여 괘(卦)
에 따라 서로 바뀌어진다. 이처럼 음양(陰陽)의 효(爻)가 그 위치를 서로 바
꾸는 작용에 따라《주역(周易)》의 무한한 변화가 나타난다. 때문에《주역

(周易)》은 여섯 자리의 효(爻)의 변화로써 길흉과 변화를 나타내는 문채를 이루고 있다.

天地定位 山澤通氣 雷風相薄 水火不相射 八卦相錯 數往者順
知來者逆 是故易逆數也

右第三章

하늘과 땅이 그 위치를 정하였다. 산과 못은 서로 기운을 통하고 우뢰
와 바람은 서로 부딪치게 되고, 물과 불은 서로 침범치 아니한다. 하늘[乾
卦]과 땅[坤]과 우뢰[震]와 바람[巽]과 물[坎], 불[離]을 상징한 것이 팔괘(八卦)
다. 그러나 하늘과 땅, 산과 못, 우뢰와 바람, 물과 불이 서로 아무런 관계
도 없이 각각 홀로 동떨어진 별개(別個)의 존재(存在)로 있다면 우주만물은
아무런 변화도, 생성발전도 있을 수 없을 것이다.

그러한지라 팔괘(八卦)는 서로 거듭되고 섞이어서 소성괘(小成卦)는 대
성괘(大成卦)가 되고 팔괘(八卦)는 육십사괘(六十四卦)로 되어서 비로소 모
든 변화를 가져오고 길흉화복을 나타낸다.

팔괘(八卦)를 서로 뒤섞이므로 길흉화복(吉凶禍福)을 점치는 것이다.

이미 지나간 일을 아는 것은 순서(順序)요, 미래의 일을 알아내는 것은
거꾸로 거스르는 것이다. 그러므로《주역(周易)》은 미래를 거꾸로 셈하여
알아내는 것이다.

雷以動之 風以散之 雨以潤之 日以晅之 艮以止之 兌以說之 乾以君之 坤以藏之

右第四章

우뢰로써 움직여지며 바람으로써 흩어지며 비로써 습하게 하고 햇빛으로써 따뜻하게 한다. 산으로써 정지시키고 물 가득 고인 못으로써 기쁘게 하고 하늘로써 임금 노릇을 하고 땅으로써 간직하게 한다.

帝出乎震 齊乎巽 相見乎離 致役乎坤 說言乎兌 戰乎乾 勞乎坎
成言乎艮 萬物出乎震 震東方也 齊乎巽 巽東南也 齊也者 言萬物之
絜齊也 離也者明也 萬物皆相見 南方之卦也 聖人南 面而聽天下 嚮
明而治 蓋取諸此也 坤也者地也 萬物皆致養焉 故曰致役乎坤 兌正
秋也 萬物之所說也 故曰說言乎兌 戰乎乾 乾西北之卦也 言陰陽相
薄也 坎者水也 正北方之卦也 勞卦也 萬物之所歸也 故曰勞乎坎 艮
東北之卦也 萬物之所成終 而所成始也 故曰成言乎艮

右第五章

천지자연의 작용함은 진(震)에서 출발하여 손(巽)에서 모이게 되고, 리 (離)에서 서로 보게 되고, 곤(坤)에서 힘써 일하고, 태(兌)에서 기뻐한다 하고, 건(乾)에서 싸우게 되고, 감(坎)에서 수고하게 되고, 간(艮)에서 이룩된 다고 한다.

천하의 모든 만물은 진(震)에서 시작한다. 진(震)은 동방(東方)을 표현하는 괘(卦)다. 동방(東方)은 봄을 상징한다.

천하의 모든 만물은 손(巽)에서 모이게 되니, 손(巽)은 동남방(東南方)을 표현하는 괘(卦)다. 북두칠성의 자루가 동남방(東南方)을 가리키는 계절이 된다면 만물은 모이게 된다는 것은 만물이 깨끗이 정제(整齊)되는 것을 말한다.

리(離)는 불을 상징한다. 리(離)는 남방(南方)을 표현하는 괘(卦)다. 성인(聖人)은 남쪽을 향하여 천하의 사정을 듣는다. 밝은 곳을 향하여 앉아 다스리는 일은 대개 리괘(離卦)에서 취하여 본받는 것이다.

곤(坤)은 땅이다. 만물을 모두 길러주게 된다. 때문에 곤(坤)을 힘써 일한다고 말한 것이다.

태(兌)는 바른 가을을 의미한다. 성숙한 가을은 만물이 기뻐하는 것이다. 그러므로 태(兌)에서 기뻐한다고 한 것이다.

건(乾)에서 싸운다는 것은 건(乾)은 서북(西北)을 표시하는 괘니, 서북(西北)은 음의 땅이고 건(乾)은 순음(純陰)이므로 음(陰)과 양(陽)이 서로 부딪쳐 싸우게 되는 것이다.

감(坎)은 물이다. 물은 밤낮을 가리지 않고 흘러가므로 노고(勞苦)하는 것이다. 또 감(坎)은 정북방(正北方)을 표시하는 괘(卦)다. 정북방(正北方)은 겨울을 의미하니, 겨울에는 만물이 폐색(閉塞)하고 수장(收藏)하여 노고(勞苦)하고 있는 것이다. 그런지라 수고스러운 괘(卦)인 것이다.

간(艮)은 동북(東北)을 상징하는 괘(卦)다. 동북(東北)은 인방(寅方)과 축방(丑方)의 사이에 있다. 축(丑)은 건년의 끝이요, 인(寅)은 새해의 처음인 것이다. 〔음력(陰曆)에 있어서 십이월(十二月)은 축월(丑月)이요, 정월(正月)은 인월(寅月)이다.〕 때문에 이룩함의 종결이요, 또 이룩함의 출발인 것이다. 그런지라 간(艮)에서 이룬다고 말한 것이다.

神也者 妙萬物而爲言者也 動萬物者 莫疾乎雷 撓萬物者 莫疾
乎風 燥萬物者 莫熯乎火 說萬物者 莫說乎澤 潤萬物者 莫潤乎水終
萬物 始萬物者 莫盛乎艮 故水火相逮 雷風不相悖 山澤通氣 然後能
變化 旣成萬物也

右第六章

신(神)이라고 하는 것은 오묘(奧妙)하고 불가사의(不可思議)한 천지만물
의 법칙을 이르는 것이다.

만물을 움직이게 하는 것은 우뢰보다 더 빠른 것이 없다. 우뢰는 진괘
(震卦)를 말한다. 만물을 흔들어 놓는 것은 바람보다 빠른 것이 없다.

바람은 손괘(巽卦)를 말한다. 만물을 건조하게 하는 데는 불보다 더 잘
마르게 하는 것은 없다. 불은 리괘(離卦)를 말한다. 만물을 기쁘게 하는 것
은 물이 가득히 고인 못보다 더 기쁘게 하는 것은 없다. 못은 태괘(兌卦)를
말한다. 만물을 축이는 것은 물보다 더 잘 축이는 것이 없다. 물은 감괘(坎
卦)이다. 만물을 끝맺게 하고 만물을 시작하게 하는 데는 간괘(艮卦)보다
더 성(盛)한 것은 없다. 간(艮)은 동북(東北)을 상징하는 괘(卦)다.

그런지라 물과 불이 서로 축이고 침노하지는 않으나 그 효용(效用)이

서로 미치고, 우뢰와 바람이 서로 부딪치지만 충돌하지 아니하고, 산과 못
이 서로 그 형상이 다를지라도 서로 기운을 통한 연후에라야 능히 만물을
변화하게 할 수 있어 만물을 골고루 다 이루어 놓을 수 있는 것이다.

乾健也 坤順也 震動也 巽入也 坎陷也 離麗也 艮止也 兌說也

右第七章

　건(乾)은 건실함을 의미하는 것이고, 곤(坤)은 유순함을 상징하는 것이다. 손(巽)은 들어가는 것을 의미하는 것이요, 감(坎)은 빠지는(陷) 것을 상징하고 있다. 리(離)는 부착하는 것을 표현하고, 간(艮)은 머물러 있는 것을 의미하고 있다. 태(兌)는 기뻐하는 것을 상징한다.

乾爲馬 坤爲牛 震爲龍 巽爲雞 坎爲豕 離爲雉 艮爲狗 兌爲羊

右第八章

건(乾)은 말, 곤(坤)은 소, 진(震)은 용(龍), 손(巽)은 닭, 감(坎)은 돼지, 리(離)는 꿩, 간(艮)은 개, 태(兌)는 양을 상징한다.

乾爲首 坤爲腹 震爲足 巽爲股 坎爲耳 離爲目 艮爲手 兌爲口

右第九章

건(乾)은 머리, 곤(坤)은 배, 진(震)은 발, 손(巽)은 다리, 감(坎)은 귀, 리(離)는 눈, 간(艮)은 손, 태(兌)는 입이다.

乾天也 故稱乎父 坤地也 故稱乎母 震一索而得男 故謂之長 男 巽一索得女 故謂之長女 坎再索而得男 故謂之中男 離再索而得女 故謂之中女 艮三索而得男 故謂之少男 兌三索而得女 故謂之少女

右第十章

건(乾)은 하늘을 의미한다. 그런지라 한 집안에 비유하면 아버지라 일컫는 것이다.

곤(坤)은 땅을 상징한다. 그런지라 어머니라 일컫는 것이다.

진괘(震卦)는 맨 아랫 효(爻)가 양효(陽爻)이다. 첫 번 구하여 아들을 얻은 것이기 때문에 진(震)은 장남(長男)을 상징한다.

손괘(巽卦)는 맨 아랫 효(爻)가 음효(陰爻)이다. 첫 번 구하여 딸을 얻은 것이므로 손(巽)은 장녀(長女)를 상징한다.

감괘(坎卦)는 두 번째 구하여서 아들을 얻었기 때문에 〔아래서부터 둘째 효(爻)가 양효(陽爻)이므로〕 중남(中男)이라 일컫는다.

리괘(離卦) 두 번째 구하여서 딸을 얻었기 때문에 〔아래서부터 두 번째 효(爻)가 음효(陰爻)이므로〕 중녀(中女)라 일컫는다.

간괘(艮卦)는 세 번째 구하여서 아들을 얻었기 때문에 소남(少男)이라 일컫는다.

태괘(兌卦)는 세 번째 구하여서 딸을 얻었기 때문에 소녀(少女)라 일컫
는다.

第十一章

乾爲天 爲圜 爲君 爲父 爲玉 爲金 爲寒 爲冰 爲大赤 爲良馬 爲老馬 爲瘠馬 爲駁馬 爲木果

坤爲地 爲母 爲布 爲釜 爲吝嗇 爲均 爲子母牛 爲大輿 爲文 爲衆 爲柄 其於地也爲黑

震爲雷 爲龍 爲玄黃 爲旉 爲大塗 爲長子 爲決躁 爲蒼筤竹 爲萑葦 其於馬也 爲善鳴 爲馵足 爲作足 爲的顙 其於稼也 爲反生 其究爲健 爲蕃鮮

巽爲木 爲風 爲長女 爲繩直 爲工 爲白 爲長 爲高 爲進退 爲不果 爲臭 其於人也 爲寡髮 爲廣顙 爲多白眼 爲近利市三倍 其究爲躁卦

坎爲水 爲溝瀆 爲隱伏 爲矯輮 爲弓輪 其於人也 爲加憂 爲心病 爲耳痛 爲血卦 爲赤 其於馬也 爲美脊 爲亟心 爲下首 爲薄蹄 爲曳 其於輿也 爲多眚 爲通 爲月 爲盜 其於木也爲堅多心

離爲火 爲日 爲電 爲中女 爲甲胄 爲戈兵 其於人也 爲大腹 爲乾卦 爲鼈 爲蟹 爲蠃 爲蚌 爲龜 其於木也爲科上槁

艮爲山 爲徑路 爲小石 爲門闕 爲果蓏 爲閽寺 爲指 爲狗 爲鼠

爲黔喙之屬 其於木也爲堅多節

兌爲澤 爲少女 爲巫 爲口舌 爲毁折 爲附決 其於地也爲剛鹵 爲妾 爲羊

右第十一章

건괘(乾卦)가 상징하는 것은 하늘이며, 둥근 것〔원(圓)〕이며, 임금이며, 아버지며, 옥(玉)이며, 금(金)이며, 추운 것이며, 얼음이며, 크게 붉은 것이며, 좋은 말이며, 늙은 말이며, 수척한 말이며, 얼룩말이며, 나무의 과일이다.

곤괘(坤卦)가 상징하는 것은 땅이며, 어머니며, 베(布)며, 가마(釜)며, 인색(吝嗇)한 것이며, 평균한(均) 것이며, 새끼를 데리고 있는 어미 소며, 큰 수레이며, 문제며, 여럿이며, 자루(柄)이며, 그것이 땅이라면 순수한 음의 상징인 검정 빛의 것이다.

진괘(震卦)가 상징하는 것은 우뢰이며, 용(龍)이며, 검은 하늘 빛과 누른 땅 빛이 섞인 빛이며, 꽃이며, 큰길이며, 맏아들이며, 결단하여 돌진하는 움직임이며, 푸른 어린 대나무(竹)며, 갈대이며, 말이라면 울음을 잘 우는 말이며, 왼쪽 다리가 흰 말이며, 빨리 달리는 말이며, 이마 흰 말이며, 그것을 농업으로 말하면 심은 곡식, 싹이 밑에서 위로 향하여 나오는 것이다. 결국 진(震)에 극치하면 건장(健壯)한 것이다. 초목이 번성하고 그 빛이 선명하고 싱싱하게 새로이 번성하는 상징인 것이다.

손괘(巽卦)가 상징하는 것은 나무며, 바람이며, 맏딸이며, 나무를 바로잡는 노끈(繩)이며, 장인(匠人)의 공교함이며, 흰 것이며, 높은 것이며, 나아가고 물러가고 하는 것이며, 과감하게 결단하지 못함이며, 냄새(향취)며,

사람이라면 모발(毛髮)이 적은 사람이며, 이마가 넓은 사람이며, 흰 자위가 많은 눈이며, 이(利)를 가까이 함이니 장사를 함에서는 삼(三)배가 될 것이다. 결국은 그것을 구경으로 말하면 강하게 움직이는 괘(卦)다.

감괘(坎卦)가 상징하는 것은 물이며, 개천과 도랑이며, 숨어 엎드려 있음이며, 굽은 것을 바로 잡고 바른 것을 휘어잡음이며, 활과 수레바퀴이다. 사람이라면 근심을 더함이며, 험난을 걱정하여 마음에 병듦이며, 귀앓이며, 피를 상징하는 괘(卦)이며, 붉은 것이다. 말이라면 등뼈가 아름다운 말이며, 마음이 달리고자 하는 급한 말이며, 머리를 아래로 숙이는 말이며, 발굽이 얇은 말이며, 끄는 말이다. 수레에 비긴다면 재앙이 많음이며, 통(通)함이며, 달이며, 도둑이다. 그것이 나무라면 단단하고 심이 많은 나무이다.

리괘(離卦)가 상징하는 것은 불이며, 태양이며, 번개이며, 중간 딸이며, 갑옷과 투구며, 방패와 무기며, 사람이라면 배(腹)가 큰 사람이며, 건(乾)을 상징하는 괘(卦)며, 자라(鼈)며, 게(蟹)며, 소라(蠃)며, 조개며, 거북이며, 나무라면 속이 비고 위가 마른 나무이다.

간괘(艮卦)가 상징하는 것은 산이며, 지름길이며, 작은 돌이며, 문궐(門闕)이 있는 크고 높은 집이며, 나무에 여는 과일과 풀에 여는 과일이며, 궁녀들이 있는 궁문을 지키는 환관(宦官)이며, 손가락이며, 개(狗)며, 쥐며, 주둥아리가 검은 짐승들이다. 그것이 나무라면 굳고 마디가 많은 나무이다.

태(兌)가 상징하는 것은 못(澤)이며, 소녀(少女)며, 무당이며, 입과 혀며, 헐고 꺾이는 것이며, 남에게 붙어서 결정함이며, 그것이 땅이라면 굳센 것과 짠물이 스며드는 땅이며, 첩(妾)이며, 양(羊)이다.

序卦傳

서괘전

**上
篇**

上 1

有天地 然後萬物生焉 盈天地也間者 唯萬物 故受之以屯 屯者
盈也 屯者物之始生也 物生必蒙 故受之以蒙 蒙者蒙也 物之穉也 物
穉不可不養也 故受之以需 需者飮食之道也 飮食必有訟 故受之以
訟 訟必有衆起 故受之以師 師者衆也 衆必有所比 故受之以比 比者
比也 比必有所畜 故受之以小畜 物畜然後有禮 故受之以履 履而泰
然後安 故受之以泰 泰者通也 物不可以終通 故受之以否 物不可以
終否 故受之以同人 與人同者物必歸焉 故受之以大有 有大者 不可
以盈 故受之以謙 有大而能謙必豫 故受之以豫

상(上) 1

하늘(乾卦)과 땅(坤卦)이 있은 연후에 만물이 생성한다. 하늘과 땅 사이
에 찬(盈) 것은 오직 만물일 뿐이다. 그러므로 건괘(乾卦), 곤괘(坤卦)의 다
음을 둔괘(屯卦)로써 받는다.

'둔(屯)' 이라는 것은 차(盈) 있다는 것이다. 둔(屯)은 만물이 처음 나면
반드시 어리고 몽매(蒙昧)하다. 그런지라 둔괘(屯卦)의 다음을 몽괘(蒙卦)로
써 받는다.

‘몽(蒙)’ 이란 것은 물건이 어리다는 것을 의미한다. 만물의 어린이인 것이다. 어린 것은 키우지 않으면 안 된다. 그런지라 이것을 몽괘(蒙卦)의 다음인 수괘(需卦)로 받는다.

‘수(需)’ 라는 것은 음식(飮食)의 도(道)를 말하는 것이다. 마시고 먹는 일에 관하여는 반드시 소송(訴訟)이 있기 마련인 것이다. 그런지라 이것을 수괘(需卦)의 다음인 송괘(訟卦)로 받는다.

‘송사(訟事)’ 에는 반드시 여러 사람이 일어나기 마련인 것이다. 그런지라 이것을 송괘(訟卦)의 다음인 사괘(師卦)로 받는다.

‘사(師)’ 는 군사의 뜻이니 군사라는 것은 여러 사람인 것이다. 사람이 여럿이면 반드시 서로 친화하고 협력하는 관계가 생기는 것이다. 그런지라 이것을 사괘(師卦)의 다음인 비괘(比卦)로 받는다.

‘비(比)’ 는 친화하고 협력하는 것을 의미한다. 사람이 서로 협력하면 반드시 축적이 있게 되는 것이다. 그런지라 이것을 비괘(比卦)의 다음인 소축괘(小畜卦)로 받는다.

‘소축(小畜)’ 은 조금씩 축적한다는 뜻이다. 물건의 저축이 있은 뒤라야 예절이 있는 것이다. 그런지라 이것을 소축괘(小畜卦)의 다음인 이괘(履卦)로 받는다.

‘이(履)’ 는 두려워하는 마음으로 스스로를 경계하는 예절을 지키는 괘(卦)다. 두려워하고 경계하는 마음이기 때문에 대통(大通)할 수 있고 대통(大通)한 연후이면 편안할 수 있는 것이다. 그런지라 이것을 이괘(履卦)의 다음인 태천(泰天)으로 받는다.

‘태(泰)’ 는 통(通)한다는 뜻이다. 모든 사물은 언제까지나 형통(亨通)하기만 할 수는 없는 것이다. 그런지라 이것을 태괘(泰卦)의 다음인 비괘(否

卦)로 받는다.

　모든 사물은 끝까지 비색(否塞)하기만 할 수는 없는 것이다. 그런지라 이것을 비괘(否卦)의 다음인 동인괘(同人卦)로 받는다.

　'동인(同人)'은 남과 더불어 같이 하는 것이니 사람과 더불어 같이 하는 자에게는 남들이 반드시 그에게로 돌아갈 것이다. 그런지라 이것을 동인괘(同人卦)의 다음인 대유괘(大有卦)로 받는다.

　'대유(大有)'는 포용함이 풍부하여 크게 소유함을 뜻한다. 크게 가진 자는 가득 찬 마음으로 교만하여서는 안 된다. 그런지라 이것을 대유괘(大有卦)의 다음인 겸괘(謙卦)로 받는다.

　'겸(謙)'은 겸손한 것이다. 크게 가짐에도 불구하고 능히 겸손할 줄 안다면 반드시 기쁨이 있을 것이다. 그런지라 이것을 겸괘(謙卦)의 다음인 예괘(豫卦)로써 받는다.

上 2

　豫必有隨 故受之以隨 以喜隨人者必有事 故受之以蠱 蠱者事也
有事而後可大 故受之以臨 臨者大也 物大然後可觀 故受之以觀 可
觀而後有所合 故受之以噬嗑 嗑者合也 物不可以 苟合而已 故受之
以賁 賁者飾也 致飾然後亨則盡矣 故受之以剝 剝者剝也 物不可以
終盡 剝窮上反下 故受之以復 復則不妄矣 故受之以无妄 有无妄 然
後可畜 故受之以大畜 物畜然後可養 故受之以頤 頤者養也 不養則
不可動 故受之以大過 物不可以終過 故受之以坎 坎者陷也陷必有
所麗 故受之以離 離者麗也

상(上) 2

'예(豫)'는 기뻐한다는 뜻이다. 기뻐한다면 반드시 누구에게 따라옴이 있는 것이다. 그런지라 예괘(豫卦)의 이것을 다음인 수괘(隨卦)로써 받는다.

'수(隨)'는 남에게 따라간다는 뜻이다. 즐거운 마음으로 남을 따라가는 자는 반드시 일이 있는 것이다. 그런지라 이것을 수괘(隨卦)의 다음인 고괘(蠱卦)로써 받는다.

'고(蠱)'는 일이라는 뜻이다. 일이 있은 뒤라야 커질 수 있으므로 고괘(蠱卦)의 다음인 임괘(臨卦)로 받는다. '임(臨)'은 큰 것이니, 물건이 큰 뒤라야 볼 수 있다. 그러니 임괘(臨卦)의 다음인 권괘(權卦)로 받는다. 볼 만한 뒤라야 합(合)하는 것이 있을 수 있다. 그런지라 이것을 권괘(權卦)의 다음인 서합괘(噬嗑卦)로 받는다. '합(嗑)'이란 것은 합(合)하는 것이다. 물건은 참으로 합하기만 할 수는 없는 것이다. 그런지라 이것을 서합괘(噬嗑卦)의 다음인 분(賁)으로 받는다.

'분(賁)'은 수식하는 것을 뜻한다. 물건이 서로 합하면 다듬고 꾸며서 아름답게 하여야 한다. 아름답게 장식하고 그리하여 형통하게 되면 그 이상 더할 수 없는 것이다. 이미 다한 것이다. 그런지라 이것을 분괘(賁卦)의 다음인 박괘(剝卦)로 받는다.

'박(剝)'은 벗겨져 박탈당하는 것을 의미하는 것이다. 사물은 나중까지 다 없어질 수 없는 것이다. 박락(剝落)하는 것이 위에서 다함에 이르면 그 벗겨져 떨어진 것은 다시 아래로 내려가 살아가는 것이다. 그런지라 이것을 박괘(剝卦)의 다음인 복괘(復卦)로 받는다.

'복(復)'은 바른 길, 발전되는 길로 되돌아옴을 의미한다. 발전되는 길로 되돌아오면 허무하지 아니한 것이다. 그런지라 이것을 복괘(復卦)의 다음인 무망괘(无妄卦)로 받는다.

'무망(无妄)'은 망령되지 아니하고 성실하게 일하는 것을 의미하는 괘(卦)다. 망령된 마음이 없으면 물건을 축적할 수 있는 것이다. 그런지라 이것을 무망괘(无妄卦)의 다음인 대축괘(大畜卦)로 받는다.

'대축(大畜)'은 크게 축적한다는 뜻이다. 물화(物貨)를 축적한 뒤라야 키울 수 있는 것이다. 그런지라 이것을 대축괘(大畜卦)의 다음인 이괘(頤卦)로 받는다.

이괘(頤卦)는 키우는 것(養)을 의미한다. 키우지 아니하면 움직일 수 없는 것이다. 그런지라 이것을 이괘(頤卦)의 다음인 대과괘(大過卦)로 받는다.

대과괘(大過卦)는 어진 이를 기르는 데 마땅히 지나칠 정도로 후(厚)하게 한다는 뜻이다. 사물은 나중까지 지나치게 후(厚)하게 키울 수만은 없는 것이다. 그러니 대과괘(大過卦)의 다음인 감괘(坎卦)로 받는다.

'감(坎)'이라 함은 빠진다는 뜻이다. 빠지면 반드시 붙는(附着) 곳이 있다. 그런지라 이것을 감괘(坎卦)의 다음인 리괘(離卦)로 받는다. '리(離)'는 부속되어 있다는 뜻이다.

下 1

有天地 然後有萬物 有萬物 然後有男女 有男女 然後有夫婦 有
夫婦 然後有父子 有父子 然後有君臣 有君臣 然後有上下 有上下
然後禮義有所錯 夫婦之道 不可以不久也 故受之以恒恒者久也 物
不可以久居其所 故受之以遯 遯者退也 物不可以 終遯故受之以大
壯 物不可以終壯 故受之以晉 晉者進也 進必有所傷 故受之以明夷
　　夷者傷也 傷於外者 必反其家 故受之以家人 家道窮必乖 故受
之以睽 睽者乖也 乖必有難 故受之以蹇 蹇者難也 物不可以終難 故
受之以解 解者緩也 緩必有所失 故受之以損 損而不已必益 故受之
以益 益而不已必決 故受之以夬

하(下) 1

천지가 있은 연후에 만물이 있고, 만물이 있은 연후에 남녀(男女)가 있
고, 남녀가 있은 연후에 부부(夫婦)가 있고, 부부가 있은 연후에 부자(父子)
가 있고, 부자가 있은 연후에 임금과 신하가 있고, 임금과 신하가 있은 연
후에 상하(上下)의 구분이 있고, 상하의 구분이 있은 연후에라야 예의(禮義)
가 행해질 수 있는 것이다. 이 괘(卦)는 함괘(咸卦)의 부부(夫婦)의 도리를

부연하여 설명한 것이다.

　부부(夫婦)의 도리는 오래도록 계속되지 않으면 안 된다. 그러므로 이것을 함괘(咸卦)의 다음인 항괘(恒卦)로 받는다.

　'항(恒)'은 항구적으로 간다는 뜻이다. 사물은 오래도록 제자리에 있을 수 없는 것이다. 그런지라 이것을 항괘(恒卦)의 다음인 둔괘(遯卦)로 받는다.

　'둔(遯)'은 물러나 숨는다는 뜻이다. 사물은 끝까지 물러나 은거할 수는 없다. 그런지라 이것을 둔괘(遯卦)의 다음인 대장괘(大壯卦)로 받는다.

　'대장(大壯)'은 양(陽)의 기운이 왕성하고 음(陰)의 기운이 쇠퇴하여 가는 것을 상징하는 괘(卦)다. 사물은 끝까지 양기(陽氣)가 장성(壯盛)하기만 할 수는 없는 것이다. 그런지라 이것을 대장괘(大壯卦)의 다음인 진괘(晋卦)로 받는다.

　'진(晋)'은 많은 음효(陰爻)로 구성된다. 음(陰)의 유순함으로 전진하는 것을 상징한 괘(卦)다. 진(晋)은 진(進)과 같은 뜻이니 나아간다는 뜻이다. 나아간다는 것은 또 반드시 해로운 바가 있는 것이다. 그런지라 이것을 진괘(晋卦)의 다음인 명이괘(明夷卦)로 받는다.

　'명이(明夷)'는 밝은 것이 땅 속에 들어간 상태를 상징한 괘(卦)다. 이(夷)란 것은 해로운 뜻이니, 밝은 것이 해로움이 된다는 뜻이다. 밖에서 해로움을 받은 자는 반드시 집으로 돌아오는 것이다. 그런지라 이것을 명이괘(明夷卦)의 다음인 가인괘(家人卦)로써 받는다.

　집안을 다스리는 가도(家道)가 중용(中庸)의 상도를 떠나 어느 한쪽에 극단으로 치우치면 반드시 곤란한 일을 당하게 된다. 그런지라 이것을 가인괘(家人卦)의 다음인 규괘(睽卦)로 받는다.

'규(睽)'는 괴리(乖離)하는 것을 의미한다. 사람의 일이 서로 등져 떨어지면 반드시 곤란이 있는 것이다. 그런지라 이것을 규괘(睽卦)의 다음인 건괘(蹇卦)로 받는다.

'건(蹇)'은 어려움을 상징하는 괘(卦)다. 그러나 세상의 온갖 사물이 끝까지 험난(險難)하기만 한 것은 아니다. 그런지라 이것을 건괘(蹇卦)의 다음인 해괘(解卦)로 받는다.

'해(解)'는 완만한 것을 뜻한다. 완만하면 반드시 잃는 것이 있기 마련인 것이다. 그런지라 이것을 해괘(解卦)의 다음인 손괘(損卦)로 받는다.

'손(損)'은 손상을 뜻한다. 손상함이 거듭되어 그치지 아니하면 결국은 유익함을 얻음이 있는 것이다. 그런지라 이것을 손괘(損卦)의 다음인 익괘(益卦)로 받는다.

'익(益)'하기만 하여 그치지 아니하면 차게(盈) 된다. 가득 찬 상태는 반드시 결렬되게 되는 것이다. 그런지라 이것을 익괘(益卦)의 다음인 쾌괘(夬卦)로 받는다.

下 2

夬者決也 決必有所遇 故受之以姤 姤者遇也 物相遇而後聚 故受之以萃 萃者聚也 聚而上者謂之升 故受之以升 升而不已必困 故受之以困 困乎上者必反下 故受之以井 井道不可不革 故受之以革 革物者莫若鼎 故受之以鼎

主器者莫若長子 故受之以震 震者動也 物不可以終動 止之故受之以艮 艮者止也 物不可以終止 故受之以漸 漸者進也 進必有所歸

故受之以歸妹 得其所歸者必大 故受之以豊 豊者大也 窮大者必失
其居 故受之以旅 旅而无所容 故受之以巽 巽者入也 入而後說之 故
受之以兌

兌者說也 說而後散之 故受之以渙 渙者離也 物不可以終離 故
受之以節 節而信之 故受之以中孚 有其信者之必行之 故受之以小
過 有過物者必齊 故受之以旣濟 物不可窮也 故受之以未 濟終焉

右下篇

하(下) 2

'쾌(夬)'는 결단(決斷)한다는 뜻이다. 정의(正義)로써 사악(邪惡)한 것을
판결하는 것이므로 반드시 마음을 같이하는 자를 만날 수 있을 것이다. 그
런지라 이것을 쾌괘(夬卦)의 다음인 구괘(姤卦)로 받는다.

'구(姤)'는 만난다는 뜻이다. 만물은 서로 만난 연후라야 모이는 것이
다. 그런지라 이것을 구괘(姤卦)의 다음인 췌괘(萃卦)로 받는다.

'췌(萃)'는 취(聚)와 같은 뜻으로 모인다는 뜻이다. 모여서 위로 향하는
것을 오른다고 한다. 그런지라 이것을 췌괘(萃卦)의 다음인 승괘(升卦)로
받는다.

'승(升)'은 상승(上昇)한다는 뜻이다. 위로 자꾸 오르기만 하여 그치지
아니하면 반드시 빠지게 되는 것이다. 그런지라 이것을 승괘(升卦)의 다음
인 곤괘(困卦)로 받는다.

위에서 곤궁하게 된 자는 반드시 아래로 돌아온다. 그러한지라 곤괘(困
卦)의 다음인 정괘(井卦)로 받는다.

'정(井)'은 우물이다. 우물은 오래되면 불결해지므로 이따금 우물을

준첩(浚渫)하여 오래된 것을 버리고 새것으로 바꿔 놓아야 한다. 그런지라 이것을 정괘(井卦)의 다음인 혁괘(革卦)로 받는다.

'혁(革)'은 혁신(革新)한다는 뜻이다. 사물을 혁신(革新)하는 데는 솥만 한 것이 없다. 그런지라 이것을 혁괘(革卦)의 다음인 정괘(鼎卦)로 받는다.

'정(鼎)'은 새로운 것을 취하는 것을 상징한 괘(卦)다. 솥은 삶고 익히 는 것을 맡은 그릇이다. 그릇을 주관(主管)하는 데는 맏아들만한 자가 없 다. 그러니 이것을 정괘(鼎卦)의 다음인 진괘(震卦)로 받는다. 진괘(震卦)를 《주역(周易)》에서는 맏아들의 상징으로 본다.

'진(震)'은 우뢰이니 움직이는 것이다. 그러나 사물은 언제까지나 움 직이기만 할 수는 없다. 마침내는 정지하는 것이다. 그러니 진괘(震卦)의 다음인 간괘(艮卦)로 받는다. 간괘(艮卦)는 머무는 것을 상징한다. 그러나 사물은 정지만 할 수 없으므로 괘(卦)로 받는다.

'점(漸)'은 점차로 전진하는 것을 의미한다. 나아가면 틀림없이 돌아 오는 데가 있기 마련이다. 그러니 점괘(漸卦)의 다음인 귀매괘(歸妹卦)로 받 는다.

그 돌아올 곳을 얻은 자는 반드시 커질 수 있는 것이다. 그런지라 이것 을 귀매괘(歸妹卦)의 다음인 풍괘(豊卦)로 받는다.

'풍(豊)'은 커지는 것이다. 커 가는 것이 마지막에 이르면 반드시 그 있는 곳을 잃게 된다. 그러니 이것을 풍괘(豊卦)의 다음인 여괘(旅卦)로 받 는다.

'여(旅)'는 나그네를 말한 것이다. 나그네는 몸 둘 곳이 없는 것이다. 그런지라 이것을 여괘(旅卦)의 다음인 손괘(巽卦)로 받는다.

'손(巽)'은 들어가는 것을 상징한다. 들어간 뒤에 기뻐할 수 있는 것이다. 그런지라 이것을 손괘(巽卦)의 다음인 태괘(兌卦)로 받는 것이다.

‘태(兌)’는 기뻐하는 것을 상징한다. 즐거워한 연후에는 흩어지는 것이다. 그런지라 이것을 태괘(兌卦)의 다음인 환괘(渙卦)로 받는다.

‘환(渙)’은 흩어진다는 뜻이다. 사물은 끝까지 흩어지기만 할 수 없다. 그런지라 이것을 환괘(渙卦)의 다음인 절괘(節卦)로 받는다.

‘절(節)’은 절약한다는 뜻이다. 모든 사물에 절약함이 있으면 넘치고 지나침이 없는 것이다. 그러하면 신의(信義)를 지킬 수 있는 것이다. 그런지라 절괘(節卦)의 다음인 중부괘(中孚卦)로 받은 것이다.

‘중부(中孚)’는 마음속에 성의가 있는 것을 의미한다. 성실하여 믿음성이 있는 자는 반드시 실천에 옮기는 것이다. 그런지라 중부괘(中孚卦)의 다음인 소과괘(小過卦)로 받은 것이다.

〔소과(小過)는 그 행동이 조금 지나치다는 뜻이다. 믿음성을 지키기 위하여 즉 실행하기 위하여 어느 한 가지 작은 일에 지나치게 마음을 씀으로써 크게 살피지 못하는 것이다.〕

행동이 공손에 지나치고 예(禮)가 검소(儉素)에 지나칠 만큼 근신하는 자는 반드시 성취할 수 있는 것이다. 그런지라 이것을 소과괘(小過卦)의 다음인 기제괘(旣濟卦)로 받은 것이다.

‘기제(旣濟)’는 모든 것을 이미 다 이룩한 것을 의미한다. 사물은 끝까지 완벽만을 기할 수는 없다. 그런지라 이것을 기제괘(旣濟卦)의 다음인 미제괘(未濟卦)로 받아서 종(終)을 맺은 것이다.

雜卦傳
잡괘전

乾剛坤柔 比樂師憂 臨觀之義 或與或求 屯見而不失其居 蒙雜
而著 震起也 艮止也 損益成衰之始也 大畜時也 无妄災也 萃聚而升
不來也 謙輕而豫怠也 噬嗑食也 賁无色也 兌見而巽伏也

건괘(乾卦)는 강강(剛强)한 것을 의미하고 곤괘(坤卦)는 유순(柔順)한 것
을 의미한다. 비괘(比卦)는 지(知)와 친근함을 의미하는 것이다. 그러므로
즐거움이 있다. 사괘(師卦)는 군중을 상징한 것으로 임금의 명령을 받들어
군사를 동원하므로 근심스러움이 있는 것이다.

둔괘(屯卦)는 초창기(草創期)의 혼돈하고 어려운 상태를 상징하는 괘
(卦)다. 이러한 난세(難世)를 경륜하는 데 있어서 군자(君子)는 훌륭한 지도
자로서 나타나지만 바른 도리를 지킴으로써 그 지위를 상실하지 않는다.
몽괘(蒙卦)는 몽매하고 어려서 아직 판단하고 결정할 능력이 없는 상태를
의미하는 괘(卦)나, 그러한 상태를 계발해 나간다면 마침내는 정착(定着)하
는 고지(高地)에 이르게 되는 것이다.

진괘(震卦)는 움직임을 의미하는 괘(卦)다. 그러므로 일어나는 것을 의
미한다. 간괘(艮卦)는 정지(靜止)하는 것을 상징하는 괘(卦)다. 그러므로 멈
추는 것을 의미한다.

손괘(損卦)와 익괘(益卦)는 서로 왕성하고 쇠퇴하는 일의 시작이 되는 것을 계시(啓示)한다. '손(損)'이 마지막에 이르면 익(益)하게 되고, '익(益)'이 궁극에 이르면 손(損)하게 되는 것이다. '손(損)'은 '익(益)'의 시초요, '익(益)'은 '손(損)'의 시초인 것이다.

'대축(大畜)'은 크게 저축한다는 뜻이다. 시기를 잘 얻어야 능히 크게 축적할 수 있는 것이다. 그러기에 '대축(大畜)'은 시의에 적응(適應)해서 성취한 것이다. '무망(无妄)'은 성심성의로써 하고 허위(許僞)와 허망한 마음을 가지면 재해(災害)가 오는지라 곧 재해(災害)를 제 스스로 경계하는 것이다.

'췌(萃)'는 모인다는 뜻이다. 능히 백성을 부르고 재물을 모아 자신의 주위에 모이게 하는 것이다. '승(升)'은 오르는 것이다. 전진하고 상승(上昇)하여 되돌아오지 않는 것이다.

'겸(謙)'은 스스로를 무겁고 큰 것으로 자처하지 아니하고 가볍게 생각하는 마음이요, '예(豫)'는 기뻐하는 것이니 기뻐하는 마음은 자칫하면 게을러지기 쉬운 것이다.

'서합(噬嗑)'은 먹는 것을 의미한다. 먹는 데는 아래윗니(齒)가 서로 합쳐야 한다. '분(賁)'은 수식한다는 뜻이다. 꾸미는 데는 여러 가지 빛을 합하는 것이므로 정한 빛이 없는 것이다.

'태(兌)'는 즐거워하는 것이다. 즐거워하는 일은 즐거움이 밖에 나타나는 것이다. '손(巽)'은 남에게 쫓기는 것이다. 남에게 쫓김을 당하는 자는 자신을 앞에 나타내어 세워서는 안 되며, 또한 들어가서 엎드리는 것이다.

隨无故也 蠱則飭也 剝爛也 復反也 晋畫也 明夷誅也 井通而困
相遇也 咸速也 恒久也 渙離也 節止也 解緩也 蹇難也 睽外也 家人
內也 否泰反其類也 大壯則止 遯則退也

‘수(隨)’는 시의(時宜)에 따라가는 것이다. 그러므로 이미 성취한 상황
에 순종하므로 별다른 사고(事故)가 있을 수 없는 것이다. 세상의 만사는
언제까지나 따라만 갈 수는 없는 것이다. ‘고(蠱)’는 일이 있음을 상징하
는 괘(卦)다. 일하여 세상을 바로잡아 다스려야 한다.

‘박(剝)’은 벗겨져 물크러진다는 뜻이다. 벗겨져 물크러지는 일은 사
물의 난숙(爛熟)에서 온다. 복괘(復卦)는 되돌아오는 것이다. 사물이 마지
막에 이르면 다시 처음 시작함으로 돌아오는 것이다.

‘진(晋)’은 태양이 지평선 위로 솟아오르는 것을 의미하므로, 낮을 상
징한 괘(卦)다. 명이괘(明夷卦)는 태양이 땅 밑으로 들어간 것을 상징하기
때문에 밝은 것이 손상되는 것을 상징한 괘(卦)다.

‘정(井)’은 우물이다. 우물은 누구에게나 개방하여 적용(適用)하는 것
이다. ‘곤(困)’은 길이 막히고 힘이 다한 곤궁한 상태를 의미한다. 이러한
일을 당하더라도 군자(君子)는 그 만나게 된 때에 마음을 안정시키고 그 지

조(志操)를 고치지 아니한다.

'함(咸)'은 감(感)을 표현한 괘(卦)다. 사물이 서로 호응함에 있어서 감응(感應)하는 것보다 더 빠른 것은 없다. '항(恒)'은 항상 한결같다는 뜻이다. 항상 한결같다는 것은 영구하다는 것을 뜻한다.

'환(渙)'은 흩어지는 것을 상징하고 '절(節)'은 절약하여 멈추는 것을 의미한다.

'해(解)'는 완만하여 풀어 놓는 것을 상징하고 '건(蹇)'은 어려운 것을 상징한 괘(卦)다.

'규(睽)'는 남과 반목질시(反目嫉視)하여 서로 소외(疎外)하는 것을 상징하는 괘(卦)요, '가인(家人)'은 집안을 다스리는 가도(家道)를 설명한 괘(卦)다. 가사(家事)에 국한한 것이다.

비괘(否卦)와 태괘(泰卦)는 상반(相反)된 상황을 표현하고 있는 괘(卦)다. 그러나 '비(否)'와 '태(泰)'의 관계는 서로 그 유(類)에 돌아가게 되는 것이다. '태(泰)'의 상황이 마지막에 달하면 '비(否)'의 상태에로, '비(否)'의 상태가 마지막에 도달하면 '태(泰)'의 상태로 되돌아가는 것이다.

'대장(大壯)'은 양효(陽爻)가 음효(陰爻)보다 배나 많은 괘(卦)로서 큰 것(陽)이 성장(盛壯)하다는 뜻이다. 큰 것이 성장하면 반드시 그 성장(盛壯)한 상태는 정지하는 데 이르는 것이다. '둔(遯)'은 아래에서 음효(陰爻)가 성장(成長)하고 있는 형태를 가진 괘(卦)다. 음(陰)의 성장은 소인(小人)의 세력이 커가고 있음을 의미한다. 군자(君子)가 이런 상황을 당하면 물러나는 것이다.

大有衆也 同人親也 革去故也 鼎取新也 小過過也 中孚信也 豊多故也 親寡旅也 離上而坎下也 小畜寡也 履不處也 需不進也 訟不親也 大過顚也 姤遇也 柔遇剛也 漸女歸待男行也 頤養正也 旣濟定也 歸妹女之終也 未濟男之窮也 夬決也 剛決柔也 君子道長 小人道憂也

'대유(大有)' 는 단 한 개의 음효(陰爻)가 왕자(王者)의 위치인 제오효(第五爻)의 자리에 있고, 상하(上下)의 모든 효(爻)가 이에 호응 순종하여 많이 가진 상태를 상징한 괘(卦)다. '동인(同人)' 은 단 한 개의 음효(陰爻)가 하괘(下卦)의 중위(中位)에 위치하여 위로 왕위인 오효(五爻)와 상응의 관계에 있으면서 여러 사람들과 친화(親和)하고 협력하는 상태를 나타낸 괘(卦)다.

'혁(革)' 은 개혁(改革)을 상징하는 괘(卦)이므로 낡은 것을 버리는 것을 상징한다. 정(鼎)은 새것을 취하여 선택하는 것을 상징하는 괘(卦)로서 혁신(革新)을 의미한다.

'소과(小過)' 는 사소한 일에 지나치게 집착함을 상징한 괘(卦)요, '중부(中孚)' 는 성심성의로 신실(信實)함을 나타낸 괘(卦)다.

'풍(豊)' 은 풍부(豊富)하고 장대함을 표현한 괘(卦)다. 풍부하고 장대한 것은 근심과 사고가 많은 것이다. '려(旅)'는 친근(親近)한 사람이 별로 없는 것을 의미한다. 나그네의 길에 있어서는 친근한 사람이 적은 것이다.

'리(離)'는 불을 상징하는 괘(卦)다. 불은 위로 타오르는 성질이 있다. 그러므로 윗자리다.

'감(坎)'은 물을 상징하는 괘(卦)다. 물은 항상 아래로만 향하여 흘러 내리고자 하는 성질이 있다.

'소축(小畜)'은 조금 저축한 것을 의미하는 괘(卦)다. 조그마한 축적이기에 널리 구제할 수는 없는 것이므로 그 공효의 미치는 바는 적은 것이다.

'리(履)'는 마치 범의 꼬리를 밟는 것처럼 항상 경계하고 조심하는 상태를 나타낸 괘(卦)다. 그러므로 권력의 벼슬에 있는 자가 권력자로서 자처하지 아니한다.

'수(需)'는 물의 험난함을 상징하는 감괘(坎卦)가 상괘(上卦), 강건을 상징하는 건괘(乾卦)가 하괘(下卦)로 되어 있어서 강건한 기운을 가지고도 험난함이 앞에 있음을 경계하여 기다리는 것을 상징한 괘(卦)다. 그러므로 험난이 앞에 있을 때 무모하게 함부로 전진하지 아니하는 것이다.

'송(訟)'은 쟁송(爭訟)을 의미하는 괘(卦)다. 다투어 송사를 일으키게 되는 것은 서로 친지(親知)하지 않은 데서 오는 것이다.

'대과(大過)'는 큰 것이 과(過)한 것을 의미하는 괘(卦)다. 대과괘(大過卦)는 양효(陽爻)가 지나치게 많고 음효(陰爻)는 단 두 개뿐인 것이다. 더군다나 초효(初爻)와 상효(上爻)가 음효(陰爻)로 되어 있어서 본(本, 뿌리), 말(末, 끝)이 약하다. 그러므로 전복(顚覆)되기 용이한 것이다. '구(姤)'는 만나는 것을 의미하는 괘(卦)다. 구괘(姤卦)는 초효(初爻)가 음효(陰爻)이고 그 밖에 다른 다섯 효(爻)는 모두 양효(陽爻)로 되어 있는 괘(卦)다. 그러므로 유(柔)가 강(剛)을 만난 것이다.

  ‘점(漸)’은 정지(靜止)를 의미하는 간괘(艮卦)를 하괘(下卦)하고 종순(從順)을 상징하는 손괘(巽卦)를 상괘(上卦) 하여 구성된 괘(卦)다. 함부로 폭주하지 않고 조용하게 머물러서 좇는 상태를 상징한다. 그러므로 여자가 남자를 기다려 시집가서 복종하는 상태인 것이다. ‘이(頤)’는 키우는 것을 상징하는 괘(卦)다. 바르게 기르면 길(吉)한 것이다. 하늘과 땅은 만물을 기르고 성인(聖人)은 어진 이를 길러 만민(萬民)에게 베풀어지게 한다.

  ‘기제(旣濟)’는 모든 일이 이미 제 위치에 정해진 것을 상징한 괘(卦)다. 완성을 의미한다. ‘귀매(歸妹)’는 여자가 시집가는 것을 나타낸 괘(卦)다. 여자가 시집을 가서 행실을 바르게 하는 것은 본부인(本夫人)으로서 일생 동안 해야만 할 일이다.

  ‘미제(未濟)’는 강효(剛爻)와 유효(柔爻)가 모두 그 마땅한 위치를 잃고 있다. 남자의 길이 바르게 개척되어 있지 않으므로, 사물을 성취하지 못한 곤궁한 경지에 있음을 상징한다. ‘쾌(夬)’는 결단하는 것을 의미하는 괘(卦)다. 다섯 개의 양효(陽爻)가 단 한 개의 상효(上爻)의 음효(陰爻)를 단죄(斷罪)하는 상태를 보이는 괘(卦)다. 강(剛)이 유(柔)를 판결하는 모습이니 군자(君子)의 도(道)는 자라는 것이요, 소인(小人)의 도(道)는 쇠퇴하여 근심하게 됨을 말한 것이다.

퇴계 이황 선생은 스무 살에 주역을 읽고 그 뜻을 연구하고 이해하느라 거의 자고 먹는 것을 잊다시피 했으며, 이 때문에 몸이 쇠약해지고 마르는 병을 얻게 되었다고 기록되어 있을 만큼 주역에 심취하였다. 공자는 가죽끈으로 엮은 주역 책이 세 번이나 끊어질 정도로 주역을 깊이 정독하였다는 말이 전해진다. 그만큼 성현(聖賢)들도 주역을 공부하는 데 있어 많은 난해함을 느꼈다.

현재에도 주역의 해석에 대해서는 중국과 한국 등에서 많은 학자들이 각자의 학설을 제기한 연구 해설서를 내놓을 만큼 다양한 해석으로 논의가 분분하다.

논어(論語) 〈술이편〉에는 다음과 같은 글귀가 있다.

子所雅言은 詩書執禮니 皆雅言也러시라

"공자께서 항상 말씀하시는 것은 시(詩)와 서(書)와 예(禮)를 행하는 것이었으니, 이들에 대하여 항상 강론하시었다."

항시 공자는 아들 백어와 제자들에게 군자가 되려면 반드시 시경을 배워야 할 것이라 당부하였다. 또한 다음과 같은 말을 남기셨다.

子曰,"詩三百, 一言以蔽之, 曰, '思無邪'."

시 삼백 수를 한마디로 줄이면 생각에 간사함이 없다는 뜻이다. 아무리 아름다운 음악 소리도 두 번만 들으면 싫증 내는 게 인간의 되어짐인데, 인(仁) 즉 중용(中庸)의 천도(天道)를 완벽하게 알고 계셨던 춘추전국시대 중니(仲尼)가 '시왈(詩曰)' '시왈(詩曰)' 하셨던 것은 《시경(詩經)》과 《주역(周易)》의 연관성을 은연중에 암시하고자 함은 아니었을까.

孔子 曰 入其國하여 其敎를 可知也니 其爲人也 溫柔敦厚는 詩敎也오 疏通知遠은 書敎也오 廣博易良은 樂敎也오 潔靜精微는 易敎也오 恭儉莊敬은 禮敎也오 屬辭比事는 春秋敎也라

공자가 말했다.
"그 나라에 들어가면 그 가르침을 알 수 있다. 그 사람됨이 온유(溫柔)하고 돈후(敦厚)한 것은 시(詩)의 가르침이다. 소통(疏通)하고 먼 것을 아는 것은 서(書)의 가르침이다. 광박(廣博)하고 화이(和易), 양순한 것은 악(樂)의 가르침이다. 심성(心性)이 맑고 의리가 정미(精微)한 것은 역(易)의 가르침이다. 공손하고 장중(莊重)한 것은 예(禮)의 가르침이다. 말을 분석하고 일을 비교하는 것은 춘추(春秋)의 가르침이다."

故로 詩之失은 愚요 書之失은 誣요 樂之失은 奢요 易之失은 賊이오 禮
之失은 煩이오 春秋之失은 亂이라

따라서 시경(詩經)의 실(失)은 어리석음이요, 서경(書經)의 실은 속임이
요, 악경(樂經)의 실(失)은 사치함이요, 역경(易經)의 실(失)은 해치는 것
이요, 예경(禮經)의 실(失)은 번잡스러움이요, 춘추(春秋)의 실(失)은 어
지러움이다.

其爲人也 溫柔敦厚而不愚하면 則深於詩者也요 疏通知遠而不誣하면
則深於書者也요 廣博易良而不奢하면 則深於樂者也요 絜靜精微而不
賊하면 則深於易者也요 恭儉莊敬而不煩하면 則深於禮者也요 屬辭比
事而不亂하면 則深於春秋者也라

그 사람됨이 온유돈후(溫柔敦厚)하면서 어리석지 않으면 시경의 가르
침에 깊이 통달한 자이다. 소통(疏通)해서 먼 것을 알고 속임수가 없으
면 서경의 가르침에 깊이 통달한 자이다. 의리를 넓고 해박하게 알며
또 성정이 화이하고 순량하면서도 사치스럽지 않으면 악경의 가르침
이 깊이 통달한 자이다. 심성이 깨끗하고 차분하여 의리가 청미하면서
남을 해치지 않으면 역경에 깊이 통달한 자이다. 성정이 공검하고 용
모가 장경하면서도 번잡하지 않으면 예경의 가르침에 깊이 통달한 자
이다. 언사를 교묘히 연결하고 사물을 비교하여 옳고 그름의 판단에
능하면서 어지럽지 않으면 춘추경의 가르침에 깊이 통달한 자이다.

天子者는 與天地로 參이라 故로 德配天地하시며 兼利萬物하시니라

천자는 천지와 더불어 존재를 같이 한다. 고로 덕이 천지에 짝하고 겸하여 만물을 이롭게 한다.

與日月並明하사 明照四海而不遺微小하시고 其在朝庭하시늘 則道仁聖禮義之序하시며 燕處에 則聽雅頌之音하시며 行步에 則有環佩之聲하며 升車에 則有鸞和之音하며 居處 有禮하시며 進退有度하사 百官이 得其宜하며 萬事 得其序하나니 詩云호대 淑人君子에 其儀不忒이니 其儀不忒이라야 正是四國이라 하니 此之謂也라

해와 달과 더불어 함께 밝음을 지니어 사해(四海)를 밝게 비치어 아주 작은 것도 남기지 않는다. 그 조정에 있어서는 인성(仁聖)·예의(禮義)의 차례를 말하고, 연거(燕居)에서는 아송(雅頌)의 음률을 듣는다. 걸어 다니면 환패(環佩)의 소리가 있고, 수레에 타면 난화(鸞和)의 음이 있으며, 거처에 예(禮)가 있고, 나아가고 물러남에 법도가 있다. 백관이 마땅한 바를 얻고 만사가 그 차례를 얻는다.
시(詩)에 이르기를
'어지신 임금이여, 그 거동 법도에 맞으시네.
그 거동 법도에 맞으심이여, 온 누리의 나라들을 바로 잡으셨네.'
라고 했으니, 이를 가리켜 일컫는 말이다.

發號出令而民說을 謂之和요 上下相親을 謂之仁이요 民不求其所欲而
得之를 謂之信이요 除去天地之害를 謂之義니 義與信과 和與仁은 覇王
之器也라 有治民之意하고 而無其器하면 則不成하나니라

호령을 내서 백성이 기뻐하는 것을 화(和)라 일컫고, 상하가 서로 친하
는 것을 인(仁)이라 하고, 백성이 그 하고자 하는 것을 구(求)하지 않고
도 이것을 얻는 것을 신(信)이라 일컫고, 천지의 폐해를 없애는 것을 의
(義)라 일컫는다. 의(義)와 신(信), 화(和)와 인(仁)은 패왕(覇王)의 그릇이
다. 백성을 다스릴 뜻이 있어도 이만한 그릇이 없으면 이룰 수가 없는
것이다.

禮之於正國也는 猶衡之於輕重也와 繩墨之於曲直也와 規矩之於方圜
也하고 故로 衡이 誠縣하면 不可欺以輕重이요 繩墨이 誠陣하면 不可
欺以曲直이요 規矩 誠設하면 不可欺以方圜이요 君子 審禮하면 不可誣
以姦詐니라 是故로 隆禮由禮를 謂之有方之士요 不隆禮와 不由禮를 謂
之無方之民이니 敬讓之道也라

예(禮)에 '나라를 바로잡는 것은 저울의 경중(輕重), 승묵(繩黑)의 곡직
(曲直), 규구(規矩)의 방원(方圜)에 있어서와 같은 것이다. 고로 저울이
진실로 바르다면 경중으로써 속이지 못하고, 승묵이 진실로 펴진다면
곡직으로써 속이지 못하고, 규구가 진실로 마련되어 있다면 방원으로
써 속이지 못하고, 군자가 예(禮)에 밝으면 간사(姦詐)로써 속이지 못

한다' 고 했다. 그런고로 예를 높이 받들고 예에 순종하는 사람을 도
(道)가 있는 사(士)라 이르고, 예를 높이 받들지 않고, 예에 순종하지 않
는 자를 도(道)가 없는 백성이라 이른다. 예는 경양(敬讓)의 도리이다.

故로 以奉宗廟則敬하고 以入朝廷則貴賤이 有位하고 以處室家則父子
親하며 兄弟和하고 以處鄉里則長幼 有序니라 孔子 曰 安上治民은 莫
善於禮라 하시니 此之謂也라

고로 이로써 종묘(宗廟)를 받들면 공경하게 되고, 조정에 들어가면 귀
천이 있고, 집에서는 부자가 친하고 형제가 화목하게 되고, 마을에서는
장유(長幼)의 차례가 있다.
공자가 말하기를
"윗사람을 편안히 하고 백성을 다스리는 것으로 예(禮)보다 더 좋은 것
이 없다."
고 했으니. 이를 두고 하는 말이다.

故로 朝覲之禮는 所以明君臣之義也요 聘問之禮는 所以使諸侯相尊敬
也요 喪祭之禮는 所以明臣子之恩也요 鄉飲酒之禮는 所以明長幼之序
也요 昏姻之禮는 所以明男女之別也니라

고로 조근의 예는 임금과 신하의 대의를 밝히는 도리요, 빙문의 예는

제후로 하여금 서로 존경케 하는 도리이고, 상제의 예는 신하의 은의를 밝히는 도리이고, 향음주(鄕飮酒)의 예는 장유의 질서를 밝히는 도리이고, 혼인의 예는 남녀의 분별을 밝히는 도리이다.

夫禮 禁亂之所由生이 猶坊이 止水之所自來也하니 故로 以舊坊으로 爲
無所用而壞之者는 必有水敗하니 以舊禮로 爲無所用而去之者는 必有
亂患이니라 故로 昏姻之禮 廢하면 則夫婦之道 苦하며 而淫辟之罪多矣
요 鄕飮酒之禮 廢하면 則長幼之序失하여 而爭鬪之獄繁矣요

대저 예라는 것은 어지러움으로 말미암아 일어남을 금하는 것이 마치 제방이 흘러오는 물을 멈추게 하는 것과 서로 같은 것이다. 그러므로 묵은 제방을 필요 없다 하여 헐어버리는 자는 반드시 물로 말미암아 재앙을 입는다는 일이 있었고, 묵은 예법을 쓸모없다고 버리는 자는 반드시 환난(患難)을 있었다.

그러므로 혼인하는 예(禮)를 폐하면 부부 사이가 어지러워져 음벽(淫辟)의 죄가 많아지게 된다. 향음주의 예가 폐하게 되면 장유의 질서가 없어져 다툼의 옥사(獄事)가 번다(煩多)해질 것이다.

喪祭之禮 廢하면 則臣子之恩이 薄하여 而背死忘生者 衆矣오 聘覲之
禮 廢하면 則君臣之位失하며 諸侯之行이 惡하여 而倍畔侵陵之敗起矣
니라

상제(喪祭)의 예가 폐하게 되면 신하의 은의(恩義)가 박해져서 죽음에 항거하는 생(生)을 잊은 자가 많아질 것이다. 빙문과 조근의 예가 폐한다면 임금과 신하의 지위가 무너지고 제후의 행동이 악해져서 배반하고 침범하는 패역(悖逆)이 일어날 것이다.

故로 禮之敎化也 微하니 其止邪也 於未形하여 使人으로 日徙善遠罪而不自知也하나니 是以로 先王이 隆之也하시니 易에 曰 君子 愼始니 差若毫釐하나 繆以千里라 하니 此之謂也라

고로 예의 교화(敎化)가 정미(精微)한 것이다. 그 사악함을 멎게 하는 것은 아직 형성되기 전에 하는 것이다. 사람으로 하여금 날로 선(善)에 옮기고 죄악을 멀리하면서도 스스로 느끼지 못하게 한다. 때문에 선왕(先王)이 이를 높이셨던 것이다.

역경(易經)에 말하기를 '군자는 처음을 신중히 한다. 처음에 어긋남이 호리(毫釐) 정도라면 뒤에 틀리는 것은 천 리가 된다' 고 했으니, 이를 두고 한 말이다.

―『예기(禮記)』「경해(經解)」편―

시경(詩經)을 잘못 배우면 어리석은 사람이 된다. 시경의 국풍(國風)편은 진인(眞人)⁵⁾의 시대에 주역(周易)의 효사(爻辭)와 상사(象辭)를 시로써 비

---

5) 고대의 성인

유하여 표현한 것이다. 아무리 시경의 시 삼백(三百)에 통달한 자라 할지라도 주역을 모른다면 이는 시경을 모른다는 반증이다.

　서경(書經)의 실(失)은 속임수다. 옛날의 군자[帝王]들은 주역(周易)의 단사(彖辭)를 보고 베, 마차, 디딜방아 등의 기물(器物)을 제작하여 백성들의 삶을 이롭게 하였던 바, 그러한 세상이 있었다는 것을 부정하는 것은 주역(周易)을 모르기 때문이다. 오히려 요즈음 사람들은 그러한 태평성대가 어찌 존재할 수 있었겠는가라고 말한다.

　역경(易經)의 실(失)은 해치는 것이다. 하늘은 지극히 넓어 크기를 헤아릴 수 없고, 평평하고도 지극히 넓은 이 땅은 그 넓이와 두터움을 재어 볼 수가 없다. 하늘과 땅 사이에 삼양삼음(三陽三陰)의 신비로운 작용으로 그 변화하는 과정을 상고시대 진인(眞人)께서 중용(中庸)의 천도(天道)로 표현한 것이 주역인데, 그 표현 기법이 해석하기가 어렵고 이해하기가 난해하여 잘못 배우면 사람 개개인의 운명을 점친다고 하여 다른 사람을 해롭게 하는 결과를 초래하는 것이다. 시경(詩經)에는 중용(中庸)의 천도(天道)를 설명한 시편이 있으므로 주역(周易)의 이치를 아무리 밝히 안다고 하여도 시경(詩經)을 모르면 이는 주역(周易)을 모르는 것이기 때문에, 개개인의 운명을 점친다고 하는 폐단이 나타나는 것이다. 선대의 어른들이 책에 길이 있다고 하신 것은 이 세상에서 가장 지극한 천도(인[仁]), 즉 중용의 천도를 설명한 책자가 전해지기에 그것을 존중하였으며, 후인들에게도 알려주려고 하셨던 연유인 것이다. 중용의 천도를 터득한 이는 하는 말이 정직(正直)하고 행동하는 바가 방정하여 모든 사람을 교육시킬 수 있는 본보기가 될 수 있고, 그들이 남긴 기록이나 언행들에 더더욱 믿음이 가고 신뢰할 수 있는 것이다.

중용의 천도를 터득하여 온 중국을 주유하며 모든 사람들에게 인의(仁義)를 강조하셨던 중니(仲尼)는 어찌하여 직접 창작한 책 한 권이 없었을까? 이는 필시 자신이 창작을 하면 후대인들이 자신이 말한 삼황오제(三皇五帝) 3대 하은주(夏殷周) 시대의 있었던 기록을 지어낸 말이라고 생각할 것을 두려이 여겨 글 한 줄 짓지 않았던 것이리라. 나 또한 아는 것은 없으나 옛 성현들이 가리키는 길로 따라가다 보니 인(仁)이 무엇인가를 알게 되어, 작금의 전해지는 경서(시·서·역·내경)들의 부분 부분들을 발췌하여 후일 꼭 배우고자 하는 사람들에게 조그마한 도움이라도 되지 않을까 하는 생각에서 짧은 소견이나마 밝혀두는 바이다.

2013년 1월 1일

이재홍

周易

초판 1쇄 발행일 2013년 1월 24일

편역자 이재홍
펴낸이 박영희
편집 이은혜·유태선·정지선·김미령
인쇄·제본 태광인쇄
펴낸곳 도서출판 어문학사
　　　　서울특별시 도봉구 쌍문동 523-21 나너울 카운티 1층
　　　　대표전화: 02-998-0094/편집부1: 02-998-2267, 편집부2: 02-998-2269
　　　　홈페이지: www.amhbook.com
　　　　트위터: @with_amhbook
　　　　블로그: 네이버 http://blog.naver.com/amhbook
　　　　　　　다음 http://blog.daum.net/amhbook
　　　　e-mail: am@amhbook.com
　　　　등록: 2004년 4월 6일 제7-276호

ISBN 978-89-6184-291-4　93140
정가 64,000원

이 도서의 국립중앙도서관 출판시도서목록(CIP)은 e-CIP홈페이지(http://www.nl.go.kr/ecip)와
국가자료공동목록시스템(http://www.nl.go.kr/kolisnet)에서 이용하실 수 있습니다.
(CIP제어번호: CIP2013000053)

※잘못 만들어진 책은 교환해 드립니다.